U0732402

卓 新 平 学 术 散 论 ①

学苑漫谈

——讲演集

卓新平 ⊙ 著

中国社会科学出版社

图书在版编目（CIP）数据

学苑漫谈：讲演集／卓新平著．－北京：中国社会科学
出版社，2010.7
（卓新平学术散论①）
ISBN 978－7－5004－8736－4

Ⅰ.①学…　Ⅱ.①卓…　Ⅲ.①哲学-演讲-文集②宗
教-演讲-文集　Ⅳ.①B－53

中国版本图书馆 CIP 数据核字（2010）第 079134 号

特约编辑　刘殿利等
责任编辑　陈　彪
责任校对　郭　娟
封面设计　张建军
技术编辑　王炳图

出版发行　中国社会科学出版社
社　　址　北京鼓楼西大街甲 158 号　　邮　编　100720
电　　话　010－84029450（邮购）
网　　址　http://www.csspw.cn
经　　销　新华书店
印　　刷　北京金瀑印刷有限公司　　装　订　广增装订厂
版　　次　2010 年 7 月第 1 版　　印　次　2010 年 7 月第 1 次印刷
开　　本　710×1000　1/16
印　　张　18.25　　插　页　2
字　　数　280 千字
定　　价　38.00 元

凡购买中国社会科学出版社图书，如有质量问题请与本社发行部联系调换
版权所有　侵权必究

目　　录

自　　序

　　我最初的职业是教师，曾在家乡的大学当过四年的英语老师。不过说起这"四年"的"教学"生涯颇让人伤感，那个时代留下的印象久久不能消失，这种怀旧或许意味着"老之将至"？不知不觉地又说起了"多余的话"。我高中毕业时赶上大学在"文革"期间恢复招生，在"工农兵"上大学时也给应届高中毕业生网开一面，允许极少数高中毕业生直接上大学，但原则上只能读外语、体育和艺术这三类专业。当时非常渴望读书的我一开始并没有这种机会，只是因为我们家乡那时唯一的师范专科有人退学，才使我终于得到了"上大学"的机会，从而也让我有了一辈子当老师的心理准备。但大学刚毕业，我们被作为"修教（修正主义教育）路线回潮"的产物而直接送到了农村接受贫下中农的"再教育"，但这种经历没有任何"土洋结合"的雅趣，学习外语与农业生产在当时乃毫无关联。本来，大学毕业等待我们的应该是走向讲堂，我们那时不敢想"留洋"，却丝毫也没有"留农"的思想准备。一年的劳动教育结束，我获得留校任教的殊荣，但还没有来得及高兴，几乎在宣布我留校的同时，校方又通知我立即再下农村，但这次不再是"接受贫下中农再教育"，而是作为农村工作队的成员去"管理"贫下中农！虽然"角色"转变了，而去农村劳动的事实并没有改变。没想到这一去又是两年多，"讲课"的梦则消失得无影无踪。在下农村的初期，我曾想着看看书、备备课，但农民太辛苦了，与农民同吃同住能体会到其艰辛，故不忍心、也不可能静下来读书，其结果自然是前后长达约三年半没有读书、没有教书的"教师"经历。1977年底回到学校，作为对我三年农村工作的回报，我被送到省会的大学进修三个月，然后终于回到了教室，在1978年的春季真正开始了我的教学生涯，而且起点很高，是给77级的学生即"文革"后恢复高考招生的第一届大学生上课。不甘心落后的我一方面积极备课讲课，另一方面又报考了1978年开始招生的硕士研究生，报的是中国学术界首次推出的宗教学专业。然而，由于当时社会上对宗教的误解也影响到我们的校园，人们对报考宗教学也没有好的印象。申请报考不久，学校就通知我去原来农村工作所在的县城当代课老师，停掉了我在大学的课程。这样，我在考上研究生之前的约半年时光中，既教过大学、也教过中学，这是我真正在讲堂的教学生涯，也初次体会到师生互动、教学相长的乐趣。不过，那时的讲堂太小，中学的课堂不到十个学生，大学的教室也是三十来人的一个班。但这毕竟是给我教师身份正名的历史，是我首次体验到讲坛和讲演的意义及乐趣。所以，今天说到"讲演"，自然就回忆起自己三十多年前初为人师的这段很短却令人难忘的经历。

在读研和留学的十多年时间中，我不再与教学和讲演有缘，充满自己生活的不是学习就是研究，基本上为单行独立的孤思苦想，虽然在思想、眼界上并不孤立，也决不敢自我封闭，但毕竟缺少了与众多听众的交流，缺少相互的碰撞和启迪。这种现象直到我回国后才有所改变，但不再是以教师身份系统地登台讲课，而是偶尔、不时地被人邀请去做讲演。这种方式显然不能跟职业教师相比，但面对几十、甚至上百的听众，也让人感到兴奋和激动，至少能找回原初当教师的一些感觉。由于自己专攻宗教学，所以讲演的主题也基本上"三句话不离本行"，大多为宗教问题及其研究。人们对宗教的认识在我出国前和回国后这段时间中发生了重要变化，其转变的趋势是从回避到正视，从敏感到常态，从批判到研究，从无视到理解。当然，我在与听众的双向互动中也发现仍存有不少问题，对宗教的认知并没有完全"脱敏"。我们的交流自然也就有争论、有辩解、有商榷。通过这种积极的、建设性的沟通，我获得了将这些讲演稿整理出版的勇气。20世纪的八九十年代，我在国内的讲演稿得以整理，后作为专章在我的学术著作中出版发表。虽然在寻找出版社的过程中曾多处碰壁、遭拒，却也得到不少好心人的支持、举荐。书稿在外面绕了一大圈后又回到了中国社会科学院，最后在社会科学文献出版社出版发行。没想到这本书面世后受到欢迎，由1992年初版的《世界宗教与宗教学》又扩大再版为 1999 年的《宗教理解》，最近又被翻译为越南文在国外出版发行。这大大提高了我的信心和勇气，认识到讲稿本身的学术价值和交流意义。由此，我深深感到，讲演会使研究者不再孤立、也驱赶了孤独，面对听众及其对宗教问题的兴趣，自己会受到感染、得到鼓励。通过各种讲演活动，我扩大了自己的学术舞台，也结交了各界的许多朋友。

一般而言，我在进行学术讲演活动中，主要接触的是学界、政界和教界的朋友。大家立场各异、观点不同，虽有共识，却分歧仍存。因此，讲演更多为对话，是了解、接触不同观点及见解的极好机会。每次演说前，我都会表明自己的学者立场，坦率说明自己是以学界的身份来谈论宗教，是一种探究性、学术性的构思，因而不为定论，可以商榷。在我看来，学术的眼界会更加开阔，也会因为少了一些框架和限制而更为开明。在宗教研究中，人们立场、见解上的分歧，问题本身的敏感、复杂，使我更觉得自己这种客观、探索、开明、开放性的视角有其必要，值得坚持。当然，对于学者的局限，我们也应有自知之明。正是抱着这种"自知不足"的态度，自己感到在讲演中反而有了更多的回旋余地，也增加了更大的讨论空间。感谢这些讲演的机会，使我这位教龄虽长却课时不足的老师又重新找回了教师的感觉，又有了接触同学、广交朋友的喜悦。

这里收集的八篇讲稿，是我从进入 21 世纪以来在相关高校、社团、党政机关和学术研讨会上的学术报告中选出来的。其中部分曾以文章的方式发表，在讲演中同样会引入一些我在自己著作或文章中曾论及这类问题的相关篇章和段落，有些不同讲稿之中因为讲课中的内在关联也可能会出现个别内容重复的现象，特请读者理解和原谅。由于讲演之需，其中多少也参考、引用了其他学者的观点和著述，可能限于本书体裁没有在此一一列出，也请相关学者谅解、海涵，特此表示敬意和感谢。就自己的理解来说，此讲演集总体上仍为一种较新的推出，并尽量注意到其中各部分的衔接和沟通。由于仍然处于研究、探讨的过程之中，演讲稿自然也涵括有自己一些尚不成熟的思绪，如讲演中的一些观点，真实地反映出我对相关问题的最新思考和探索，其中即有与听众的双向交流、互动，受到听众尤其是不少提问者的启发和提醒。在这里将这些观点反映出来，旨在描述思索、探究的过程和经历，展示出思之动态，故此仅供商讨、商榷之用而不为定论。其实，这种摸索的道路仍然很长，仍需我们鼓足勇气、不断努力。

卓新平

2010 年 1 月 1 日

第一讲　全球化与宗教问题

很高兴来到北师大与师大的同学们进行交流。我也算是师大的半个校友，因为 1978 年我们国家改革开放以后，中国社会科学院的研究生院成立，招了第一届的研究生，现在习称为所谓"黄埔一期"。我作为"文革"后中国社会科学院的第一届研究生来到了北京，当时的研究生院的校舍就"建"（借住）在师大，所以对师大的印象还是很深刻的，毕竟在这里学习、研究、工作了近 3 年。当时全国的学习气氛非常的好，记得那时为了在你们师大原来那个旧的图书馆占座，学生们把那玻璃门都给挤破了。在当时，如果说有什么讲座的话，就会安排在一个大的阶梯教室里，通常会挤满了人，连门口都站满了人，很难进出。学生们晚上 10 点钟下了自习之后，食堂还会为大家准备一点儿吃的，我们研究生院的同学们就经常去吃一碗馄饨，一些男生还喝点儿小酒什么的，使全身热烘烘的，然后再去学校有意准备的通宵亮灯的教室里面看书、学习。所以说，当时的学习气氛非常好，劲头非常高，对我们是一段非常美好、难忘的回忆。在 1981 年毕业之前，实际上差不多在 1980 年的那个时候，研究生院离开师大，重新找到一个校址，搬到了一个中学，这样我们就从大学退回到了中学，所以现在算来离开师大已经整整 20 年了。今天来到师大，发现师大的工地特别多，可以说师大现在的建设是蒸蒸日上，让人感受到教育事业的发展，在为科研注入强大的后劲。所以，能得到邀请我感到非常的荣幸，很高兴有这个机会来到师大，与大家共同探讨关于宗教的问题，以及宗教与全球化的关系。

在进入正题之前，我想先谈一谈三件发生在我们身边的事情。大家知道，（2001 年）12 月 7 日一场大雪造成了北京严重的交通堵塞。当时我正在中央党校学习，那里的管理非常的严格，比你们大学生严格多了，感觉就像小学生和中学生那样要守纪律。一个星期只有星期五下午 4 点半以后才可以回家，这还是给来自北京单位的人们的一个特殊待遇。那一天正好是星期五，我们单位的司机是按照惯例下午 3 点半出发，如果按照平时的时间来算，他 4 点半正好可以到达中央党校，只有到那时才让车进去。结果这个车就被堵在了路上。出于工作方便，司机都配有手机，司机见车堵就给我打电话，我本来是想说那就别来接我了，可此前恰巧接到一个通知说要我马上去中南海一趟，我考虑到这种交通状况，打车是不可能的，只好让司机继续来接我。车是下午 3 点半出发，但一直拖到晚上 9 点 20 分才到中央党校。这个情况实在是很无奈，8 点多的时候我只能给人打电话，说不能去中南海了，因为我不可能飞着过去。既然已到 9 点多的时候，我和司机都认为交通高峰期应该已经过去了。虽然当时司机仍一脸惧色，我们还是决定先找个地方吃饭，然后开车回家。我们吃了点东西，大概是晚上 10 点钟左右，就出发上路。结果一上路就被堵在了三环路上，这样我们一直到了半夜 2 点多的时候还被堵在三环路上，这时候车也已经快没有油了，因为它已经连续开了 11 个小时。如果从北京开到上海去的话都到了。这时候实在是没有办法了，我们就只好从三环路突围出去，尽量靠边上走，终于非常勉强地从人行道上冲了出来，然后在附近找了一家大酒店，那时候已经大概凌晨三四点钟了，我们在那儿睡了一个晚上，第二天才回了家。为什么当时堵车会堵得这么厉害呢？事后大家都在讨论，种种原因中首先是因为信息不对称，这是暴露得最突出的问题，因为大家都是在听交通台，交通台只告诉你什么地方堵车，不告诉你什么地方不堵车。其实我们突出重围以后，从三环上下来，发现城里道路非常空，特别堵的都是那些主干道。这些信息都没有通过交通台得到有效的传达，信息非常的不对称。我们知道，2001 年的诺贝尔经济学奖得主，他主要谈的就是这个信息不对称的问题。第二个问题就是前瞻失误。这个前瞻是什么呢？当天天气预报报的是晴，降水概率是 20%，没有说要下雪。第三个方面是协调指挥失灵，当出现这种事情的时候应该是交警全部出动，但是没有一个协调的机关，北京市的干部都不知道干什么为好，各忙各的，彼此之间非常的不协调。举个例子，如果在这个情况下，一些人虽不能利用地面交通却可以走地铁线路，但那天地铁晚 11 点钟就关了，跟平时一样。如果当时协调得好的话，地铁再开大约两三个小时，那么情况就会得到很大的缓解。第四个问题就是应付突发事件的能力不足，而应付突发事件的能力不足，在这个全球化的背景下，就是一个致命的弱点。我们知道，到了 11 日，天气预报报道北京又要下雪，那天是以色列犹太人的哈努卡节，以色列大使馆请我们去参加一个晚会，因为听天气预报说那晚要下雪，所以我们出来得比较早。结果那晚却偏偏没下雪。当时我们就看到一个非常奇特的现象，回想在 7 日那天晚上，基本上没看到什么警察，但在 11 日的晚上，基本上每隔一个路段就有警察，还有铲雪的工人在一旁准备着，可是那晚的雪就是没有下下来，直到第二天早上才下雪，还是非常小的雪，但当晚中央电视台仍报道我们做了如何如何好的准备，这种准备是如何如何的充分。结果是不测风雪有备的时候不来，无备的时候偏偏来了。这是老天在中国加入 WTO 之后、走入全球化之前给北京的一个警告。所以说这种突发事件都是单一性的、唯一性的，并不是说你准备好了它才来。比如像前两年的亚洲金融危机，它并不是说在你准备好如何应对的时候才爆发，它是被整个经济和金融的规律所决定的。还有就像最近美国的"9·11"事件，对美国来说是一种极为沉重的打击，使它的经济衰退大大提前。所以在全球化的背景之下，我们所要吸取的教训就是——从哲学的高度上来讲——要有一个整体论的观念，对一个宏观整体要有一个全面把握。这样在应付突发事件的时候才会有一个全面的观念。现在我们各个部门其实还在各忙各的，整体协调还很不够，这个问题在 12 月 7 日的那场大雪中就暴露得非常明显。另外还有一层意思就是应重视相对论的观念，要有一种相对的假设，相对的假设它有一种局限性，但能在有些时候发挥效用。比如像你在全城堵车的情况下，总会有一些道路不堵，这些相对性的东西，如果能把它及时地提出来，就很能解决一些问题。这个相对论其实是非常有意义的，在科学和宗教的方面，这种相对论都可以起到一定的作用。我们知道一些科学的结论就是以形而上的前提、形而上的假设为根据的。著名的学界大师胡适就曾经说过这样一句话，"大胆假设，小心求证"。科学如果离开了形而上的假设的话就很难前进，虽然这种假设是有现实性的，但是它也是有选择的。比如说数学中的十进位制历史久、用途广，但在电子计算机出现之后，二进位制也同样可行，有着重要影响，因此十进位制不是绝对的，十进位制和二进位制在不同的领域发挥着不同的作用。这些就是这件事情带给我们的启示。

第二件事情就是在 12 月 12 日，中国正式加入 WTO，这样一个事情给我们带来了新的机遇与挑战。机遇与挑战是并存的。有的人就说，机遇到底有多少，挑战到底有多少，要作一个定量的分析。其实这种观点是不对的。机遇和挑战两者之间是变动不居的，机遇和挑战都发生在瞬间，你能抓住就抓住了，抓不住它就溜掉了。正式入世带给我们这样一个启示，就是要在这样一个背景下来讨论宗教与全球化的问题。

第三件事情就是在 12 月 10 日到 12 月 12 日，全国宗教工作会议召开。在这次会议中我注意到，江泽民同志特别提出了宗教有特殊的复杂性，这个特殊的复杂性他连续强调了好几次。谈论宗教应先弄清它的三个特点。首先是宗教的存在有其社会历史的根源，宗教长期存在并且发生作用。第二点是宗教与一定社会的经济、文化相关联，对社会的稳定与发展能产生重大的影响。第三点是宗教与政治相互交织成为国际关系和世界政治中的重要因素。我们在谈全球化的问题的时候，都可以看到我们面临这样一些问题和冲突：一个是规范化、全球化、国际化。我们知道规范化在现代社会非常重要。国际化对我们来说更为熟悉一些，因为国际歌唱了那么多年。这里突出的是什么呢？强调的是一种理想和理念，就是强调人类的统一和同一、合一、单一、一体、一元、一致。这种观念在中国传统文化中也有，世界大同嘛。这都是一种理想，一种理念，但在现实中我们看到的是一个多元的世界，是一种求同存异。现在真正存在的就是理想与现实之间的这样的一种张力，在这种张力作用之下就是我们的现实世界。所以我们不要去回避理想与理念在我们文化中所起到的作用。另一方面，我们也不能忽视掉我们的现实世界、现实状况——我们是头顶天、脚踏地。以上所谈的这些问题是在进入全球化话题之前所作的铺垫。

因为今天这个讲座给我的时间只有一个半小时，我准备的材料大概有四个大问题，我在此只能着重讲其中的两个大问题，一个是谈全球化，一个是谈宗教。下面我们进入正题。

全球化是当今世界发展的一个必然趋势，而且形成了一种势不可当的局面。中国进入 WTO，一是希望以实际举措融入国际社会，积极进入经济全球化的进程。这个方兴未艾的全球化浪潮势必对整个世界的发展、整个国际社会的重组以及各国社会、政治、经济、思想、文化产生前所未有的深远影响。全球经济、国际秩序、多极政治、多元文化和公民社会都离不开全球化进程这个时代背景和社会氛围。在全球化的进程中，宗教的意义和作用凸显。全球化使宗教问题更加引人注目，而且有牵一发而动全身的敏感性和扩散性。但是全球化的进程正在使世界上的宗教和我国新世纪的宗教、政治发生着巨大的变化，而其未来的走向也显得更为错综复杂，所以我想从两个方面来讲。第一个方面是全球化的社会文化意义，第二个方面讲一讲全球化进程中的世界宗教。

一 全球化的社会文化意义

先讲第一个方面——全球化的社会文化意义。大家都知道，现在舆论也都在强调全球化本来是指经济的全球化而言的，这个趋势开始于 20 世纪 80 年代，与网络信息、科技发展紧密关联。所谓的经济全球化，按照国际货币基金组织 1997 年发表的《世界经济展望》中的说法，有这样一个定义：全球化是以跨国商品与服务交易及国际资产流动的规模和形式的增长，以及技术的迅速、广泛传播，使各国经济相互依赖性增强为特征，体现为世界范围内的产业结构大调整，逐渐形成世界化统一市场这种世界经济发展的新趋势。由此各国的经济正相互开放，国际的贸易正不断地扩展，经济资源自由流动，经济配置的规模正日益增大，各国经济相互依存、影响和制约的程度正日益加剧，维系全球统一市场并规范其正常运行所需要的全球机制正在建立、健全。网络经济、知识经济、跨国公司、国际融资恰似洪水猛兽正冲向传统经济的壁垒、樊篱。经济全球化的这一洪流大有顺我者昌、逆我者亡的气势。然而经济全球化绝不是一个孤立的、独立的经济现象，它是伴随着技术的全球化、信息的全球化而来的。我们知道，我们在谈论信息全球化的时候，提到一个词叫做"信息同步"，就是说在同一时候、在世界各地都能看到同一事件现场发生的情况。我现在举个例子来说明这个同步的好处。据说在"9·11"事件发生的时候，中国一家报纸驻美的一位女记者幸免于难，这位女记者工作非常勤奋，她那天早上很早就去上班了，她上班的地方在纽约世贸中心的楼层不太高。就在上班的时候，她听到了一声巨响，但是并没有太在意。但她的丈夫是我们外交部的一位工作人员，作为外交使节正在南非的某个国家。当时他正在看美国的CNN的电视现场转播。当他看到这个飞机撞楼事件以后，就立刻给他妻子打电话，叫他妻子赶快出来。他妻子离开大楼没多久，其工作室所在的楼也受到撞击，很快就塌了。她的幸免就是信息同步所带来的效用。我们知道，"9·11"事件之后，美国民众的一个普遍现象就是很多美国人买手机，因为当时现场许多人与外界的联系方式就是手机。这就是全球化的一个特点——信息的全球化。

全球化的特点另一个是以经济的开放为特征。经济的开放必然带来社会的开放，而开放的经济又是开放的社会的重要标志，因此经济全球化的水到渠成还有经济之外的原因，而其全球化的影响又会远远超出经济的范围。全球化不仅仅是一种经济现象，还有更深远的社会、文化内涵。虽然我们国家在说到全球化的时候主要强调经济的全球化，但如果按照一种整体关联的、相对比较的观点来看，我们就不会简单地仅从经济来看待全球化问题，而会更深刻、更全面地来看全球化问题。

现在我们来谈其中的第一个小问题——全球化的思想渊源。毋庸置疑，当今世界所兴起的经济全球化是以发达资本主义国家为主导的。我们可以看到，以美国和欧盟为代表的发达国家及其跨国公司在全力控制世界经济发展的同时，西方的思维方式、价值标准、世界观念、宗教信仰、文化模式等亦正在形成全球范围的辐射、扩散和渗透。所谓开放方式的公平竞争并不真正公平，由于发达国家和发展中国家在经济实力和技术发展水平上的巨大差异而给发展中国家造成了巨大的压力，这种竞争在对发展中国家的主权及经济安全产生巨大挑战的同时，亦对其世界观、价值观、信仰观和文化观等形成挑战。双方在经济竞争的同时并没有排除政治上、文化上的竞争，因此我们在对全球化进行审视的时候，必须是整体的、全面的审视。在西方文化传统当中，应该说全球化起源于西方的文化价值观及政治上的文化大同论。大家知道，西方的统一，欧洲的统一均以其西方文化价值观念及其信仰理念的统一为基础。在罗马帝国的末期以及中世纪，基督教在欧洲的一统天下已经成为当代西方世界对往昔魂牵梦萦的追忆，宗教成为欧洲政治、经济、文化统一的动力和心理依托。中世纪的欧洲是一个封建割据的欧洲，真正谈到欧洲的统一实际上是基督教意义上的宗教统一、信仰观念的统一。当时的教会打破了封建的割据，把欧洲从文化上、观念上、信仰上统一起来，在这个基础上形成了欧洲的文化、宗教意义上的一统，我们现在看欧盟的建立及其扩张，就是以基督教文化传统为依托的，是以此作为它的思想基础的。谈到全球化的思想底蕴和文化内涵，这一观点的提出实际上与西方的精神传统和历史发展有着不解之缘。如果我们再回头看现代意义上的全球化和全球性，它也不仅仅是作为经济概念而提出的，其更为突出的主题、更为醒目的主旨却是社会政治和人文意义的。西方的学者雷塞尔和戴维斯在1944年出版了《全球民主：科学人文主义与应用语义哲学导论》，开始了"全球化"一词在现代世界的普遍的应用。在他们的原创词语中我们可以清楚地看到，他们最初乃是更明确、更主动地将民主、人文、哲学等思想、文化概念与全球问题的意义相关联。在此，全球化是在民主的视域中考虑和建构，其与人文主义的联系则提醒我们西方人文精神的核心乃是自由。西方的价值观中有一种源远流长、根深蒂固、超越时空、超越国度的"'上帝'面前人人平等"的信念。他们非常强调这种平等，正是与西方政治、文化关系密切的价值领域——民主、自由、平等——构成了其全球化价值体系即其价值的三元论，这种以西方的价值、西方的理念为信条的全球化，并不仅仅指经济的全球化，它是作为一个系统而存在的。这是我所要谈的第一个小方面。

第二个小问题是全球化的递进层次。实际上，从人们最基本的关注来看，全球化肯定是一个经济的范畴，但经济的全球化并不仅仅是经济的问题。所谓的经济全球化不过是以相关的文化价值观为核心而荡漾开的一圈圈波纹的最外层、最直接的部分，反映出精神对物质的作用。可以说，经济的全球化不过是全球化领域中最为直观、最为直接的表现，经济交往及交流，在其核心意义上也是不同文化之间的对话与交流。一个文化体系大致会包含三个层面，即物质、制度和精神层面。有一个研究文化的著名学者就曾写文章专门谈到这个文化问题。他提到文化的物质层面是一个最为活跃的因素，它变动不居，而理论、制度层面则规定着文化的性质，其精神、心理层面乃是最为保守的，却也是最为核心的。他对这三个层面的不同意义及作用作了具体分析。全球化作为一种文化现象同样包含这三个层面，其物质层即经济、技术、科学的全球化趋势，这是操作性最强的层面，也是我们当前所面临的全球化态势。到了制度层呢，就是政治法律的全球化，这个层次的全球化不能为人们所回避。其最深层次的发展则是到了精神层面即心理、信仰方面的全球化。从总体来看，物质的全球化是最为容易的，且最易达到普遍共识；而其制度的全球化则是最为重要的，它会有着激烈的交锋与较量，它是一个漫长的发展过程；而精神的全球化是最为困难和艰巨的，它正是最为核心的层面，任何一种精神理念和价值文化体系都难以在这样一个过程中得到其"大一统"的体现。我们不可否认某种文化体系在这样一个文化多元的竞争中有可能成为其主流，在全球化这个文化交响乐中演奏主旋律。

我们在这种分层剖析后还是再来看看经济的全球化，认识到以经济全球化率先的全球化进程按照其惯性、内在规律而有其递进层次和扩展范围。经济全球化带来的入世之风，使 WTO 可以与政治上的联合国相提并论，其庞大的组织体系实际上已经是一个世界经济联合国，为了维系其经济秩序，它提倡双赢、互补性竞争等理念。在那种混乱无限制的自由竞争之中，双赢和互补则很难达到，因而在竞争之中必须有序可循、有法可依，建立必要的经济秩序，构成有效的游戏规则。这些问题必然超出经济的范围而关涉法律、政治、外交。必须承认，这种参与在赢得机遇与公平的同时，也意味着传统意义上的权力被分离和转移。从这一点上来说，中国在欢庆加入 WTO 的同时，亦应意识到中国入世将会给中国社会带来潜移默化的、惊天动地的巨变，我们必须有思想准备。

这不只是经济层面上的入世，它还有扩散性。经济入世不仅仅涉及经济，它还涉及政府入世、法律入世。经济的入世要求相关政府重新审视其经济管理职能和行为方式，传统意义上的权威、权限和主权就减少了，这就意味着经济全球化在潜移默化中走出了经济的范围。另一个方面，经济立法还应要求法制的透明度，要求一个国家内法制的上下统一，要求各国之间法制的对照、呼应，这也就要求中国在新的国际环境中的变法、完善其法律体制，并在一定程度上、相关范围内实现法律的"国际接轨"。法律为经济活动提供规则，还要与 WTO 的规则相适应，由此由经济法的变革而开始出现法律的全球化。我们大家都知道，海牙有个国际法庭，它这个法庭和国际法在国际社会中发挥的作用是非常有限的，对全球性的影响不大。如果说，以往的国际法规则在处理国际纠纷时还多有不足，那么，在今后的全球化进程当中，法律的全球化将具有更多的强制性、约束性、权威性、可行性；这将成为大家的共识，大家必须遵守。经济法层面的法律全球化将具有潜移默化、润物无声的演进和变化。

法律全球化还有进一步扩散到政治全球化的趋势，与全球化随之而至的是我们无法回避的政治全球化。西方世界的政治、军事、经济联盟及一体化推动了政治全球化的发展。信息技术上的全球化发展已使地球变小，这种全球化的走向使全球化过程中的问题日益增多。和平与稳定问题、军备与裁军问题、环境保护问题、可持续发展问题等都成为全球性的问题。在世界政治舞台上，联合国的意义凸显出来；与此同时，我们也要看到以美国为首的政治、军事同盟在国际舞台上起着支配作用、有着广泛的影响。对于他们绕过联合国而进行经济、军事干预的行为，联合国有时候不得不认同，有时候也只能保持沉默。这种世界性组织曾多次表现出在大国面前的软弱和屈服。在"9·11"事件以后，美国出面组织并领导了国际反恐怖组织的活动，其前所未有的广泛性和统一性已是这种全球化的最新明证。谁是政治全球化的真正主宰将影响到其走向和性质。这种政治的全球化又威胁着、影响着传统的主权概念，在世界政治中出现了对于"主权的终结"的担忧和困惑。在强权面前，主权有时显得很脆弱。随着主权作为当代国际关系与国际法的核心与基石这一地位的动摇，政治全球化提出一种多边的协调，超越国界，而又相互监督、制约的全球治理理论。而"人权"大于"主权"之说也正在为一些大国、强国干涉他国内政提供借口或理由。所以，人们不仅关心以 WTO 为方式的全球经济治理，更为关注以联合国为方式的全球政治治理，这在未来的国际形势之中将会起到实质性和关键性的作用。西方国家是在自己的传统文化领域中求同求和求合，如欧盟所追求的欧洲统一，北约在"后冷战"时期的拼命扩张，美国所倡导的政治军事同盟等。所谓政治一体、经济一体都不是孤立的现象，而是基于其文化价值观和精神领域；对其努力追寻至此就涉及其文化全球化的问题。

以经济的、法律的、政治的全球化作为积淀，更为困难的文化全球化已有了顽强、执著的表现。按照西方的价值观念，经济的全球化不过是浅层次的，它乃深层文化理念的表层反映，只有了解其经济制度、政治制度、文化建构的一致性，才能看出全球化的深层意义和本质特征。从西方文化发展史和政治发展史来看，其政治、经济的统一正是它的精神寻梦之旅，代表其精神理念和经济利益的统一。当然，西方学者一般认为文化全球化是最为艰难的过程，它会遇到文化差异和文化多元的顽强抵抗，在这个意义上，亨廷顿提出了"文明冲突论"，看到了在全球化进程中不可避免的文化接触、碰撞、冲突。大家知道，在当前的各种文化冲突之中，不少的伊斯兰教组织提出了"伊斯兰圣战"这样较为极端的概念来对抗这种文化的全球化，尤其是反对西方文化的扩张。在"9·11"事件后某次反对恐怖主义的讲话中，小布什就曾经有一个口误，脱口说出什么"十字军东征"。我们都知道，"十字军东征"是中世纪基督教对伊斯兰教的一场恶战，即西欧天主教以"收复圣地"为名而对中东地区的穆斯林、甚至东正教徒发动的侵略战争。小布什的这种提法会极大地伤害阿拉伯国家和所有伊斯兰教国家人民的感情，因而他在此后的讲话中不再使用这种表述。其实，他这个口误也是因为他深层的西方文化心理在起作用。尽管文化全球化的进程是艰难而漫长的，现在人们强调什么精神全球化、文化全球化尚显得为时太早，但不可否认的是，这种精神文化层面仍然会有其可能的全球化的迹象已经显露出来，全球主义作为一种文化理念已广为扩散，如自由、民主、平等、个性等观念被作为所谓普世价值而正在全球弥漫，人权高于主权之说已经在非正常、未被联合国授权的国际干涉中逐渐付诸实践。从这个意义来说，其走向还包括全球伦理的提出，与科技、经济进程相对应的环境、生态、能源问题上全球意识的形成，小政府、大社会之全球协调理念的诞生，以及全球社会学、全球哲学和其他种种普世价值观的萌芽等，这都是文化全球化的一种顽强表现。

宗教的全球性影响也正是属于我们所要关注的文化全球化的视域。由此我们可以看到，当前以西方文化为底蕴、以西方理念为信条的全球化作为一个系统的工程势必给我们造成全方位的冲击，而绝不会仅仅停留在经济全球化里面。中国加入 WTO，也意味着警钟已经敲响。诚然，我们也看到在全球化的过程中有各种反全球化的声音，人们指出全球化的种种缺陷和负面影响，希望以多极化、区域化来与一极化、全球化相抗衡，如全球地域化之说正悄然兴起。但是，必须正视、承认这个事实：全球化的大潮已经是势不可当，我们别无退路、别无选择。在这个大潮中掌握主动者会引领时代大潮，识时务者会跟着走，即审时度势，趋利避害；消极被动者则会被拖着走，毫无招架之力，遭受巨大损失；更为严重的则会被边缘化，很快就会被淘汰出局。因此，我们面对全球化的浪潮不能够被动地让人改变，不能够胆怯，不能够回避、退缩，不能够存在侥幸心理，而只能够当机立断，抓住机遇，成为时代的弄潮儿，来参与竞争，在参与、致力于全球化的游戏规则中掌握自己的命运，找到生存与发展的成功。这样也就可以提出并推进我们的价值观和文化蕴涵，以争取尽快成为时代大潮的引领者、驾驭者。坦诚而言，我们现在还不是时代之潮的引领者、驾驭者，我们只是看到了时代大潮会往哪里走，我们感觉到了应该不退缩、不回避。有句歌词叫做"跟着感觉走，牵着梦的手"，让感觉抓住我们，使我们找准感觉；虽然将其用在全球化方面不太合适，但是我仍然觉得在现实生活中这种感觉、这种领悟还是会起到非常大的作用的，在全球化当中也会起到非常关键的作用。这是我们在谈全球化与宗教问题的时候作为一个背景、一个铺垫而需要说明的，即看看现在我们所谈的全球化究竟是一个什么样的状况。以上就是我想要讲的第一个大的问题。

二　全球化与世界宗教

第二个大的问题呢，就是想讲一讲全球化进程中的世界宗教。随着全球化进程的不断深入，我国与西方的相遇、碰撞、竞争、交融以及沟通会从经济、社会、法律等层面逐渐深化到政治、文化、精神等领域。因此，宗教问题也会日益明显，其敏感性和影响正逐步扩大，应该引起我们的高度重视。这里，我们看一下简单的事实，在当今世界大约 60 亿人口中，信奉各种宗教的人大约有 48 亿，大约占世界人口的 81%。大家知道中国的人口大约有 13 亿，全世界总人口 60 亿除去了信教的 48 亿人还剩下那么十二三亿人，中国有关文件（白皮书）曾正式宣布中国信教的人口大约有1亿，那么全世界那些不信教的十二三亿人口则基本上全在中国了。从世界眼光来看中国，这就是信教者与不信教者之间的悬殊对比。现在各种新兴的宗教也发展得十分迅猛，信仰团体达到了两万多个。这些宗教不仅映入了我们的眼帘，其中不少也已深入到我们的生活，我们要面对这样一个事实。以前的政府和老百姓都比较回避宗教问题，对此不屑一顾，甚至有各种误解或偏见，在这方面我是深有体会的。我于1978年成为国内中国社会科学院第一批宗教学的研究生。考研之前我是在家乡的一所大学里面担任教师。学校领导听说我要考研究生感到很惊讶，但一听说我是要考研究宗教的研究生就恼羞成怒，指责我说："你想干什么，想去当和尚吗？"然后他又补充了一句："你就是要当和尚也不要当洋和尚啊！"因为那时我说要考基督教专业研究的研究生，而基督教被认为是洋教，故此有这种推论。后来到了1981年我研究生毕业，社会上对宗教研究仍少有了解，我们能不断感觉到对宗教研究的漠然、不解、甚至歧视，会不时碰见人们对宗教因为无知而表现的傲慢与偏见。我于1983年去德国念博士学位，跟一些在德国留学的中国留学生们聊天时说起学什么专业时，他们都说念宗教"打死我也不干"。还有一个好笑的事情：大概在我们硕士研究生毕业的那个时候，大家说要庆祝庆祝；因为没有经济实力请客吃饭，只能买点糖果瓜子，喝喝茶水，开个座谈会。单位派我和另外一个同学以及一个司机开着吉普车去采购。那时大家太穷，茶话会也得"公款消费"，买完东西付款后要开发票，售货员就问："开什么单位呀？"我们就说"开'宗教所'吧"。然后那个售货员就很惊讶地说："哟，你们都是和尚啊？"此时单位司机马上条件反射般地指着我们两个说："他们俩是，我不是！"当然，现在情况就很不一样了。这两年我经常出国，国外的中国留学生学宗教学专业的、甚至信教的已经越来越多。这些信了教的华人还组织了很多的宗教团体，许多原本学其他文科、理工科专业的学生也都改行学宗教学，还有的人甚至干脆学神学、毕业后当牧师。一些学自然科学尤其是理科的学生毕业后找不到工作，亦有改行学神学、当牧师的。他们中有些人曾苦口婆心地跟我说两三个小时，向我传教，表现出特别的虔诚和执著。这种现象在欧美国家已越来越普遍，越来越得到人们的重视，于是海外就有人专门研究中国大陆留学生信教的现象，而且中国留学生还有人以此作为博士研究生的论文题目来研究。这种状况显然已经和我们当初所经历和体验的非常不一样了，那时我们只要说自己是学宗教的，就会直接、直觉地被人看成一个怪物，人们就会有意与你保持距离。而现在人们已逐渐认识到研究宗教的必要和重要，对于信教者也有更多的包容和理解。曾经有这样一件事情：有关部门让我们接待一个国际宗教友好人士，要和他进行座谈，使他能更好地了解中国、了解中国宗教信仰自由政策及其现实状况，以便在海外对中国多有一些正面、积极的宣传、报道；但大家一见面才知道，他是国内某著名大学党史系毕业的，现在在美国某地创办了一个传福音的电台，而且在报道中对中国很友好。他是1991年才出国的，而我早在1988年就已经学成回国了，没想到晚于我出国读宗教专业的他现在已经成为宗教界的友好人士了！他熟悉并曾专门研究我党历史，却成为我们的统战朋友！我们座谈起来的时候是心照不宣，大家会意一笑，一切尽在一笑当中。举这个例子就是要说明，人们在宗教认知上已经发生了很多的变化。许多中国学者和学生在国内不太了解中国的宗教状况和相关的宗教政策，出国后在与外国人沟通、交流时，才发现掌握这种知识的重要性或必要性。他们中有些人回国后或利用探亲、休假的机会猛补这方面的知识。也有个别人因为受到外面的歪曲报道而被误导、人云亦云。这就出现了颇为复杂的情况。

随着全球化的浪潮，对宗教的普遍理解亦是一个不断变化发展的过程，我对此也感到很高兴。现在人们谈起宗教时，没有人说我们是"和尚"或感到莫名其妙之类的话了，对宗教界人士亦有着尊重和理解，以往的误解随着全球化的不断深入正在不断地消解。

宗教与我们的经济、政治、文化各个方面都有着密切联系。宗教问题所关涉的大多是一些全局性、战略性、前瞻性的问题。宗教问题往往容易形成一个地区的热点和难点问题，对整个世界的格局、走向产生重大影响，甚至改变历史的进程，改变人类的命运。冷战结束之后，国际竞争、政治较量已经越来越多地与宗教联系在一起，与宗教冲突、宗教纠纷纠结在一起。我们大家现在所关注的恐怖主义、极端主义亦可能与宗教因素有着直接或间接的联系，从而让人体悟到宗教的特殊复杂性。"9·11"事件之后，很多人都开始反思宗教究竟可能导致什么、宗教应该提倡什么、宗教可以避免什么等一系列敏感、微妙、热门的问题。宗教问题已经涉及了国际政治、世界和平、国家安全、社会稳定、法律秩序等重要方面。宗教的全球化特别是从文化的全球化意义来看，已经引起人们的普遍关注。有一位学者写过一本书，叫做《全球大变革》，他提到，世界宗教已经培育了具有巨大权力和资源的宗教精英和政治精英，他们有能力动员军队和人民，能够形成跨文化的认同感和效忠感，能够提供根深蒂固的神学基础和合法的社会基础，在这些方面，世界宗教毫无疑问可构成最强有力的、最重要的文化全球化形式。

现在宗教发展有三个趋势：

第一个趋势是世俗化、公民化的趋势。宗教面向世界、面向时代、面向现实、面向社会，在宗教全球化形成中，宗教发展的世俗化已经不可避免，宗教已经很难离开现实社会，因此世俗化、公民化已经成为宗教发展的重要趋势。回顾人类历史，人类社会从神治转向人治，再转向法治，宗教以其神圣化为特征而与现实存在、与社会存在之间存有一种张力。在全球化进程当中，宗教的世俗化不是要消解宗教，而是要使宗教本身适应现实的社会，迎接现实的挑战。神圣性象征退隐，宗教改变了以往的形象，已经被理性的现实所取代，对神灵的观念持之以冷静的态度，盲目性减弱。价值的神圣性得以建立起来。宗教信仰得以重构，在物质世界和日常的生活当中力求灵魂的在场，在世俗存在中需要一种神圣精神的支撑。所以在非神圣化的过程中，宗教的价值体系得到保留。另一个方面，世俗化也说明，宗教也在积极地融入这个世界，具有更强的现实意义，直面人生，即所谓"道成肉身"、"人间佛教"。世俗化并没有化解宗教，而是促使宗教更全面、更广泛地渗入生活，在社会生活的各个方面以直接或间接的方式，公开或潜在的方式顽强地体现自我。这样世俗化的宗教已经作为文化传统普及于社会，作为一种文化的积淀和心理的底蕴而深入人心，它是一种社会的象征，也是思想的一种境界。像我们看到西方的一些国家，比如美国的总统会按着《圣经》宣誓就职，参、众两院的会议会以牧师的祷告开始。美国的纸币上也印有"我们信仰上帝"这样的字样。美国总统在演讲完之后都会有一句"上帝保佑美国"。许多西方的年轻人在法院登记结婚以后还要在宗教场所举行婚礼。有一个现象就是有很多人愿意与天主教徒结婚，为什么呢？因为天主教不允许离婚。这样的话，婚姻有更多的安全感和稳定感。还有教会办的私立学校，它的开学典礼和毕业典礼上都有牧师祷告。在教堂也会举行各种各样的精神抚慰的活动，比如追思亡灵。尤其是在"9·11"事件以后，我们可以看到美国的很多教堂所举行的不少宗教礼仪都是对"9·11"的遇难者或者家属进行一种抚慰或者是安慰的活动。我感觉，它或许也具有我们国家民政部和统战部的某些功能、特征，在精神层面和物质层面都起到了补偿、安慰作用。于是，我想，我们强调政治思想工作，而西方社会虽然没有这样的词，他们却是通过宗教、通过教会组织来做这种思想教育工作的。有些人认为，这些活动并不能完全被看成是神学的、宗教的。在我个人看来，实际上他们是基于宗教精神，而且使这种宗教在现实世界、在现实社会大众化，使宗教得以潜移默化地在社会中扩散或深化，正如目前流行的所谓"国民宗教"和"公共神学"那样，所以说还是和宗教有着关联的。

现在我们再来具体观察宗教的公民化，也可以叫做国民化，在国民的意识中得到点滴体现，也就是春风化雨、在细微之中，观察、体会宗教的精神及境界。用全球的视野来看世界的宗教，我们可以发现宗教在各国呈现出不同的形态，有的是政教分离，有的是政教合一。与政教分离相呼应的是宗教的公民化现象的出现。在现代社会中，以往的宗教退出其神权统治，宗教君临天下的现象不复存在。于是，一种新的国民宗教的意识应运而生，在一定程度上填补了因为宗教制度性职能的衰退所造成的空白，这也就意味着宗教机构所扮演的角色已不再起到统治和主导作用，它需要通过社会国民的宗教性来体现其作用。在西方发达国家，宗教在世俗化、现代化之后，与当代资本主义的人生观、价值观相吻合，宗教已经成为公民个人的私事，宗教和社会的距离感已经消失。在政教分离的这种动力之下，国民宗教并没有远离社会政治，从某种意义上说是更加贴近社会政治，更加深入社会，与政治的关系有增无减。这在美国的民权运动、总统大选中就可以一目了然。美国是一个新教影响较大的国家，所以美国历任总统中，只有肯尼迪是天主教徒，其他总统都是新教徒。新教在美国大选中起到非常重要的作用，这就是以一种国民宗教的形式来体现。可以说，宗教的政治建构已不再风光，但宗教的民众场却依然如旧。

宗教发展的第二个趋势是人类的现代化必然带来宗教的现代化。虽然宗教的现代化转型是一个漫长、复杂的过程，但这种现代意向在很多发达国家中已经非常明显。所谓宗教的现代化，是指其现代意识的萌生和对现代进程的积极适应。首先，是在制度层面上向现代社会靠近，放弃了传统的、封建的神权专制，用宗教精神遗产来论证现代的平等、民主的思想，在宗教组织及其教阶结构上也进行了现代的改革。其次，宗教在摒弃其腐朽制度的同时，在价值层面上适应现代化发展。例如西方现代社会学家马克斯·韦伯在他的《新教伦理与资本主义精神》一书中，把资本主义的现代发展归功于基督新教提供的精神力量，指出现代的资本主义精神源自于新教中具有伦理道德色彩的生活准则。他的这些命题在20世纪八九十年代中国的经济界讨论得非常热烈。韦伯认为，经济发展需要一个内在的动力，这种潜在的精神动力在西方传统中就是新教，它告诫人们一方面要节俭，一方面要拼命地工作，拼命地工作积攒了财富而不去消费。反对挥霍正是其宗教禁欲精神的体现，为现实生活之中的"大隐"和修行，而其积攒的财富则可作为其成为上帝选民的资本或象征，这样在无形中就不知不觉地形成了一种原始积累。不少人认为，这种精神观念本身就是西方经济发展的原动力。在中国经济界有一些经济大家也在强调说，中国的经济发展有没有潜在的精神动力？如果没有怎么办？这个问题的提出就是受到了韦伯的影响。最后，宗教的发展对现代科技发展持认同和开明的态度，它在调整与科技关系的同时，有意识地利用科技发展为它的信仰服务。在日新月异的科技进步面前，宗教都在积极地追踪，不断地与科技沟通，不断地自我充实、调整和完善，并在了解科技进步的同时，不断完善自己的信仰体系。像罗马教廷在历史上有宗教裁判所，而现在它办了一个科学院，其中的很多院士都得过诺贝尔奖。不少中国人对有些科学家信教感到不可思议，其实是对宗教与科学二者的关系没有深入了解，缺乏对其发展演变、互动历史的追踪研究；这就是说，现代的宗教已经与传统的宗教不同了，其观察自然世界的视野也完全不同了。不过，宗教在追随现代科技进步的脚步的同时，也对现代化及其后果进行反思，表现出一定的批判精神。这样，宗教在一定程度上已经融入并推动了后现代的发展，而且也参与了后现代主义本身从破坏性到建设性、从否定性到肯定性的转变。例如，现代基督教就出现了后现代主义神学，并自称为"建构性"的。可见，一方面宗教自身积极面对现代化的挑战，另一方面宗教同时又对现代化的利弊做出了批判与反思。

现在我们来谈谈现代宗教发展的第三个趋势，即世界宗教的多元化、本土化、普世化趋向。全球化进程在政治上出现了单极垄断与多元并存的抗衡，在宗教上也有"一种宗教"与"多种宗教"之争。从总体趋势来看，全球化绝非政治、经济、军事、文化、宗教的一体化、单一化，而是呈现出一种多元涌动、多元抗争、多元发展的局面。世界各大宗教及其相关派系都有自己的发展轨迹和发展特色，全球化在促进其相互沟通，增加其相互了解的同时，也唤醒其自我意识，使其特殊性得以张扬。就传统意义而言，各种宗教都有其特定的民族、地域、文化和历史背景，在某一特定地区，相应的传统宗教拥有更大的影响，甚至能起决定的作用。然而全球化的进程则打破了这种格局，宗教出现了重构，某一宗教独当一面的状况已经不复存在。信息的快捷和交通的便利，经济发展和社会开放所带来的人员流动和移民都使宗教的多元化异彩纷呈。政治上的多极、信仰的分化在人类的全球性共存中更显突出。没有一股势力能够统摄一切，也没有一种宗教能够风靡全球。这样，宗教的对话、交流、交融成为发展的主流。基督教虽人数最多，却分成多派，其中天主教大概是 12 亿人，和中国人口差不多。各种宗教、各种教派，林林总总，分布在世界各地。所以说，宗教影响着世界上绝大多数地区，其广泛辐射是由于其教派林立，不断分化而形成的。基督教的多种冲突、多种走向及其在不同地域的本土化趋向使其统一化变得模糊、消退，人们不断以复数形式来描述基督教。东方的宗教，比如佛教、伊斯兰教已经普遍传入西方国家，在基督教占统治地位的国家传播，使东西方宗教交流更具戏剧色彩，多元性重叠更为复杂。比如说，在美国有不少伊斯兰教的信徒，他们已经在美国定居很多年，成为美国的国民，但他们的文化、宗教还保持着，有着自己的个性。"9·11"事件之后，这个问题显得比较复杂。欧美国家伊斯兰教社团的发展也从一个侧面反映出伊斯兰教渗入到了西方社会。我在德国留学的时候，发现那里的土耳其移民很多，是德国的各种移民中最大的一群。当时德国有一个政策，鼓励大家多生，生一个孩子，政府给一笔钱的补贴。但德国人还是不愿意多生，而土耳其人等外籍移民出于其传统和生存的考虑却愿意在那里多生。最后德国政府发现不能这样下去，也就不得不对这个政策加以调整和改变。土耳其人在德国形成了自己的文化圈，有土耳其人的文学，办土耳其人的报纸，组织伊斯兰教礼拜活动。这样就在一个大社会的环境里形成了一个小社会。从这一事实可以看到一种文化的多元化趋向和各种文化的交互影响。在全球化的氛围中，各不相同的民族、宗教已在共同生存的社会中形成复杂的交织。

现在我们再来看看宗教的本土化。宗教的本土化体现了一种既跨越文化又介入文化的特点，体现了文化的交流。本土化有表层和深层之分，表层的本土化一般是指文化的披戴，宗教对本土文化有一种外表上的适应，如使用当地的语言、风俗、习惯、艺术、音乐，宗教场所也采用当地的建筑样式等。宗教深层的本土化则是一种内在的交流与融合，使宗教真正融入本土文化。应该指出的是，这种本土化走向除了文化因素之外，更与政治密切关联，以强势政治为支撑的宗教，有可能改变当地文化状态及其格局。这就是为什么我们国内现在对宗教事务保持着高度重视，警惕着西方宗教势力的渗透，而这种宗教势力又是与资本主义、西方强势政治联系在一起的，所以我们国内一直在提醒人们要警惕外来宗教渗透，防范西化和自由化，防止和平演变。

与全球化相适应的还有宗教的普世化，这种普世化就是强调宗教在世界的各个角落存在，强调信仰共识。面对宗教世俗化、本土化使其凝聚力大为减弱的局面，宗教群体意识到其传统观念的社会效用大为减弱，民众吸引力退化。为了克服其势单力薄的情况，遂求同存异，提倡这种普世主义。现在世界的处境是"教会太弱"、"社会太强"，相关宗教于是就提出了"合则存，分则亡"的口号，各大宗教均号召其社团加强联合的力度，加强内部的团结；其结果，同一宗教内部开始求同努力，以增强其自我意识、向心力、共同的信仰归宿感和效忠义务来联络、支持其全球范围的传播、发展。

最后，我们来谈谈世界宗教出现的极端主义、价值干涉和反主流文化等动向。与世界宗教的全球化相对，宗教中的一些极端主义和保守主义势力则会过度强调宗教文化的特殊性。比如说某些伊斯兰教派中的少数极端分子就声称不要政府、不要法律、主张真主主权、先知权威和圣训治国。这股力量放弃了其宗教信仰的"和平"本真，其暴力手段将会造成社会的不稳定的局面，像阿富汗的塔利班组织就已经演化成社会不安定的因素。宗教极端主义往往以单向性为特征，即"你只能听我传，我不会让你说"。在教义信条上，宗教极端主义通常是与保守主义相关的，与自由主义相抗衡，主张信仰回归原始，强调要具有宗教的虔诚，以恢复宗教的原有影响。这种过激的主张往往容易造成信仰的狂热，使得信仰支离破碎。宗教上的这种极端往往会与民族分离主义相结合、与国际恐怖主义相关联，造成国际社会的战争与屠杀、暴力与恐怖，这样就导致了地区的冲突与战争的爆发，使世界难以安宁、难以稳定。为了排除宗教极端主义的狭隘思想，当代宗教界的有识之士提出了一种"普世伦理"。这种全球化的宗教理念强调人的道德观念和价值伦理的普遍性和共同性，其基本思想突出了国际共识、国际接轨和国际惯例，对于以民族主义为基础的传统意识显然已经形成冲击。以全球伦理、全球道义为口号的道义约束已经开始出现。从积极意义来看，这种全球伦理和普世价值表达了人类维系社会共存、谋求世界和平与和谐的美好希望；但其理想与现实之间仍有很大差距，存在错综复杂的关系。例如，谁的伦理、价值能成为全球伦理和普世价值，以及怎样去"成为"就是一个观点不一、争论颇大的问题。当人们不能求得共识时，或许"和而不同"是实践意义更大的一种有利选择。

　　上面所谈的就是最近我对全球化和宗教问题的一些很不成熟的看法，仅供大家参考。今天的讲座就到这里，谢谢各位老师和同学。

第二讲　宗教对社会的作用

非常高兴有机会与各位领导一起讨论宗教问题。在全世界都在关注伊拉克战事之际，我们探讨宗教问题亦有其现实意义。由于这一问题的敏感复杂，这里所谈仅是一种探讨和商榷，供各位领导思考和分析，不对之处请批评指正。在此我想谈三个问题：一是对宗教的基本的理解，二是宗教在世界历史发展中的作用，三是宗教对中国社会的作用。

一　对宗教的基本理解

宗教指人对"神圣"或"神圣者"的信仰，反映出人的灵性世界和精神生活。宗教的历程与人类的发展密切相关，宗教的建构与人类社会有着复杂的联系，宗教的存在迄今仍对世界上大多数人产生着广泛而深入的影响。在当今世界60多亿人口中，信奉各种宗教的人有48亿，占世界总人口的80%。我把世界三大宗教的情况做了一个统计，第一大宗教是基督教，信徒有19亿人，占人类总人口的34%，分布在251个国家和地区。其次是伊斯兰教，信徒约12亿人，占总人口的18%，分布在172个国家和地区。第三大宗教是佛教，信徒大约是3.5亿人，占总人口的6%，分布在86个国家和地区。从民族宗教及新兴宗教来看，印度教信徒是8亿人，因为印度人口比较多，所以实际上比佛教的信奉者更多，但是它是一种民族宗教。另外还有其他各种宗教，包括在20世纪产生的各种新兴宗教。新兴宗教发展很快，现在有1.3亿多人，大概有2万多个团体。宗教与人类社会政治、经济、思想、文化各方面有着既密切又复杂的联系，不少宗教问题都直接关涉"全局性、战略性、前瞻性"的理论和实践问题。

在当前全球化进程中，许多宗教问题往往会形成局部地区的难点、焦点和全球化的热点、重点，对整个世界的格局和发展走向产生深远影响，甚至有可能改变历史进程和人类命运。在"冷战"结束后，国际竞争、政治较量已越来越多地以宗教冲突、宗教纠纷或宗教自由、宗教人权问题之争的形式来表现。宗教问题已对国内形势和国际关系起着直接的作用。世人关注及担忧的恐怖主义、极端主义和分裂主义等亦可能与宗教因素有着直接或间接、敏感而复杂的联系。宗教界寻求对话、呼吁和平、制止冲突的努力亦格外引人注目。2000年8月28—31日在联合国总部召开的"世界宗教与精神领袖千年和平峰会"就表现出这种努力。当时这个峰会有个会标，就是围绕联合国的标志，有着代表各种宗教的象征符号，一共有13个宗教：印度教、印第安人宗教、锡克教、神道教、犹太教、道教、基督教、伊斯兰教、耆那教、佛教、琐罗亚斯德教、巴哈伊教、儒教。从这方面来讲就是把世界许多宗教组织在一起，共同商讨如何对付日益复杂的世界局势，争取世界和平等问题。我们中国的各大宗教领袖也组团参加了这个峰会，对促进世界和平也作出了很大的贡献。在这种境域中，"宗教究竟对社会能起什么作用"也就成为人们普遍关注的问题。而要回答这一问题，首先需要对"宗教究竟是什么"有一个基本的理解。

宗教究竟是什么，是一个颇为复杂而敏感的话题，也是在国际上和中国国内并没有达到共识的一个问题。对宗教及其本质的看法不一，自然也会导致对宗教的社会作用的不同认知和评价。

（一）马克思主义理论体系之外西方学者对宗教的理解

西方宗教学创始人麦克斯·缪勒曾经说："给宗教下定义无疑是困难之极。"因为世界上有多少种宗教，就有多少种宗教的定义，而不同宗教定义之间的分歧甚至不亚于不同宗教之间的分歧。尽管如此，他仍试图从宗教学的意义上给宗教下个定义。他认为，"宗教，乃是领悟无限的主观才能"，"是一种内心的本能，或气质，它独立地，不借助感觉和理性，能使人们领悟在不同名称和各种伪装下的无限。没有这种才能，也就没有宗教，甚至连最低级偶像崇拜和物神崇拜也没有"。他把宗教视为人的"一种渴望，力图要认识那不可认识的，说出那说不出的"。他在奠定西方宗教学的开山之作《宗教学导论》中进而指出，"宗教"乃揭示出"人的灵魂"与"神"的关系。那么他的"神的观念"是什么呢？他说，"神的观念"就是人的心灵"关于完美境界的最高理想"。虽然西方学术界对缪勒的宗教理解多有批评，他所说的宗教乃人的一种精神"本能"一词甚至引起一些哲学家的愤慨，但是西方宗教学对"宗教"的认知却是大体沿着这一思路发展下来的，其当代最著名的表述即芝加哥大学宗教学代表人物伊利亚德（Mircea Eliade, 1907—1986）。他说，宗教乃一种"人类学常数"，跟人类的本性是离不开的，在人类存在中是有普遍性的。还有一位基督教思想家蒂利希（Paul Tillich, 1886—1965），他有一句名言：宗教乃"人的终极关切"。在这些表述中对宗教的认识，并没有包含其社会组织和社会建构，而是对"人性"、人的"精神气质"的一种普泛理解。

除了这种宗教学意义上的宗教理解之外，西方学术界对宗教大体上还包括政治学、心理学、人本学和社会学这四个层面的理解。

政治学之宗教理解的代表人物是西方近代政治学家霍布斯（Thomas Hobbes, 1588—1679），他在其名著《利维坦》中曾对宗教与迷信加以政治学意义上的区分："对不可见的力量的畏惧，如这种力量是由心灵所杜撰出来的，或根据公认的传说所想象出来的，则是宗教；若根据非公认的传说所想象出来的，则是迷信。当这种被想象的力量真如我们所想象的，则是真宗教。"他甚至干脆根据国家的权力来确定宗教的真伪，认为凡是国家、君主所同意的，便是宗教；凡未经国家或君主认可的，则是迷信。可见霍布斯已把宗教看作是政治的一部分，并且主要从国家政治的需要来考虑宗教问题。宗教从来就不是孤立存在的，它乃人类政治、社会的重要构成。

心理学之宗教理解以施莱尔马赫（Friedrich Schleiermacher, 1768—1834）、奥托（Rudolf Otto, 1869—1937）、弗洛伊德（Sigmund Freud, 1856—1939）为代表，他们都是德语世界的代表人物。施莱尔马赫从人的内心情感上来说明宗教，提出了宗教是人们"绝对依赖的感情"这样一个著名的分析。他认为宗教是人的内心一种独立的"对无限的感觉或鉴赏"。奥托在他的《论神圣》一书中也将宗教视为人"对神既敬畏又向往的感情交织"。弗洛伊德对人的"依赖感"从另一个角度作出了解释，也就是说他认为这种"依赖"并不是把上帝作为一种"外部"的依赖对象，并不是人们在仰望天际时产生的"神圣"、"倾慕"或"敬畏"之感，而是人类"内部"的、类似人在幼童时期对父母的那种依赖感，以及人与这种"父母情结"相关联的"负罪感"，一种罪疚感，因此宗教表现出人的精神压力和负担。

人本学的宗教理解以费尔巴哈（Ludwig Feuerbach，1804—1872）为代表，他的思想曾对马克思、恩格斯有过重要的启迪。费尔巴哈从人的依赖感看到人对自然的依属，并进而看到宗教乃是把人"自己的类、自己的本质性"作为认识或崇拜的对象，由此他提出了"人创造宗教"这一命题，强调"人是宗教的始端，人是宗教的中心点，人是宗教的尽头"。"宗教"中的"上帝"也是人的"类"的升华，人借此来克服自己的有限。也就是说，人的"类"在宗教中异化为上帝，上帝的本质乃是人的"类"的本质的异化或神化，"是人按照他的形象造神"。所以"神学之秘密是人本学，属神的本质之秘密，就是属人的本质"。这样，费尔巴哈就使对宗教的探讨公开而正式地由神学转为了人学。这种人本主义的认知受到西方宗教学者的严厉批评，他们认为上帝的本质是超越人的"类"的本质的，费尔巴哈的理解缺乏对人的有限性、包括"人"的"类"的整体有限性的深刻的体认。马克思对这种人学意义上的转变却给予很高的评价，但他同时也指出："费尔巴哈把宗教的本质归结于人的本质。但是，人的本质并不是单个人所固有的抽象物。在其现实性上，它是一切社会关系的总和。"

马克思主义是从社会学意义上对宗教加以理解的典型代表。马克思的著名论点是：宗教乃是人类社会的产物，并不是抽象的个人，而是人的"社会"才能产生宗教信仰。对此，我们在后面还将详述。其他对宗教加以社会学理解的西方代表性学者还有法国学者杜尔凯姆（Emile Durkheim，1858—1917）和德国学者马克斯·韦伯（Max Weber，1864—1920）等人。杜尔凯姆认为，宗教乃是人类社会的结构性因素，有着非常实在的内容：宗教是一种社会现象，社会则为一种宗教现象，宗教中的"神圣"乃是社会统一体的象征，是社会结合的表述。他由此看到宗教在社会中的重要功能和作用，认为宗教可以通过其"观念"和"行为"来把一切依属于它的人们团结在一个共同的道德、信仰团体之中。他指出："宗教为一种统一的信仰和行为体系,这些信仰和行为与神圣物,即被划分出来归入禁忌的东西有关,它把所有信奉者团结到一个称为教会的单一的道德型团体之中。"其实,这种宗教的"神圣"也表现在现代社会的民族性、政治性象征中,它们都对人的社会生存有着重大的意义。韦伯在他的代表著作《新教伦理与资本主义精神》中对二者关系的分析,是人们讨论得最多的部分。在20世纪的八九十年代,中国经济界论及中国经济能否做到"可持续性"发展时,就曾经对韦伯关于潜在的精神力量对社会发展的作用有过热烈的讨论。韦伯以新教伦理发展出资本主义精神,基督教意识导致资本主义生产为题,指出宗教也能对社会起到积极的、肯定的作用,能在一定程度上推动社会历史的发展,由此他认为思想意识形态也能决定社会经济现实,所以他把宗教归入各民族文化深层结构中能够主宰民族沉浮、决定社会进退的强大精神驱动力之中。

以上是西方学者对宗教的一些基本看法。

(二) 马克思主义理论体系的宗教理解

马克思主义对宗教的理解,是把宗教及其起源和发展置于整个社会的经济发展之中去分析,根据宗教借以产生和存在的历史条件来说明。从对社会生产力和生产关系、经济基础和上层建筑等深入研究的高度,马克思、恩格斯剖析了宗教的本质,提出了从社会存在探讨社会意识、从现实社会寻找宗教秘密的研究原则。

在当时的社会经济条件和历史发展背景下,马克思、恩格斯对宗教有很多非常精辟的论述。综合来看,有两点对中国的政界和学术界影响最大,讨论得也最多:

其一,恩格斯对宗教本质的理解。一般而言,我国许多人,尤其是党政部门的宗教研究者将恩格斯在《反杜林论》中所说的一段话视为马克思主义对宗教的定义:"一切宗教都不过是支配着人们日常生活的外部力量在人们头脑中的幻想的反映,在这种反映中,人间的力量采取了超人间的力量的形式。"恩格斯的这一表述在内容上以及在形式上都比较符合宗教的本质,因为它包含了理解宗教本质、确立宗教定义的一些主要因素,例如把信仰"支配着人们日常生活的外部力量"作为宗教的独特思想观念,把"幻想的反映"、"超人间的力量"作为宗教的典型表现形式，把"支配着人们日常生活"作为"人间力量超人间化"、变为陌生可怕的"外部力量"这一宗教异化的社会原因，等等。这里，恩格斯对宗教的理解基本上与当时西方的认知氛围是相吻合的，他对宗教的界说也体现出西方学术界对宗教理解的内涵小、外延大的特色。不过，一些当代中国学者进而认为，宗教并不单纯是个人对某种超人间、超自然力量的信仰崇拜，而且还是某种与社会结构密切相关的、表现为集体行为的社会力量。比如，吕大吉先生就指出："恩格斯的这个论断在揭示宗教观念的本质上是很科学的，不足之处只在于它没有涉及宗教还是一个包含诸多因素的社会现象和社会体系，因而它不能作为关于宗教的完整定义。"基于恩格斯的上述表述而加以补充，吕大吉先生提出了自己对宗教的定义："宗教是把支配人们日常生活的外部力量幻想地反映为超人间、超自然的力量的一种社会意识，以及因此而对之表示信仰和崇拜的行为，是综合这种意识和行为并使之规范化的社会体系。"在这种表述中，我们可以看到他将宗教划分为两种因素、四个层次，也就是宗教的内在因素和外在因素，其内在因素包括宗教的思想观念和感情体验这两个层次，其外在因素则为行为活动和组织制度这两个层次。如果我们进而分析的话，可以发现宗教的内在因素即宗教意识，其外在因素即宗教的形态。其中宗教的思想观念是其结构体系的核心所在，处在最深层，它亦包含宗教的情感和体验；处于中层的为宗教的崇拜行为和信仰活动；处在最外层的则为宗教的组织与活动制度。吕大吉先生对宗教的定义比较符合大多数中国人的认知心态，其特点是内涵大，外延小，从而反映了中国学者对宗教的界定不如西方学者那样宽泛。我们中国人对宗教的理解比西方人的理解要狭窄得多。在中国的认知语境中，只有具有组织形态、群体共在的宗教建构才被视为严格意义上的宗教。

　　其二，马克思对宗教社会作用的认知，对我们的影响非常大。同样，我国许多宗教研究者把马克思在《〈黑格尔法哲学批判〉导言》中的一段名言看做马克思对宗教社会作用的评价："国家、社会产生了宗教即颠倒了的世界观，因为它们本身就是颠倒了的世界"，"宗教里的苦难既是现实的苦难的表现，又是对这种现实的苦难的抗议。宗教是被压迫生灵的叹息，是无情世界的感情，正像它是没有精神的制度的精神一样。宗教是人民的鸦片"。这段论述被许多人看作马克思主义对待宗教本质及其社会作用的基本观点和态度。但是值得考虑的是，如果不看到这一论断是马克思针对19世纪欧洲资本主义社会中的某种宗教现象具体而言，如果不认识当时劳动人民被压迫、无产阶级政党肩负着"推翻一个旧世界"的重任，宗教在当时或是被统治阶级作为安慰或安抚老百姓的工具、或是被作为被压迫者反抗当时剥削制度的旗帜，如果不体会"宗教是人民的鸦片"所包含的具体社会内容和阶级含义，而拘泥于其字面理解并把它用来与20世纪下半叶以来中国社会主义社会中的现存宗教情况对号入座的话，那么就会在理论逻辑上和社会现实中使我们陷入不可避免且比较难堪的两难选择，即：要么不承认宗教存在的社会经济和阶级根源已发生了根本改观，这样就会同情宗教以"消极"的态度所表达的愿望，所追求的解救，同意它的"叹息"、"感情"、"表现"或"抗议"，而把我们自己的国家和社会作为"颠倒了的世界"、"现实的苦难"、"无情的世界"或"没有精神的制度"来从根本上否定掉了。因为按照马克思主义的理论推断，宗教自身没有"本质"，它的"本质"是"人的本质"，反映了人的"社会关系"的总和，而"反宗教的斗争间接地也就是反对以宗教为精神慰藉的那个世界的斗争"，所以对宗教的批判实质是对其产生的"苦难世界"的批判。在马克思主义论宗教的语境中，对社会、阶级、人的世界的分析总是放在首位的，是最根本的，所以这是一难。要么，我们就面临另外一种难题，即强调我们的国家社会制度已根本改变了这种人间的惨景而达到了一种普遍的正义、公平，并用事实来证明由此带来的宗教影响已经普遍减少，宗教存在也在日渐消失。然而，宗教在社会主义中国的存在和发展完全是一个不争的客观现实，令人无法回避。因此，我个人认为运用马克思主义不能生搬硬套，而必须"与时俱进"。也就是说应该抓住宗教是社会的反映这一根本，那么不同性质的社会就会有不同的宗教反映，它反映的意义也是不一样的。实际上，马克思对宗教这一社会政治层面的认识就其思想本意和其行文语气来看也不是要否定宗教，他是要否定使宗教得以产生和存在的现实社会。这是我们对马克思主义理解宗教值得深思的一个问题。

我们再来看列宁对宗教的理解。列宁开始了无产阶级掌握政权的尝试，并且取得了成功，也是与彻底批判和推翻剥削阶级的统治的斗争相联系的。从这一意义上，列宁提出"宗教是人民的鸦片——马克思的这一句名言是马克思主义在宗教问题上的全部世界观的基石"。我们可以看到旧译本翻成"宗教是麻醉人民的鸦片"，新译本去掉了"麻醉"两个字。我不懂俄文，在英文中，马克思所用的英文是 opium of the people，用的 of，列宁所用的是 opium for the people，用的是 for，所以用不同的介词，就引起意义上的微妙变化。在介词翻译上，我们以前把 for 加了"麻醉"这两个字。在这个地方，列宁是将宗教理解为旧社会的残余，认为"宗教对人类的压迫只不过是社会内部经济压迫的产物的反映"，随着这种压迫制度的消失，宗教也会自然消亡。在此列宁首次提到"社会主义"和"宗教"的关系问题，而且他还规定了两个基本的原则：第一，"就国家而言，我们要求宗教是私人的事情，……国家不应当同宗教发生关系，宗教团体不应当同国家政权发生联系。任何人都有充分自由信仰任何宗教，或者不承认任何宗教"。第二，"对于社会主义无产阶级的政党，宗教并不是私人的事情。我们的党是觉悟的先进战士争取工人阶级解放的联盟。这样的联盟不能够而且也不应当对信仰宗教这种不觉悟、无知和蒙昧的表现置之不理。……从我们来说，思想斗争不是私人的事情，而是全党的、全体无产阶级的事情"。虽然列宁看到社会主义与宗教关系的重要性，而且提出了在社会主义条件下如何对待宗教的问题，但由于列宁去世较早，这一问题在苏联和东欧一些社会主义国家并没有很好地解决。苏东国家从来没有认真思考这一问题，因而带来了惨痛的教训，这是值得认真反思和研究的。总体来看，对于宗教问题，列宁在价值层面上持否定态度，在社会层面上则是高度重视。我国的宗教理解和宗教政策在改革开放之前受到列宁相关思想的影响，但是有些实践则因中国的国情和传统不同，已经远远地超出了他的理论之界。

中国改革开放以来，马克思主义宗教观获得了重要的理论突破，人们对宗教的理解也越来越深入、真实和正确。中国面对的关键问题，仍然是如何认识和处理社会主义社会的宗教问题。而在马克思主义宗教观上的重大突破，就是将宗教存在的长期性放到认识宗教问题最根本的位置上来。江泽民同志指出："宗教的存在有着深刻的社会历史根源，将会长期存在并发生作用。""宗教走向最终消亡可能比阶级、国家的消亡还要久远。"

因此，分析和把握世界宗教"最根本的是宗教存在的长期性"。江泽民同志的这种分析是极为深刻的，对我们理解宗教也是意味深长，令人深思。实际上，如果能够真正体会到江泽民同志讲宗教问题根本是"长期性"的深刻蕴涵，看到宗教存在可能比阶级、国家还要久远，那么正确理解、对待宗教的问题也就能解决了。

为了更好地回答列宁提出的"社会主义与宗教"这一理论和现实难题，中国当代马克思主义者开始深刻分析、研究宗教存在的长期性、宗教问题的群众性和特殊的复杂性，并且提出了一些"新思想"、"新论断"、"新概括"。国家宗教局局长叶小文同志在《对社会主义社会宗教问题的再思考》一文中提出："江泽民同志 2001 年 12 月 10 日在全国宗教工作会议上的讲话，集党中央第三代领导集体坚持和发展马克思主义宗教观、正确认识和处理社会主义时期宗教问题的基本观点和基本政策之大成，这是'三个代表'重要思想的'宗教问题篇'，是'社会主义的宗教论'。"这种"社会主义社会宗教论"的提出，说明中国共产党正在认真思考和回答"坚持唯物主义和无神论的执政党，在社会主义条件下如何对待宗教"的问题。这种理论的基本架构是把握住宗教的三个特点来提出相应的举措："'根本是长期性'，所以要'积极引导宗教与社会主义社会相适应'；'关键是群众性'，所以要'全面正确地贯彻执行宗教信仰自由政策'；'特殊的复杂性'，所以要'依法加强对宗教事务的管理'，'做好抵御渗透的工作'。"这种构思对正确认识宗教存在有着重大指导意义，也会启发人们在透彻认识宗教本质、正确理解宗教上达到新的升华和突破。当然这只是一种思路和出发点，关于中国马克思主义者的宗教理论、宗教学的严密的理论体系，现在还没有建立起来，正在进行探讨。这是我要谈的第一个大的方面。

二　宗教在世界历史发展中的作用

宗教作为一种人类社会的文化现象，在世界历史发展进程中起到了重要的作用，有着广远而深刻的影响。至于这种作用是正面还是负面、是积极还是消极，则需要从其历史实际发展和评论者所处地位及立场来看，不能绝对而言。一般来说，一种宗教的特色取决于它所处的社会特色，其作用也看它对这一社会的存在与发展所能产生的意义和影响，当然也包括对整个人类历史进程的影响。宗教与其赖以产生和发展的社会存在有许多本质联系，这种社会自身的发展演变为宗教提供了生存形式和发展空间，而宗教反过来又会影响并且制约到这一社会形态的现状和前景。所以，宗教与社会的关系及对社会的作用，可以从其社会文化的侧面和它的历史演进的延伸上，进行一种纵横的探讨。一方面，我们应该高度重视宗教所具有的文化、民族背景，以及受这种社会环境熏陶而构成的文化、民族因素。不同的民族有着不同的宗教信仰和传统，而某一相同的宗教在不同的民族和社会条件下，也会形成不同的外在形态及不同的内在因素，这样就使一个宗教必须加上它的民族或者地域性定语来加以区别。比如说谈佛教，不能笼统谈佛教，而应谈中国佛教或者印度佛教。另一方面，也应该看到每一个宗教本身在历史发展过程中会出现变迁。不同的历史时期会产生不同宗教类型，而同一宗教在不同的历史阶段也会发生一些不同的变化、呈现不同的外观，对社会也会起到不同的作用。宗教绝不会固定不变，而总是会在历史的进程中随着历史的风云变幻来不断地改变自身、发展自身、更新自身。所以，宗教与社会的相遇，始终是两个变动之中的主体的相遇，即社会在变，宗教也在变，是一个双向的互动。我们虽然能看到它有一个传统的延续，但是不能以过去的模式认知或界定它今天的发展。以一种辩证、发展的态度来看待宗教是非常重要的。

（一）宗教与人类社会结构的关系

在人类社会复杂的社会关系中，几乎都可以看到宗教现象及其影响的存在。从社会的结构来看，人类历史发展过程中所形成的部落、民族、国家等，都曾经或目前仍与宗教相关联。在许多的历史时期或国家地区，社会结构和宗教结构有时是合二为一，相辅相成的。从它的社会现象来看，宗教信仰与民族传统、政治主张等，往往是等量齐观的，在有些国家或者民族中甚至是三位一体、水乳交融的。

那么宗教跟社会结构到底是什么关系呢？大体来看，宗教与社会政体，也就是国家的关系表现为政教合一、政教协约和政教分离三种模式，由此构成不同的社会结构。

1. 政教合一

政教合一在许多信奉伊斯兰教的阿拉伯国家和信奉基督教的西方国家中是比较突出的，尤其在它从中古到近代世界的发展变化过程中表现得非常明显。另外，在历史上，东南亚有一些信奉佛教的国家和地区也存在着政教合一的现象。具体分析政教合一，一般有两大形态：一是严格意义上的政教合一，也就是说宗教领袖就是国家元首，掌握着实际权力。比如说代表天主教最高权力的梵蒂冈国教皇掌握着实际权力，他实际上就成了政教合一的最高的元首。这种形态在近代之前的世界历史中是比较典型的，比如在许多基督教国家、佛教国家和伊斯兰教国家。但是随着近代以来世俗化的发展，这种形式慢慢地衰落，发生了很多的变化。这种真正由宗教领袖或神职人员担任国家领袖、控制国家大权的现象，在当代社会已经是非常罕见了，可以算是一种凤毛麟角的现象。

另外一种形态就是某一宗教信仰在一个国家中达到了国家与宗教的统一和认同，也就是存在所谓的国家宗教，以"国教"的形式来维护其政教合一的形态，但是国家最高权威并非是宗教领袖，更不是神职人员；或者，国王或国家元首虽然也是宗教领袖，却只有象征性的世俗和宗教权力，并不真正参与国家管理和宗教事务。这在目前一些基督教国家和伊斯兰教国家中仍然是比较普遍的，"国教"的形式也得以保留，但是这一"国教"，并不是这个国家中唯一的宗教。在西方，保持这种国家教会的一些国家包括英国、丹麦、瑞典等，尤其是英国比较典型。它以基督教的圣公会为其国教，英国的女王为其最高首领。但是在英国君主立宪的政体中，英王在政界和宗教界都是一种象征，不掌握实际的权力，所以英王对这两个领域的具体事务都是不过问的。另外在一些伊斯兰教国家中，国王或者国家元首与宗教领袖是并立的，双方各有影响，相互制约，并没有达到任何一方的绝对权威。像这种国教型的宗教，伊斯兰教国家很多，但是严格意义上的政教合一也非常少。在日本，天皇与靖国神社的关系，也折射出它政教合一的过去。在"二战"结束之后，日本的国家神道解体，但是靖国神社国家化运动却反映出一种回潮。因此，"日本在政治与宗教的关系问题上最大的问题就是靖国神社问题"，它的实质"就是意欲由国家管理《宗教法人法》上的宗教法人——靖国神社，以靖国神社国营化或国家护持为目的，以其为内容的法案称靖国神社法案"。由于日本右翼势力的影响和压力，日本的前首相三木武夫，自1975年开始就以"私人"的身份参拜靖国神社。从此，历任首相都对靖国神社进行事实上的公职参拜，前首相小泉纯一郎也不例外。一方面他跑到咱们北京的抗日战争纪念馆去表示忏悔，另一方面又回去参拜靖国神社。所以这种靖国神社国家化与日本政界公职参拜活动，是非常明显的。当然它也遭到其他宗教界的强烈反对，因而靖国神社法案虽然多次向国会提出来，却都成为废案。但是这种较量和抗衡并没有结束，值得我们高度重视和密切关注。这是政教合一的模式。

2. 政教协约

政教协约在许多欧洲国家得以实施，是欧洲尤其是西欧由近代政教合一走向现代政教分离进程中的产物，或者说是一种过渡的形态。这在意大利、西班牙、德国和瑞士等国都是比较突出的。比如说原来的意大利、西班牙等国都是以天主教为国教，随着天主教失去其国教地位，这些国家则以政教协约、协定，或者某种非官方或实际上的友好协商来重新确定它与天主教会的关系。比如说1984年2月18日意大利政府和梵蒂冈签署了一项协定，以取代1929年的《拉特兰条约》。这个新的协定规定国家和教会应该"相互独立，各自享有主权"，天主教不再作为意大利的国教，罗马也不再是它的"圣城"。而且，它还改变了过去"宗教教育为强制性教育"的规定，承认国立学校的学生有选择是否接受宗教教育的权利——在以前国教的体制下学生没有选择，必须上宗教课。当时意大利的总理克拉克西签字后说，这一协定反映了"教会与政界的新关系"。当然对天主教来说，政教协议反映了它的不得已和无奈，所以罗马教廷有一句名言说"政教协约的历史，即痛苦的历史"。但是面对现代社会政教分离的大潮，教会也只好"打掉牙往肚子里吞"。由于意大利人90%以上信奉天主教，通过这种双方协商、谈判的方式来解决政教关系，达到一种相互谅解、互利互惠的政教协约，也是一种理想的解决方法。在处理与国际相关的政教关系时，这种方式也是值得借鉴和研究的。这是政教协约的模式。

3. 政教分离

政教分离是目前大多数现代国家所采取的方式，反映了宗教与国家、与政治或政权的一种新型关系，被宗教界和国家双方所认可。当然，这一般在有多种宗教并存或呈现出宗教多元化现象的国家比较容易实现，在这些宗教中也没有某一种或某一教派能够占到绝对压倒的优势，而其所在的国度的政体是相当强大的，相比而言要比宗教强大。不过，在实施政教分离的初级阶段，分离的形式、情形也是各不相同的。这里有两种情况，一种是比较友好的分离，另外一种是具有强迫性的分离。友好的分离在美国比较典型，它的立国的政治观念是政教分离，互不干涉。它建国的精神指导中就有宗教的因素，所以 17 世纪移居北美的清教徒乘着"五月花号"航船，在海上根据他们的信仰拟定了《五月花号公约》，这个政治纲领的基本思想内容对后来美国制定《独立宣言》和《美国宪法》，都有着潜移默化的影响。这样宗教的作用由社会的"表层"进入它精神的"潜层"，并保持了一种颇为友好的双向互动，这是一种形式。

另外一种形式就是多少有点敌意或者强迫性的分离，这在法国近现代历史上就比较明显。1789 年法国大革命爆发后，天主教会受到了冲击。随后兴起的资产阶级虽然也承认并且利用天主教会，但是它的态度就跟以往不一样了。从此，法国就出现国家反对或者说压抑教会的斗争，以人权或公民权来消除教会的影响。拿破仑在 1801 年与罗马教廷缔结了政教协约，并在 1804 年让罗马教皇庇护七世到巴黎来参加他的加冕大礼。但是在 1804 年 12 月 2 日巴黎圣母院的加冕仪式上，拿破仑一把抓过了皇冠，自己就戴在了头上，并且为他的皇后约瑟芬戴上小皇冠，故意将教皇晾在了一边，以表示这个政权是我自己打来的，不需要教主的恩准和保护。这个发展变化在法国是非常具有戏剧性的，从此法国就形成了一种有张力的政教分离的局面。在 20 世纪初的法国进一步推行教会与国家的分离，法兰西共和国宣布放弃它在拿破仑政教协约中确定的关涉宗教的一些国家权力，教会也就自动失去了它对国家事务的过问和干涉的权利。当然，目前人们对政教分离有不同的理解，各个国家政教分离的方式也不尽相同。

（二）宗教对人类文明进程的影响

人类文明的进程与宗教的兴起和传播有着极为密切的关系。了解人类文明发展的全貌及其民族文化特色，有助于我们对蛰居其中的宗教的认识；反过来说，如果我们了解宗教，也会对人类文明的发展有一个比较深刻的认识。不过，民族性的宗教与世界性的宗教在它相应的社会文化和历史进程中会有一些不同的适应或影响。一般地说，民族性的宗教为保持本民族及其文化的生存会对其他文化持一种自我封闭或明显排外的态度。但是世界性宗教的形成和发展却是得益于它开放性的体系和它兼收并蓄的能力。所有世界性宗教固然都有它独特的文化发源，也就是它受某一个民族传统的影响和约束，但是在它的传播过程中，会慢慢地克服这种自身传统的约束，渗入到其他文化之中，形成与其他文化交融互渗的局面，由此影响并推动了人类文明的进程。

从文明发展来看，有一位叫雅斯贝尔斯（Karl Jaspers，1883—1936）的学者曾经谈到了人类文明有一个"轴心时代"，也就是在公元前 500 年左右。这个"轴心时代"也是世界上多种宗教萌芽和兴起的时代。比如说公元前 500 年左右，希伯来文明中的犹太教的形成、古代印度佛教的形成以及中国儒、道思想的萌芽，等等。这个轴心时代的特点是几大宗教的形成跟几大文明的形成相关联。让我们具体看看这些文明的形成和对当前的影响。

从犹太教的情况来看，犹太民族是处于亚、欧、非三大洲交界之处的一个弱小民族，正因为它与各种强势民族抗争和周旋具有顽强的生存力，所以才形成自己在世界范围的广远影响，并成为当前国际政治中的重要一员，引起了全球的普遍关注。而犹太教在它的发展过程中成为犹太民族所独有的宗教，并成为其民族的精神象征和寄托。犹太人的信仰观念及其民族意识正是在这个阶段逐渐形成的。在当时犹太人因为内部分裂和外强的入侵而开始它的民族蒙难时期。在公元前 586 年巴比伦人攻占了耶路撒冷，圣殿被毁，犹太人经历了"巴比伦之囚"，就是被流放，被抓到巴比伦去。从某种意义上说，这是以色列与伊拉克今日敌视的历史渊源。在一定的历史时期，"巴比伦人"成为以色列的敌人或犹太民族的征服者的代名词。受这种传统的影响，"巴比伦人"在西方的历史上是颇具否定意义的。比如说，19 世纪意大利著名音乐家威尔第曾经写过一部歌剧叫《纳布科》，就是攻占耶路撒冷的巴比伦王尼布甲尼撒的另外一个名字。这部歌剧就是描写了这段历史。当时的意大利人正处于民族解放的进程中，因此这一歌剧非常受欢迎。这是威尔第写的第三部歌剧，前两部影响不大，这一部使他一下子就出名了。剧中的一首倾诉爱国情怀和思乡情结的希伯来奴隶合唱曲《飞吧，思念啊，乘着金色的翅膀》也就迅速传播开来，这个曲子就成为意大利人的第二国歌。这是跟当时犹太人的历史相关联的。到了70年，罗马帝国再次攻占了耶路撒冷，摧毁了它的第二圣殿，犹太人成为没有国度的民族，流亡到世界各地的犹太人正是以犹太教为他们的精神寄托和民族旗帜才得以顽强存活、免遭民族灭亡厄运的。所以犹太教支撑着犹太人"爱国"和"重返家园"的信念。在犹太教圣殿遗址，现在叫做西墙或叫做哭墙，南边是伊斯兰教著名的阿克萨清真寺，据说穆罕默德在这儿蹬着岩石升到天堂。这块地方周围有伊斯兰教的圣地和犹太人的圣地，所以给谁都不好给，非常的错综复杂。现在聚居在世界各地的犹太人经常在哭墙面前祈祷，经常在这儿抱怨自己民族的不幸，同时增强本民族的精神，这儿本来叫西墙，现在成了著名的哭墙。这个宗教情结使以色列建国以后宣布宗教"圣殿"所在的地方耶路撒冷为以色列"永恒与不可分割的首都"。以色列前国防部长达扬也曾声称，如果要以色列放弃耶路撒冷，"除非重写《圣经》，抹去我们三千年来的全部信仰、希望和祈祷"。为了在夹缝中求生存，处于四面被阿拉伯人包围的以色列人几乎是全民军事化，青年必须当兵，政界要人几乎都是军人出身，许多以色列人的人生经历也都是先从军，后从学或者为政。因此阿、以冲突虽然是以政治、经济利益为根源，但问题要根本解决就会遇到深层次的宗教问题。双方的让步是会有一定限度的，而且这种限度也阻碍了中东问题的根本解决。巴勒斯坦人即使同意让步，阿拉伯世界还未必同意，因为巴勒斯坦人的利益涉及整个阿拉伯人的利益。这是犹太教兴起以后跟当代世界的关联。

从佛教来看，佛教从古代印度兴起后，对南亚文化的形成和发展有着巨大的影响。在公元前3世纪的时候，古印度的国王阿育王以佛教为旗帜，团结民族，抵御外敌。当时希腊的军队已经打到了印度，当阿育王听说希腊的统治者亚历山大死于巴比伦的消息后，他马上以佛教为旗帜，率军战胜了留在印度境内的希腊军队，统一了印度。公元以来，佛教传入了亚洲各国，形成东方的世界性宗教，亦铸就了一种以佛教为主体的东方文明形态，即发展成一种与西方基督教世界和阿拉伯伊斯兰教世界形成鲜明对比的东方佛教文化圈。它介乎亚洲的印度教文化和儒道文化之间，起到了重要的沟通桥梁的作用。尤其是佛教东传中国后形成的中国佛教，对东南亚地区的文化发展和文明进程也起到了重要的作用。佛教传出印度以后，它在印度的历史使命基本上就结束了，所以佛教现在在印度影响倒不很大。这是佛教的情况。

再看在"两希"文明，也就是希腊文明和希伯来文明影响下形成的基督教，对西方二千年来的文明进程和近代世界大部分地区的发展产生过重大影响。

基督教在形成过程中曾经经历了开始于古罗马帝国的尼禄皇帝的所谓十次大迫害，但是基督教顽强存活，而且首先就渗入到古罗马军队和皇宫之中，形成大量的信徒。在 4 世纪的时候，罗马大将君士坦丁争夺帝国统治权时看到了这一变化，他就用基督教来稳定军心，鼓舞士气。在君士坦丁统一罗马以后就把基督教定为国教，使原来受迫害的地下宗教在君士坦丁时期就成了罗马帝国的国教。它继而又逃脱了西罗马帝国灭亡的厄运，在西方社会重建、文明重构中发挥了极为关键的作用。基督教形成了中世纪西欧"崇拜上帝"的文化，达到了西欧社会的万流归宗。中世纪欧洲基督教为社会准备了多次或多种"文艺复兴"，为西方现代的发展打下了基础，因而绝不是停滞不前的"千年黑暗"。当然，在中世纪也开始出现了较大规模的"文明冲突"和"宗教冲突"，西欧的天主教组织了恢复"圣地"的八次"十字军东征"，历时近 200 年，结果却以失败告终。这是所谓"基督宗教文明"和"伊斯兰教文明"的首次冲突和较量。第一次十字军东征是 1096 年秋开始，1099 年攻陷了耶路撒冷，当时十字军冲进了伊斯兰教著名的阿克萨清真寺，杀死了一万多名市民。在 12 世纪下半叶，信仰伊斯兰教的塞尔柱土耳其人以萨拉丁为首领，在 1187 年把十字军的主力打败了，夺回了耶路撒冷。这使西欧君主和天主教教皇感到非常震惊，在 1189 年又重新组织了以德、法、英三国十字军分兵东进的第三次东征。这次东征历史上比较有名，有许多电影反映过这个过程。但是这次东征中，因为其中一支是由德皇红胡子腓特烈率领，他在行军过程中淹死了，德国的十字军群龙无首，就失去了战斗力。另外一支是法国的十字军，它随之也撤回了。真正去的只有英王的队伍，即英国狮心王理查，他带着英国的十字军孤军作战了一年，他也打不过萨拉丁，最后就跟萨拉丁停战了。第四次东征则成为攻打东罗马首都君士坦丁堡，也就是基督教内部天主教徒与东正教徒之间的厮杀。第五次、第六次、第七次都是以埃及为目标，也都失败了。第八次是进攻突尼斯，也遭到失败。到了1291年的时候，十字军东征以来占领的最后一个据点阿克城被伊斯兰教徒夺取，十字军是彻底失败了。这种在进攻中的失败，往往是强者走向衰弱的一个转折点，在我们后面要谈的伊斯兰教西扩中，也有类似的命运。十字军东征的失败，给西方人带来"出师未捷"、"壮志未酬"的遗憾，阿拉伯人则称之为巨大的胜利。由此形成的政治、经济格局影响了西方和中东世界数百年的发展，也留下了"十字军东征"与"圣战"相对抗的文化情结。正因为有这种心理积淀的作用，才会有美国前总统小布什在发表反恐讲话中出现的"十字军东征"（crusade）这样一种"口误"。谈文明冲突论的一个学者亨廷顿曾经感慨地说："自创始起，伊斯兰教就依靠征服进行扩张，只要有机会，基督教也是如此行事，'圣战'和'十字军东征'这两个类似的概念不仅令他们彼此相像，而且将这两种信仰与世界其他主要宗教区别开来。"在一定程度上，布什组织的美英联军攻打伊拉克，这种与穆斯林强硬派的抗衡与较量，不仅仅是要替老布什出口气，也想把中古历史上这口恶气给出掉。其实，我们要是仔细分析，就看到伊斯兰教与犹太教也好，基督教也好，在文化传统和精神观念上实际是比其他的宗教有更多的关联，因为它们可以追溯到更多的相似之处。为此，一些希望三教能够和平、和解的人士，把三大教都归入同一的"亚伯拉罕宗教"传统。犹太人也好，阿拉伯人也好，基督教徒也好，都把亚伯拉罕视为他们的初祖，这样就有了一个统一的基点，希望通过这种方式从"文明对抗"转向"文化对话"，从"宗教冲突"转为"宗教和谐"。这是中世纪给我们现代社会留下的一笔遗产，这笔遗产在今天还在起作用，某些作用可以说是令人担忧的，负面的。

在西欧，16世纪基督教内部就出现了改革，形成了欧洲近代民族国家的发展，天主教会的大一统也变为"教随国定"，也就是"在谁的领地，信谁的宗教"，就是"国王信什么，臣民跟着信什么"这样一个多元局面。由此也有了近代欧洲多种不一的"国教"的现象。在欧洲大陆基本上是天主教，还有路德宗，就是以马丁·路德宗教改革形成的教派，还有加尔文宗，是加尔文在瑞士推行改革形成的一个教派，这三大派别在欧洲平分秋色。英伦三岛则是以圣公会独占鳌头，圣公会是由国王自上而下推行的宗教改革。就是说教义和组织体制没什么变化，关键就是一条，国王是圣公会的首领，圣公会不能听教皇的，要听国王的。这个变化就在英国形成了它的特点。当然英国国教的日子也不是很太平，比如说它跟天主教的冲突就留下了今天的北爱尔兰问题，因为北爱尔兰基本上信奉天主教，他们利用天主教来抗衡新教势力，甚至不惜武装抗衡这种方式。另一方面英国国教对"清教"，就是加尔文宗也加以压制，从而导致了欧洲移民，并且开辟了一块以新教为主的北美"新大陆"。当然，这一"新大陆"可以说是欧洲人的福音，他们找到了一块新的安身立命的地方，但是对当地的原住居民来说却是一场灾祸。因为这种血与火的较量与征服，几乎是与"福音"的传播并驾齐驱的。由此可见，基督教对西方文化的发展和社会构建的影响是积极的、正面的，所以它得到了绝大多数西方人的肯定。但是这种发展对于其他民族文化的作用、影响是什么呢？这就给人们留下了一个很大的问号，或者说一个一言难尽的感叹号。

我们再看伊斯兰教。伊斯兰教自 7 世纪兴起以来，阿拉伯人开始走向了统一和强大。穆罕默德去世后，伊斯兰教分裂成了逊尼和什叶两派。什叶派在伊朗影响很大。1502 年，伊朗国王伊斯玛依把什叶派定为国教，延续至今，目前伊朗民众中有98%信奉伊斯兰教，其中96%是什叶派。什叶和逊尼两派在历史上是纷争不断，多有冲突的。20 世纪下半叶，比如说1980—1988 年的两伊战争，打了 8 年。除了政治经济因素之外，教派之争在其中也起到重要的作用。为什么这么说呢？伊拉克民众实际上只有40%到45%是逊尼派，而55%以上是什叶派。但是什叶派在伊拉克是没有权的，在这种情况下，什叶派受到了伊朗领袖霍梅尼政权的支持，他们在伊拉克就有了一种向政治上崛起的迹象。看到这种情况，伊拉克政府就采取了先发制人的方式，出兵攻打伊朗，但最后两败俱伤。这种形势对伊斯兰教现在的格局还是很有影响的。中国的穆斯林绝大多数都属于逊尼派。

阿拉伯人自从以伊斯兰教为旗帜，以"伊斯兰教革命"为口号，就开始了它的狂飙扫荡欧洲、席卷东方这样一个发展，大举向外扩张。在 8 世纪的时候，地跨欧、亚、非三大洲、幅员辽阔、影响广泛的阿拉伯帝国，形成了一种以伊斯兰教为特色的阿拉伯文化。伊斯兰教的扩张，从北边占领了北非，东边到了印度、阿富汗和中国的边界，西边到了西班牙和法国。7 世纪的时候，阿拉伯军队把东罗马帝国在地中海东岸的各个城市，包括耶路撒冷都归入其版图之内，把波斯帝国的大部分土地也占领了。它曾经占领了整个西班牙半岛，打到了法国的西南部，只是因为在 732 年，在图尔城附近，法国查理·玛特的军队打败了穆斯林的军队，才迫使其从法国撤出。所以中世纪的时候，穆斯林军队面对来势汹汹、志在必得的十字军是毫不畏惧的，它以"圣战"对抗"十字军东征"的胜利，也使穆斯林世界具备了战胜西方人的自信。1453 年，奥斯曼土耳其人攻陷了东罗马帝国的首都君士坦丁堡，使伊斯兰教世界的胜利达到了高峰。但是这种结局只是穆斯林的福祉，对于其他相关民族来说却是一场灾难。所以我们谈"阿拉伯化"，"伊斯兰教化"，也是一种"血与火"的过程，与"伊斯兰"的原意"和平"，是相去甚远的。比如谈到我国新疆地区，它的一些古老民族，原来都是信奉佛教或者摩尼教的，但是它的"伊斯兰教化"的征服，也是铁骑东来，"血与火"的一种皈依的结果。伊斯兰教当时势头非常旺，不可抗拒。

但是伊斯兰教西扩的势头在 15 世纪末被西班牙人止住，其标志就是穆斯林占领的最后据点格拉那，被西班牙人重新占领。西班牙语言中有一个词叫"列康吉斯达"，中文译成"再征服"或者是"恢复失地"，其意义对西班牙的历史是非常明显的，这样穆斯林的影响彻底从西班牙半岛消失。在 1683 年的时候，奥地利、波兰和萨克森的联军击溃了包围维也纳的奥斯曼军队。当时奥斯曼军队把奥地利的维也纳城包围了，维也纳的军队坚守，同时从德国、从波兰有援军来，内外夹击把奥斯曼军队打败，从此穆斯林的势力或影响开始退出西方各地，并在与西方的抗衡中处于劣势。

在这个过程中，我们谈到土耳其，因为它有独特的历史经历，虽然为伊斯兰教的信仰，但是它深受东罗马帝国文化潜移默化的影响，它的伊斯坦布尔就是原来东罗马帝国的首都君士坦丁堡。所以在欧亚之间，基督教与伊斯兰教之间，它有着一种微妙的地位，它的大部分国土是在亚洲，但是它希望成为欧盟的一个成员。另一方面，土耳其虽然是信奉伊斯兰教的一个国度，但是它在政治上是积极地靠拢西方，支持西方阵营，这种现实表态复杂地折射出它的历史文化之光，包括在今天它对美军用不用它的土地、领空问题表现出矛盾的心态，可以说也是其久远的、特殊的文化地位使然。

在近现代历史上，阿拉伯世界就出现了不和与分裂，在经济上、军事上已不再是西方的对手，昔日的"圣战"也已变成了几近绝望的抵抗，并由此引发出自杀性的破坏，及频繁的恐怖主义极端之举。在正规战争打不赢的情况下，极限战争的概念就出现了，也就是说为达目的，可以不择手段。只要是一种有效的反抗就可以无所不用其极，"9·11"事件正是这种观念的产物。在实施自杀性袭击之前，这些人都以伊斯兰教的信仰来互相鼓励和安慰，包括伊拉克要对抗美英的打击时，也是用真主的保佑来鼓舞士气。另一方面，他们现在把部队化整为零，也是准备以各种极端方式来进行抵抗和报复，因为他们知道正面打不赢。这样的话，在西方与伊斯兰教世界对抗时，就形成了一种比较典型的特色。这是我们谈伊斯兰教的情况。

我们再看看东正教的情况。在东罗马即拜占庭帝国被奥斯曼征服的过程中，俄罗斯东正教异军突起，在东正教世界形成了引人注目的发展。东正教影响了俄罗斯和东欧广大地区，其文化的特色及俄罗斯东正教的作用，现在正随着苏联和东欧社会主义联盟的解体而逐渐体现出来。虽然我们不能说苏联和东欧各国解体的根本原因乃是其宗教理解和相应的政策，而是有着更深刻的社会政治和经济根源，但从许多现象上来讲，宗教问题往往是导致一些东欧社会主义国家解体、共产党下野的直接导火线或起因。

在波兰，其执政党于1981年12月开始镇压1980年8月兴起的以天主教徒为主的团结工会。波兰天主教神父庞比乌斯高（Fabber Jerzy Popieluszko，1947—1984）出面组织每月一次的"祖国弥撒"，支持瓦文萨及团结工会。他于1984年失踪，一星期后尸体在一水塘被发现。为他举行葬礼时有一万多钢铁工人示威游行。此事促成了团结工会的发展和天主教会影响的扩大，入团结工会和成为天主教神父的人明显增加。1989年6月，波兰举行了战后第一次普选，8月24日，团结工会的顾问塔得乌什·马佐维耶茨被议会任命为政府总理，这是波兰统一工人党执政45年以来第一次由反对派出任总理。"二战"以后,这也是东欧第一个由非共产党人领导的政府。这样,拥有300多万党员的波兰统一工人党就瓦解了,社会主义波兰人民共和国就解体了。我们可以看到这种复杂的关联。

我们再看东德。东德执政党倒台的直接起因也与教会相关。东德路德会教会应该说跟政府有一定的默契,但是它有一个基督教的"民间教派",不受政府的掌握和控制地搞和平运动,因为他们不满东德的政权和有关政策,便举行烛光静坐示威活动,结果120个成员被捕了。这个活动在当时得到广大群众的同情和支持。在120人被捕以后,有2000多人在盖特赛玛内教堂为被捕者举行代祷礼拜。两周以后,参加者达到了4000多人。1989年10月莱比锡又发生了群众性抗议,到10月18日昂纳克被迫辞职,最终导致东德政局的瓦解和东西德的统一。1990年10月3日,东德加入了联邦德国。

罗马尼亚政府倒台和共产党领导人齐奥塞斯库被处死的直接导火索,是匈牙利一个改革宗的牧师托克斯(Laszlo Tokes)被捕事件。当时的一些信徒为保护托克斯,把他的家围起来,不让政府军抓他。结果政府派军队进行镇压,当时就射杀了数十个基督徒,包括一些孩童,从而引起了民众的公愤和武装的冲突,最后导致整个罗马尼亚社会主义国家解体。

这些事件被西方一些敌对势力视为值得推广的"经验",看作是宗教对社会的积极作用。但对社会主义的宗教政策而言,却是极为严重、值得警醒的教训。所以社会主义国家的宗教政策和宗教工作,从一开始就具有是"争取朋友"还是"制造敌人"这样一个潜在的选择。

(三)宗教在社会发展中的正负功能

宗教作为一种文化体系,有着复杂的构成,因为文化本身既有精华也有糟粕。因此,宗教也有发扬精华,剔除糟粕的任务。江泽民同志曾经指出,宗教既有消极的一面,也有积极的一面,要鼓励和支持宗教界发挥宗教中的积极因素为社会发展和稳定服务,鼓励宗教界多做善行善举。这种认识的深刻之处,一方面在于它客观、全面地分析、评价了宗教的社会功能,不仅看到其消极的方面,也看到其积极的方面。另一方面则因势利导,有意识地促进宗教正面、积极因素的发展。实际上,宗教的许多社会功能都是双向性的，关键在于人们对宗教如何审视、如何引导，从而达到趋利避害、弘正抑负的效果。在此，我们可具体分析一下宗教的社会整合功能、社会控制功能、心理调适功能和文化交往功能。

1. 宗教具有社会整合功能

宗教发挥着巨大的社会组织和社会聚合的作用，可对其成员进行价值和行为两个层面的整合。如果宗教能与其存在的社会相协调、相适应的话，这种整合就是一种积极的正功能，它起的就是社会求同、认同和向心作用。但如果宗教与现存社会相脱节，有着离心倾向，那么这种整合对社会而言则表现为一种负功能，也就是说它会影响到信徒对于社会主体意识形态或行为方式的认同，从而导致群众离心离德、社会分化多元的现象。

2. 宗教具有社会控制功能

社会的控制实际包含着两个重要层面，一是对人们外在行为举止的控制，其特点是带有一些强迫性；一是对人们内在心理精神的控制，其特点是带有某种自觉性。在许多情况下，后者引起的社会效果会更加明显、更加重要。同样的道理，如果宗教在与它相关的社会有共识、相吻合，它就会协助政府加强对社会的良性控制，起到一种积极的引导作用。在这个方面，"牧师"的"安慰"和"劝解"作用应该被肯定。但是如果它的评价者是这个社会的反对者，就会指责宗教的这个功能是一种"麻醉"、"鸦片"的作用，正如马克思对19世纪欧洲宗教的评价一样。所以这里有一个对它的社会立场、态度问题。当然，宗教在与社会不相协调的情况下，它的社会控制作用也会走向反面，也就是说，它能造成信徒对社会的不满和反抗，引起社会的冲突。

3. 宗教具有对社会群体或个体的心理调适功能

这种"心理安慰"、"心理治疗"在社会发展尚不太健全、不太平衡，人们的物质及精神生活条件尚不太完满、不太理想时尤为重要。在这里，宗教为它的信徒提供了安全感和精神慰藉，使信徒以一种"平常心"来对待生、老、病、死，贫、富、祸、福，解除信徒的心理烦恼和精神压力，从而起到社会"安全阀"的作用。当然这种心理调适有可能导致它的信徒安于现状、不求进取、逃避现实和退缩保守，这也潜藏着不利于人们的人文素质的提高、心理健康发展的一些负面因素。

4. 宗教还有文化交往的功能

这种文化交往功能使不同的文化、不同的人群得以交流、沟通，从而达到相互了解、理解和谅解。在人类历史上，宗教是文化传播的使者，宗教中有个词叫"宣道"，英文叫 mission，所以它既是一种文化交流，也是一种宗教交流。当然，这种文化交流也要基于平等互利、相互尊重。如果这种宣道是依仗政治强权来强迫推行，就会导致一种单向性的流动和灌输，这种功能就会嬗变为一种文化侵略或者文化霸权。在宗教传播史上这种经验教训也是极为深刻的。

总之，我们讲宗教的社会功能，不能抽象来谈，而应看它跟那个社会、那个时代结合的情况，应该具体问题具体分析。

三 宗教对中国社会的作用

如何看待宗教对中国社会的作用，与中国人对宗教的认识和理解是密切关联的。我们可以对宗教在以往中国社会中的作用进行一番梳理来说明这一问题。而在当代及未来，宗教对中国社会的作用则是开放性的、未知的，其走向关键在于我们党和政府对宗教的认识和政策，因而我认为，对其未来的把握是"事在人为"。

按当前世界信教人数的统计，全世界约有 48 亿人信教，约 12 亿人不信教。按照我国当代有关文献的统计，如《中国宗教自由白皮书》，中国人口大约 13 亿，信教人口大约 1 亿，也就是说剩下 12 亿人不信教。按这种比例，世界上不信教者几乎都聚积在中国，或者说几乎都是中国人。而且中国不信教的人是占世界人口的少数，但是中国信教者本身也只是中国人口的极少数，大约十分之一，这就与世界的情况形成了一种鲜明的对照。如果仔细品味这一现象，则值得我们深思和探究。

从分析中国人的认知来看，中国人对信仰、对宗教、对迷信有着独特看法，从而形成一种"存异"，就是不同的方面。所谓"信仰"是指对某种超乎人可以直接把握的观念或理想的信奉、持守和追求。他所信的观念就称为信念，这种信念有超前性或超现实性的，也就是有"未知"、"不确定"因素。比如说，我们并不能从根本上说清楚"共产主义"或者说"社会主义"究竟是什么，但是我们"坚信"，所以成为一种信仰。如果可以对它精确论证或者预测的话，也就不是人们常说的"信仰"了。印度大诗人泰戈尔有个生动的比喻，说"信仰是个鸟儿，黎明还是黝黑时，就触着曙光而讴歌了"。这是说信仰有一种超前性。这种信仰包括政治信仰、群体或者说社团信仰、文化信仰以及宗教信仰等不同层面。有的领导人曾经跟我讨论这个问题，说中国人没有宗教，但不能说中国人没有信仰，信仰还是有的。这种信仰使人形成了团契，并使其团契具有凝聚力。具体来看，政治信仰是以一种政治的理念或理想来吸引人、团结人，使信奉者为这一理念的未来实现而奋斗。与政治信仰相关的是政党的建立与发展，它要求成员对它的信念忠诚、坚贞，并准备为之奉献和自我牺牲，所以这种信仰是强调一种自我奉献。社团信仰是某一个群体的信仰，因为它的特殊性而构成了一种或者公开或者隐秘的社团组织。这种结社是强调它的特殊性和独特性，并因为它与其他人不同，或与它的外在的气氛格格不入，这样形成在社会中的一块隐蔽的"飞地"，有着它的复杂存在或它的复杂影响。文化信仰则是相关人群或民族对它的文化传统的一种缅怀、信守和圣化，由此就构成了文化理念，或者说称之为民族之魂。这也就是所说的"文化认同"、"文化自知"，或者说"文化自觉"。各民族的文化信仰，能够使这个民族钩深致远，继往开来，保持它的活力和发展势头。宗教信仰则包括各种宗教形式，它是以灵性吸引力来影响、把握或引导着人的精神世界，支配着人的精神生活。所以从宗教的视域来看，对"绝对者"的信仰是宗教追寻的真正境界，对"相对者"的盲从是迷信。

　　信仰有两大特点，一是对自我信奉的东西有一种神圣感，为这种神圣感，他不惜付出自己的生命。另一个则对其他信仰有一种排斥性，排斥其他东西。只要谈到信仰，就一定要注意这两点。这样它就成为跨文化、跨信仰对话沟通中的一大难题。但是许多中国人对宗教信仰不这么看，他们认为宗教与迷信没有太大的区别。前年我去中央党校中青班，跟很多学员讨论的时候，有人就跟我辩论，强调宗教就是迷信，没有什么好说的。我就想起了其实在 20 世纪初的时候，著名学者梁启超就指责宗教"其偏于迷信而为真理障也"。20 世纪六七十年代，我国著名民族、宗教问题专家牙含章先生也坚持认为，"凡是宗教，当然都是迷信，但并不是所有的迷信都是宗教"。这种认识今天仍然在我们许多同志的潜意识中存在着，许多人认为政治信仰与宗教信仰是相排斥的，二者在思想观念上不可能走到一起。但是在西方的文化语境中，认为政治信仰跟宗教信仰是可以相互补充、相辅共在的，这跟我们大部分人的看法是不一样的。更有人强调中国人应该是以其文化信仰来取代宗教信仰的，因此中国虽有普遍的信仰情怀，却没有普遍的宗教追求。这就是关于中国人宗教性的认识。

谈到中国人的"宗教性"问题，不少中国学者认为宗教与中国文化的发展关系不大。梁启超就曾经宣称"吾国有特异于他国者一事，曰无宗教是也"。梁漱溟先生也指出，中华民族乃世界上唯一对宗教兴趣不大的民族，是一个"非宗教的民族"。他们认为宗教是"贵信"，故而低于"贵疑"的哲学，因为一怀疑他就会思考，一信他就无所事事了。在 20 世纪初，蔡元培甚至提出了"以美育代替宗教"的主张。在这些学者眼里，中国是没有宗教的，中国文化传统中的儒教也不是宗教，因为儒教要远远高于宗教的境界。非常有趣的是，在明清"中国礼仪之争"时，是来华的耶稣会传教士利玛窦率先提出"儒教非宗教"的说法，不是中国人首先提出来的。因为在利玛窦看来，儒教是要低于宗教的，但是他的宗教标准是天主教信仰，他认为儒教不能跟天主教信仰相提并论。我们看，同样是不承认儒教为宗教，二者对宗教的理解和评价却有天壤之别。否定了儒教的宗教性，在他们看来，中国就没有所谓"正宗""宗教"可言。但实际上宗教在儒教上也可以体现。另外在他们看来道教是一种随意性较强的民间信仰，尚不构成宗教。而道教因为提倡"道法自然"，没有传教的积极性和主动性，从它的作用来看，没法跟佛教和基督教在传教的意义上相比。佛教则是一种外来的宗教，这些学者认为它并不代表中国精神文化的原创性。在这种认识中，他们总认为信仰跟宗教是相互排斥的，信仰的境界要高于宗教，把宗教归入这种信仰之内，仍然没有"互补"的功能。但是当代的西方学者却认为信仰与宗教是有着种种的互通，尤其在当代的世俗社会中，一些西方社会学家说，信仰就好似一个"超级市场"，人们可以找到"传统型的、土产的、新潮型的、复古型的、进口的，以及神秘主义型的"各种信仰或者宗教的"产品"，这个产品用得不行，你可以把它扔掉，换一种产品。信仰的多元化使人们感到犹如在超市购物那样，被物品的多样性和购物者的多种多样弄得眼花缭乱、无所适从。所以有些人干脆"跟着感觉走"，让生命赌一把，信个什么就算了。这种现象在当今中国也不是没有的。

　　但是在中国的历史传统中，中国人信仰宗教却是被历史记载所肯定、所证实的，甚至从古代的皇帝到蒋介石，其宗教信仰也是公开的、明显的。不过，中国过去的统治阶级对宗教是有一种"实用性"、"功能性"的认知，也就是说它必须"为我所用"，统治者本人可能信奉某种宗教，或者多种宗教，但是他不允许任何宗教对王权政治的僭越。所以中国历代政权对宗教均有着控制和掌握，并从很早就设有掌管宗教的政府机构，比如中国古代有礼部"掌僧道"，涉及宗教事务方面。在唐朝的时候，为各国的蕃客设立了蕃坊，主要以穆斯林为主，蕃长是由中国政府任命和批准的。到了元朝，有"宣政院"专管佛教事务，秩一品；有"集贤院"专管道教事务，等级稍低一点，秩二品；还有"崇福司"是专管基督教事务的，也秩从二品；还有"回回哈的司"，是管伊斯兰教事务的。当时元朝的统治者忽必烈就曾明确表示："有人敬耶稣，有人敬佛，其余的人敬穆罕默德，我不知哪位为大，我都敬，求他们庇佑。"因此，宗教在中国依附政权而发展，由此对中国社会产生影响和作用，这是中国宗教存在的一大特点。从元朝以后，明朝有专门负责宗教的部门，清朝有理藩院负责宗教事务，一直到民国有蒙藏委员会，也涉及大量的民族宗教问题。我们可以说在中国历史上，有统治者本身信仰一种或多种宗教，其宗教政策的特点是：对宗教信仰比较宽容，但是对宗教活动是严格管理的，宗教发展的特点是：宗教依附政权、依靠政权而发展。这是我们今天研究宗教问题的一个重要参考因素。

　　分析中国人的宗教精神及其对中国社会的影响，不能忽视儒、道的文化作用。儒家思想学说虽然不被大多数中国人视为宗教，但是它在历史上也的确曾以宗教的身份出现。一些学者认为，中国存在一种"宗法性宗教"，其核心精神和伦理色彩也是儒家的。如果我们按照现在学术界对宗教比较广义的理解，也可以将儒教视为历史上一种独特的中国民族宗教，称它为华夏文化之魂。道教则是唯一一个在中国土生土长的宗教——在我们所承认的宗教中间，如果把儒教打个问号的话。道教对中国人的影响可以用鲁迅的一句名言"中国根柢全在道教"来表述。当我们今天讨论中国"先进文化"时，一定要对中国文化之"本"加以反思，要有对中国文化精神的"自觉"和"自明"。我们以马克思主义为指导思想，但是马克思主义也有一个与中国文化结合、融入中国精神的问题，因为马克思主义是来自西方的，它的三大来源或者三大组成部分都是以西方传统为基础，如果不与中国文化结合，很难称之为中国文化之"本"。就其来源说，接受马克思主义本身就有一个"西化"问题。如果我们忽视、放弃中国文化之"本"，则有一个我们为之骄傲的中华 5000 年文明现在究竟还有没有自我之根，究竟还有没有它的传承问题。这一点我们不能回避，而需认真反思。因此，对于传统文化的弘扬，对中国文化精神的精髓的发掘，也是现在建设先进文化的重要内容。

从佛教来看，印度佛教按其传统本来应该是视"佛道为至上道"，至高无上的，强调佛教具有最高权威。但是佛教徒在中国发现，现实情况和境遇与印度是迥然相异的，他们发现了"不依国主，则法事难立"这一融入中国文化的奥秘，深感佛教的兴盛与否全依赖于中国皇帝对之所持的喜、怒或者取、舍的态度。"依靠国主"就成为佛教在中国发展传播的重要策略。而且，也正是因为佛教在变俗入世的过程中"佐教化"、"益国治"的表现，才使它达到了在华本土化的目的，为中国文化发展作出了贡献，它本身也成为中国文化的重要组成部分，这种结合就决定了佛教在华的命运。

从伊斯兰教来看，伊斯兰教虽然是阿拉伯文化的结晶和代表，它在华也有一个与中国文化结合的问题。伊斯兰教在中国使十个少数民族的文化发展逐渐趋于伊斯兰教化，它与中国文化的结合和融洽也给这些少数民族的发展带来了希望和动力。但是一旦它被少数民族分裂分子用为"民族分裂"的旗帜或掩护，则不仅会给这些少数民族的发展带来损害，而且也会使伊斯兰教本身蒙上浓厚的阴影。例如，在南疆及其他一些穆斯林少数民族地区，伊斯兰教如果被具有离心倾向的势力所利用，就势必造成当地宗教、民族问题上的张力，阻碍它的发展。在这个地方，也存在宗教在文化认同中的作用和影响问题。如果伊斯兰教促进这些少数民族在中华民族大家庭中的共在和共融，其本身则会成为民族团结的催化因素和社会稳定的和平因素，符合"伊斯兰"即"和平"之本意。而如果它过于强调其文化之"异"，阻碍这些民族的身份认同，则会成为不稳定因素，并造成负面影响。

最后我们再看看基督教。作为西方文化的代表，基督教在中国的情况就更为复杂。因为它表现出一种强势，在中国文化中的融入也就更困难。这种张力现在仍然存在，问题也没有解决。因此中国历史上的禁教或者说当代的反渗透，主要也是针对基督教而言。清朝的雍正皇帝曾经向供职皇宫的一些西方传教士说明他禁教的关键理由，他说"尔等欲我中国人民尽为教友，此乃尔教之所要求，朕亦知之；但试思一旦如此，则我等为如何之人，岂不成为尔等皇帝之百姓乎？教友惟认识尔等。一旦边境有事，百姓惟尔等之命是从"，若成此局面，"则祸患大矣"。这一问题在某种程度上仍然存在着，这也就是中国人的担忧之所在。基督教如果能解决它在华本土化的问题，积极适应中国国情，融入中国文化，则会使它在中国获得真正正常的发展。同样，中国如果能够处理好与基督教的关系，在与西方各国的交往中，也能达到更多的共识，获得更多的便利。所以从实质上来看，基督教在华的本土化和中国对它的可能吸纳和容纳，也是在于它的"政治"立场或态度的问题。宗教尤其是基督教在此会更多地体现出它的政治性。

中国历史上没有形成真正的国教，亦无某一个宗教特别突出、至高无上的局面。宗教总是在中国政治允许或控制的范围内生存、发展，并不能容其自由发展或者任意扩大。因此，在西方的文化中铸就的基督教的鲜明"个性"和"双剑"理论——神圣之剑是教会的权威，世俗之剑是政权的权威，被认为应该并重——不得不面对中国文化所要求的"调和"、"调适"，甚至"妥协"和"让步"。基督教要真正实现在华的本土化，必须认清这一点。

除了这些大的宗教以外，当代社会中各种民间信仰的复活、新兴宗教的产生，亦应使我们关注文化中"大传统"的同时，也要看到并重视各种文化"小传统"的顽强生命力和繁殖力，认识到它们会对当今中国社会产生的复杂作用。比如说民间信仰问题、新兴宗教问题，我们在理论上、政策上都没有很好地解决，但是民间信仰实际上在中国存在，而且传统的民间信仰在复兴。我们虽然抵制新兴宗教渗透，但是新兴宗教可以说是已经渗入到中国境内，而且以各种方式存在着。对这些问题，我们仅仅是靠政策上说"不允许"三个字不可能解决，必须有相应的理论和政策措施，否则，我们采取的就是一种"鸵鸟政策"。各种小传统和小型的新兴宗教的发展应该引起我们的高度重视。

总之，在认识宗教对中国社会的现实、未来究竟会起什么作用的问题上，我们的党和政府应该"有所作为"，就是说，既要有"宗教问题"的意识，也要有"宗教政策"的举措。所谓"宗教问题"意识，我这里引用宗教事务局副局长王作安的一段话，他说是指"宗教的社会属性，即宗教作为一社会现象在现实社会生活中的地位和作用，包括社会对宗教的制约和宗教对社会的影响"；所谓"宗教政策"则指"中国共产党和中国政府依据其对待宗教问题的立场、观点和态度，制定并实施的处理宗教问题的基本准则和具体措施"。在此，我们要有"四两拨千斤"的智慧和能力。我们的政党和政府"既不能用行政的力量去消灭宗教，也不能用行政的力量去发展宗教"，但是"行政的力量"是可以有所作为的，而且事实上也一直在"作为"，其中即有对宗教的正确认知和引导问题。目前我国宗教界的领袖参政、议政并不是以个人"平信徒"的身份，恰恰相反，他们大多数人得以进入"人大"、"政协"，正是因为他们具有较高的神职、圣品，是宗教界的"领袖"而绝非普通信徒。神职人员、宗教领袖成为人大副委员长，各个省人大副主任，政协副主席、常委，实际就具有了国家领导人和省市各级领导人的身份，这种宗教领袖、神职人员高地位、高权力地参政、议政，甚至在当今西方"政教分离"的国家亦是罕见或根本不可能的事情。另一方面，不少政府的负责宗教事务的干部，因为管理宗教的需要而进入宗教界，对外具有宗教领袖的身份，或者说在各级宗教界担任要职，政府给宗教界必要的经济资助和财政支持，这在当今世界亦是颇为独特的现象。

这些现实中的实践和创新已远远跑到了我们目前的宗教理论和政策的前面。既然我们的实践对宗教已经有了如此积极的态度和引导，有了如此密切的合作和共构，为什么还要滞留于一种落后的理论和政策呢？为什么还要自囿于一种不能自圆其说而对宗教的消极乃至否定的判断和评价呢？

恰恰是这种滞后的理论和受其影响的政策措施，成为西方敌对势力在"人权"、"宗教自由"等方面攻击我们的口实，并使我们在实践上的积极作用和突破难以彰显。中国共产党人强调实事求是，就应该有勇气、有能力成为理论和实践的统一论者，在马克思主义宗教观上，有我们中国共产党在当代结合中国实际或国际形势而作出的贡献、发展和创新，这才叫"与时俱进"，从而也可以使宗教界能够理直气壮地与我们社会主义社会相适应、相融合。在信息化的时代，大家可以说是知己知彼，没有什么"秘密"可言。因此，我们统战工作应该从"社会"、"政治"层面，上升到"价值"、"精神"层面，真正做到与宗教界"政治上团结合作，信仰上相互尊重"。这种"合作"和"尊重"是建立在相互对话、沟通、理解基础上的。统战工作的艺术精髓在于"使我们的敌人变得越来越少，使我们的朋友变得越来越多"。在宗教问题上，我们必须有一种文化战略的眼光和国际竞争的睿智。在世界大多数国度有宗教背景、人类大多数为各种宗教信徒这一处境中，我引用叶局长的一段话，"你把宗教始终看作'消极因素'，它就是'消极因素'。你把信教群众始终看作是'落后群众'，他们就是'落后群众'"。也就是说你把宗教坚持视为政治上的"异己"力量，它就会成为"异己"力量。这是一种矛盾的转换，也就是人为地制造"敌人"，扩大"敌对面"。其后果，"如果我们的社会还有那么多'消极因素'，哪还有安定团结？如果还有那么多'落后群众'，哪还有政通人和"？如果还有那么多的"异己力量"，哪还有我们的改革开放、走向世界、与国际接轨？因此，认识宗教不能陷入传统的窠臼"想当然"，处理宗教问题一定要三思而后行，慎之又慎。在当前形势下，我们有必要"换一种思路"，在"行政"上管理宗教时，有必要在"思想"上促成这种管理的"自然"、"和谐"，也就是说，让"失控"转为"实控"，将"无序"转为"有序"，将"暗地操作"转为"公开法治"，将"张力"转为"顺力"，将"离心"转为"向心"。只有我们把海内外广大信教群众看作积极力量，肯定宗教在价值和实践层面的积极作用，我们的社会才会在这种氛围下正常发展，我们的国家也才能有更好的未来。或许，这是我们谈论"宗教对社会的作用"能够带来的某些启迪和思考。

　　问：您讲统战工作的艺术精髓在于"使我们的敌人变得越来越少，使我们的朋友变得越来越多",是从哪里引用来的?

卓先生:我没有正式看到过材料,听一些领导同志做报告时谈到这种说法,据说是毛主席说的一句话。毛主席在论及战略、统战问题时据传曾如此说,什么叫战略战术呀?打得赢就打,打不赢就走。什么叫统战呢?就是使我们的朋友变得多多的,使我们的敌人变得少少的。但是我没有找到原话,所以就不敢说是引述谁的。

问:刚才听了卓先生的讲座,很受教育和启发。我有一个问题——这个问题您刚才提到了,但没有展开——怎么理解鲁迅先生所说的"中国根柢全在道教"?怎么理解先进文化和宗教文化的关系?如果说我们要代表先进文化的前进方向,宗教文化有些也有前进方向,两个前进方向能否相容纳、相协调,还是相冲突的?

卓先生:我个人认为从总体上来说,是可以相协调、相容纳的。为什么呢?我们说社会跟宗教是个双向互动的主体,双方都在发展变化,宗教是不断地适应这种社会的发展变化。另一方面根据马克思主义的观点,宗教是社会的产物,变化的社会产生的宗教自然也是有变化的,不能说完全跟过去的一样。尽管某个宗教有它的传承,但是这种传承在解释上是有区别的。比如说我们谈"宗教"两个字,最早是佛教的解释,说"教"是佛祖教诲,"宗"是佛祖的门徒对他的教诲的一种解释,在这种解释发展中间它是有新意的、有变化的。我们谈到鲁迅先生说道教跟中国文化的这种观点,实际上是从社会基层,从中国丰富的社会文化生活的角度来看的。从某种程度上来讲,他也提到了中国文化中大传统与小传统的双向互动。因为道教是个非常有意义的宗教,非常有趣。在一定历史时期它能占据大传统的地位,但有很长的历史阶段,它被变为一种小传统的地位。道教在许多方面跟中国的民间宗教有着直接或间接的千丝万缕的复杂联系。我们知道,当现行的政策不允许民间宗教存在以后,许多民间宗教以道教的旗帜,参加道教协会来继续保持它的存在。这就是说,这种活生生的宗教生活是反映了中国人的现实。所以我们谈理论时,提倡一种升华,提倡一种提高。但是在现实生活中,应该看到老百姓的一种现实存在,我们的理论、我们的工作,应该是从这种现实的基础上进行发掘和提高,而不能抽象地谈一种比较高的文化。就是说我们文化建设的起点,要根据中国老百姓现实文化认知存在的现状。我们对于宗教，像道教，还有其他，跟先进文化的关系如何结合才能有一个工作的出发点？当然我们谈到宗教作为一种文化，有精华，也有糟粕，本身必须得自我扬弃、自我更新。如果是从正面上对宗教有一些肯定的评价，有一些正面的表述来谈宗教，实际上也是促进宗教自觉地扬弃自己宗教中间的一些糟粕，使自己的发展能够有一个良性深化。应该承认宗教在实践中有许多内容是跟传统的封建迷信有着一些关联的，这是不能否认的事实。我们不能靠行政命令去制止它、去禁止它，而是应该通过正面弘扬的方式，在一种积极引导的方式下让它自觉克服这种向下的走向，引导它向上的走向。这样的话，从理论上、从实践上，我们的工作，尤其是宗教方面的工作，可能会更顺一些。这是我自己的一点不成熟的看法，在宗教政策中间，有一些现实的问题，有一些具体的接触，学术界可能接触的实际的案例比较少一些，可能谈的这方面比较空，可能对一些问题的复杂性了解得不是很具体。但是我觉得有一个大的方向，应该从积极的引导方面做文章，而不是从消极的防范方面下工夫。

问："宗教是麻醉人民的鸦片"，您提到在翻译上是列宁引用的话。在您的讲稿里面引用马克思的这句话和列宁的这句话翻译不完全一样，是不是有点儿区别，应该怎样翻译，或者怎么解释才更好？

卓先生：这是马克思谈"宗教是人民的鸦片"的时候，这句话并不是马克思的发明，当时在英国教会的一些主教曾经谈到"宗教是人民的鸦片"，对"鸦片"的理解当时是从一种镇静剂的角度来看。大家都知道中国经历了鸦片战争，对鸦片是深恶痛绝，基本从毒品，从否定的角度来看它的。在这种特殊语境下，翻译成中文时，宗教是鸦片基本就是个否定的意思了。不像西方的那种中性的意思，或者说带有某种同情的意思。马克思的原文，我看过德文，他用的是 Opium des Volks，英文中介词用成了 of，它有一种内在的、自然的关联，是人民的鸦片。俄文我不懂，英文翻译的列宁的话是 Opium for，for 就是为什么，有针对性的，治什么的。这个词在中文翻译的时候，在当时语境下，受列宁的影响，也受我们自己宗教认知的影响，就人为地加了"麻醉"两个字，麻醉在西文中是找不着的。"麻醉人民的鸦片"，在新的马列著作的翻译中，我最近又找了一些新的版本，发现"麻醉"两个字就没有了，又回到了原来，就是说跟马克思的说法是一样的。中间为什么会出现"麻醉"这种理解呢，就是因为介词在翻译上，有一种微妙的差异。应该承认列宁跟马克思的认识是不一样的，在这个词上已经表现出来了。列宁对宗教可能在认知上有更多的否定性，而且他认为宗教作为一种存在，是一种封建、资本主义旧社会的残余。这种思想，是因为当时他处在要建立起第一个社会主义政权的前夜，他高瞻远瞩地讲到了宗教与社会主义的关系问题。但是宗教与社会主义社会究竟是一种什么关系呢？要靠实践来检验，在实践中间，理论的指导很重要。当时他的定调基本上从麻醉人民的角度来看问题，所以他更多地把宗教看作统治阶级利用宗教来麻醉人民。马克思更多地站在老百姓自己一方，因为在这种无望、绝望的处境下，在这个世界中，需要有一种东西来自我安慰，所以主体是不完全一样的。这是我对马克思、恩格斯这几段话，根据西文的一种理解，可能我的理解不是很准确，但是我觉得能够提供一种思路，看看它为什么会有这种微妙的变化。

问：在您的讲演稿里面，有关于伊斯兰教的兴亡，伊斯兰教西扩的势头在 15 世纪末被遏制，从此逐渐"退出西方各地，并在与西方的抗衡中处于劣势。……昔日的圣战已变成了几近绝望的抵抗，并由此引发出自杀性的破坏，及频繁的恐怖主义极端之举"。从这段论述来看，是不是现在的恐怖主义有一些乃曲折反映为阻止伊斯兰教文化衰减的一种象征？好像现在我们可以把基督教文明跟伊斯兰教文明的冲突放在文明的冲突里面。恐怖主义势力的抬头跟宗教时有关系，是不是也与伊斯兰教在这种冲突中处于劣势有某种关联？这一点我觉得是非常重要的。另外小布什在"9·11"事件以后曾经讲在进行十字军东征，这个观点是遭到批判的。您从这个角度来讲，我觉得还是比较新的，能不能把这个问题再说一说？

卓先生：这个问题比较大，中间可以说经过了非常复杂的变化过程，但是在我的讲稿中只能浓缩出这两句话来谈这个问题。因为恐怖主义的根源是非常复杂的，有各种各样的因素。但是就总体、宏观文化冲突的意义上来讲，在全球都全力以赴地批判恐怖主义的时候，有些人也提出反命题：为什么会出现恐怖主义的举措？尤其恐怖主义的实施者，有些人是属于弱小民族，或者弱小个体，所以也是某种意义上的反抗吧。因为"9·11"事件以后，国际上对反恐达到一种共识，对于恐怖主义的复杂根源，大家却探讨得很少。具体反恐举措还只是治表，只有消除产生恐怖主义的根源才能治里，但这是更为艰巨的任务，在短时间内很难见效。在全球形成反恐共识的氛围中，也有一些微妙的变化。比如说，我跟以前以色列驻华大使馆有一些接触，他们曾经私下抱怨，说"我们的政策好像比较偏重于巴勒斯坦一边，如他们中的一些极端组织搞恐怖活动，我们的谴责却比较弱，不是很强硬"。这反映了当时从以色列一方来看，觉得对任何恐怖主义就应该坚决打击。从另一方面来讲，我们也考虑到巴勒斯坦的思维方式。就是说，有些弱小民族，或其弱势团体及个人，虽然正面打不过你，但是它还是要反抗，就走了一种极端的道路，甚至包括自杀性恐怖活动。这种道路是很错误的，很不对的。这种可以说在历史的发展中，有政治、经济的因素，但是也有文化上的因素。因为我讲文化发展本身是非常复杂的，就是在中世纪的时候，也不是清一色基督徒打穆斯林，因为穆斯林中间，彼此之间有战争，基督教中间也有战争。就是在十字军东征中，也发生了天主教徒打东正教徒的现象。所以我们现在来看，就不能简单化，说是伊斯兰教文明与基督教文明的抗争。但是从宏观来讲，我们看到这里面的因素还是有的，不能完全排除这方面的因素。亨廷顿提出文明冲突论的时候，在西方也好，在中国也好，都是一片谴责声。其实当时对亨廷顿有很大的误读，亨廷顿是对西方社会提出警醒，说你们要警惕这种文明冲突事情的发生。我们大多数人认为亨廷顿就是在鼓吹文明冲突。这种误读是很有意思的。但是"9·11"事件以后，许多人都对亨廷顿的这种看法重新认识，而且感觉他有一种所谓先知性的预见，对亨廷顿的看法马上发生了一种微妙的变化。就是讲，尽管今天我们看历史发展是有一些错综复杂的因素，宗教文明的因素可能不起主要的作用，但是如果做一些深层次的分析，做一些复杂分析的时候，在多种原因之中，可能有这种文明，有这种宗教冲突的因素在内。这也就是小布什在潜意识中会脱口说出"十字军东征"这个词的原因。说出以后，作为一个政治家，他当然会受到批评。对于社会舆论，对于团结阿拉伯各国来说，对他是很不利的。大家知道，他打伊拉克，基本是利用阿拉伯国家一些国土、基地，要不然他也打不了。在这种情况下，从策略上来讲，他犯了一个政治上的失误。但是从他的文化心理积淀来看，这是一种自然而然的流露。所以这种意识，应该说，如果我们从深层次发掘的话，可能还可看到历史的影子还在现实政治社会中时隐时现。但是它不是很明确，而是变得更为错综复杂了。我们分析各种综合因素的时候，也应该注意到这一因素，因为这些因素可能在解决冲突的时候起到某种作用。我把历史发展高度浓缩成这么两句话，说起来可能觉得比较简单一点儿，但是事件的发展过程是远为复杂，我只能在这儿做这样一种解释。

第三讲　世界文明与世界宗教

一　概论

在山上看世界觉得能看很远，如果站在海边看，就觉得难以尽收眼底，存在一个彼岸之维。所以说，"仁者乐山，智者乐水"，山水之间各有境界。宗教有其超越和彼岸的追求，这次我们就从彼岸之维的角度来谈世界文明与世界宗教。

现在学术界作讲座十分活跃，中央电视台的百家讲坛捧出了一批人：易中天讲《三国》，品出了另一种滋味；于丹讲《论语》心得和《庄子》心得，有着自己的"心灵感应"；刘心武解释《红楼梦》，也是一种另类解读，却能自圆其说。这些学者的参与、或从后台走到前台来"亮相"，就形成了百家讲坛之热，具有公众效应。所以有人就说："你能不能讲得像于丹那样，有一种给人以心灵按摩的效果、有着品味心灵鸡汤的感觉？"还有人说："你能不能把文章写得像百家讲坛那样，例如能把基督教知识写成那个样子，尤其应有细节描述上的精彩，以便引人入胜？"这个压力对我的确很大，这次的讲座恐怕也做不到那样。由于我所面对的听众大部分不是研究我这一专业的，进入细节反而不如宏观把握那样流畅。如果大家从我的讲座中能有一点启迪、或能带来一些想象甚至说"梦幻"的话，就算达到目的了。依我个人看，于丹等人的学术解释已经进入了一种"后现代"的境界，在现代媒体中可以游刃有余。可我自己还在现代或者"前现代"的场景中徘徊，因而拼命赶也赶不上这种模式的发展。但如果能有刘翔的速度或长出想象的翅膀也许就可以超越现代、实现腾飞了。

　　在对文化、思想的深入分析中，人们很容易发现宗教与哲学思维的关联和贴近，我们中国在高校的学科体系中，迄今仍将宗教学归为哲学属下的二级分支学科。但人们也已感到宗教与哲学的明显不同，认为把二者分开来谈乃大有必要。现在我们就具体谈谈宗教和哲学的关系。宗教总是以一种社会化、组织化和个我化的形态来表达人们对真、善、美、圣的一种信、望、爱。这种形态基于人的本质中所具有的灵性因素，如恩格斯的人性本质论所说，这是人类的永恒本质，不应被忽略；著名的宗教学家伊利亚德称之为"人类学常数"。人的社会性是人之外化的形态，而自我性则为其内化的形态。人的这种外在与内在的对应就反映出哲学的意蕴，也反映出人类在宗教上的探求。因此，宗教与哲学都是关涉人类信仰、智慧的学问。宗教的关键在于信仰，其支撑在于希望。人在宗教信仰中有来世的希望，也有今生的希望。对应人生的跌宕起伏，宗教也就是超越人生自我的生命的探求，即想超越生命的限制而获得一种自由，达成有限与无限之间一种"平安"或"平静"的过渡。所以哲学在此也就是一种生死哲学，即希望找到能超越自我、超越尘寰的途径，对这种"生"与"死"的过渡或转换能有其心理保障和精神现象意义上的科学方法。哲学在这一意义上乃是"生命哲学"和"希望哲学"，即客观地认识"当下"，乐观地展望"未来"。基于其超越之维，宗教与哲学对存在和现实有一种"爱"的面对。哲学作为"爱智"之举有其"神性"之维，而这在宗教中则被表述为超越之爱即"圣爱"。当然，宗教在现实中也有其生活之爱即"仁爱"，这使宗教有对生活的关注和参与，有自我主体的投入，从而与哲学的"客观"或"旁观"形成区别。宗教在此与哲学的根本不同之处，就是所谓的"宗教体验"之说，而且这种"体验"不可言述、只能意会。于是，研究宗教者不能仅像研究哲学那样客观、冷静即可，而必须关注、面对并探究这种"体验"的奥秘。所以，宗教学研究方法中就有"参与性观察，同情性理解"之说。然而，宗教研究作为一门科学则必须既"深入其内"，又"超乎其外"，不仅能"钻进去"，还必须能"走出来"。

　　不过，这种对真、善、美、圣的信、望、爱，是宗教对超越现实追求的一种理想，即其追求的理想境界。而在真正的生活中，我们则很难看到这样一种原汁原味、体现其理想的宗教，我们所看到的宗教现实是，它在其社会和群体存在中有着利益的要求或考虑。人对超越的追求谈何容易，宗教的这种超越性在现实中也只能达到一种相对状况。因此，应对宗教加以理想与现实的客观比较和区分，这是弄清宗教奥秘的关键之处。同样，哲学也有形上追求和实用智慧之别，既有精英的睿智，也有大众的聪明。这就是我在此关于宗教与哲学关系之谈的基本说明。为此，我们讨论世界文明与宗教的关系，是以一种哲学的头脑，采取的是比较宗教的方法。

在"全球化"的今天，了解世界宗教及其与世界文明的关联，对于整体把握世界的全局有着独特意义。在各种文明密切接触中的知己知彼，能促进相互交流，有更多的对话、更好的沟通以及彼此更真实的了解和更真诚的理解，从而有利于我们今天所提倡的"和谐文化"、"和谐世界"的建设。这里，我们首先来了解一下世界宗教信仰的基本情况。当今世界人口是60多亿，各种信教人数已达50亿，约占总人口的85%，不信教的人数约有12亿。中国当前人口13亿，根据1997年发布的白皮书《中国的宗教信仰自由状况》，信教的人数有1亿多人，中国不信教的大约就有12亿人。如此一看，好像不信教的人都在中国！这种比较会让人感到，中国人就生活在国内不信教者占绝对多数，并面对国际上信教者占绝对多数这种差异之中。但是，最近有中国学者在其调研分析后语出惊人，引起西方舆论和我国上层的特别关注。其抽样分析的结果说，中国现在已有3亿人信教，由此突破了1亿人的说法。究竟怎样看待中国人的宗教信仰和信教现状已经成为热门话题。那么，从各大宗教人数来看，基督教是22亿人，占世界总人口的34%，分布在251个国家和地区，是名副其实的世界第一大宗教，影响最广。基督教分为三大教派，其中天主教徒最多，约12亿人，新教徒约7亿人，东正教徒也有约3亿人。第二大宗教是伊斯兰教，共有13亿穆斯林，占世界总人口的18%，分布于172个国家或地区。佛教是世界性宗教，但人数很少，只有3到4亿，占总人口的6%，分布于86个国家或地区。这是三大世界宗教的一个基本情况。另外，在各种民族宗教中，印度教最大，大约有8亿人；还有很多新兴宗教，大约有1.3亿人，约上万个教派，这是世界各种宗教的基本情况。

中国有"五大宗教"之称，即佛教、道教、天主教、伊斯兰教、基督教（就是新教）。根据我国官方所公布的数据，中国现有各种宗教信徒约1亿人，宗教活动场所有9万余处，教职人员有30多万，团体3000多个。这是目前正式发布的关于中国五大宗教的基本情况。但根据上述中国学者的统计，在中国已有3亿教徒，其中佛教徒就大约有1亿人。此外，在当前学术界流行的还有"三色"宗教市场论，即就职于美国普度大学的杨凤岗教授所提出的红、黑、灰三色"宗教市场"之论。其中，被官方承认的宗教是红色宗教市场，不被官方承认的地下宗教是黑色宗教市场，在红色和黑色之间，则还有一个非常模糊但很广大的灰色宗教市场。这个理论受到西方一些宗教学者的关注，在中国学术界既获得了喝彩也遭到了质疑。我们了解中国宗教理论时，应注意到有这么一个说法。当然，世界上还有其他多种多样宗教形态的存在。而且，在中国，基督教除了天主教、新教之外，还有东正教，其存在目前在东北、内蒙古和新疆等地也是合法的。此外，还有民间宗教或民间信仰，如妈祖崇拜，三一教，等等。在西方关于世界宗教信徒的统计数字中，其50亿宗教教徒中还包括了3亿中国民间宗教信徒。因为海外华人仅几千万人，因此，这些中国民间宗教的信仰者大多数仍应该是在中国本土。所以，对其信教人数的估计，也就能够大概猜到一点。此外，还有少数民族宗教、原始宗教如萨满教等。去年的中国歌曲大奖赛中增加有原生态的唱法，其声调高亢、拖音悠长，是一般美声唱法或其他声乐正统训练所难以达到的。由此也使我们想到了原住民的宗教问题，以前描述的所谓原始宗教或土著民宗教，现在一般都用原住民宗教来表达。另外还有新兴宗教，更是我们关注当代宗教发展的一个重大课题。在中国人的信仰世界中，"儒教"已成为一个特别的问题。关于儒教，我们一些学者并不承认其为宗教，而认为在中国民众传统中另有一种"宗法性传统宗教"的存在，但亦认为这是一种社会性宗教。对中国这种宗教的表述或描述，却仍让人有语焉不详之感，故而还不能排除对儒教的宗教性，以及其对中国民众宗教认知与存在的影响等探讨。中国历史文化在观念上曾强调"神道"，在地域上亦突出"神州"，如果中国没有宗教传统，对于"神道设教"和"神州大地"的理解就会出现迷失及模糊。这就是关于中国宗教状况的分析。

二　世界文明与世界宗教

从世界宗教的兴起与世界文明的关系来讲呢，把二者联系起来考量，则正是一种哲学家的思考，体现出文化哲学的意义和对文明的反思。我们在此就顺着这种哲学家的思路走下去。近来国内学术界谈得比较多的是德国思想家雅思贝尔斯，他认为人类的历史已经经历了四个重大时期：第一个是史前时期，即原始宗教形成和发展的时期。第二个是世界文明的时期，产生了"世界四大文明"，即古埃及文明、美索不达米亚文明、古印度文明、古中国文明，被称为远古伟大文化的诞生时代。第三个时期被称为"轴心时期"，世界性大宗教得以创立，人类哲学繁荣发展，如在中国、印度、波斯、希腊、古代巴勒斯坦等地，给人类文化发展带来一种新的气象。中国一些学者说当今人类已进入 21 世纪，而 21 世纪的特点则是体现为"第二轴心时代"的来临，这应是人类历史上宗教的一次巨大复苏阶段，且正在当前世界宗教热中得到印证，中国亦不例外。有些学者编的丛书就取名为第二轴心时代丛书。但现在是否真的已进入第二轴心时代，就要让后人来评述了。最后一个时期始于欧洲中世纪的发展，是西方科技发展的时期，一直延续至今，它达到了对自然的空前征服与掌控，也导致了复杂多元状况的出现。

我们再回头看"轴心时代"，这是公元前 8 世纪到公元前 2 世纪的人类发展。之所以被称为"轴心"时代，主要是因为这个时期是人类各大宗教、哲学思潮及体系兴起的时代，如在古希腊有赫拉克里特、巴门尼德、毕达哥拉斯、苏格拉底、柏拉图、亚里士多德等先哲的出现，形成其哲学界群星灿烂的绚丽星空；在古巴勒斯坦，涌现出以利亚、以赛亚、耶利米等先知，使其宗教格外活跃；在古伊朗有琐罗亚斯德，以其光明与黑暗、善与恶对立的二元神教而独树一帜；在古代中国有孔子、老子、庄子等诸子百家，达成思想、文化与宗教的百花齐放、百舸争流；在古印度则有释迦牟尼（佛陀）等人的"沙门"思潮，其对传统宗教文化的抗争和改革使佛教、耆那教等得以应运而生。这样的话，雅思贝尔斯把人类历史上的这些变化和改革极为形象地称为人类社会的"精神化"，所以他定义轴心时代的关键词即"精神化",指出"这个时代产生了直至今天仍是我们思考范围的基本范畴,创立了人类仍赖以存活的世界宗教之源端",而其特点则在于"人"通过反思"意识到整体的存在、自我和自我的限度",即自我的有限性。这是雅思贝尔斯对所谓轴心时代的基本理解。那么21世纪作为全球化的时代,是不是一个轴心时代,其特点是什么,就很值得我们思考。随着科技发展给人类带来便利和进步,一些致命危机也逐渐显现,如人类已经储备了足以毁灭世界许多次的核武器,经济危机频频出现,电子虚拟世界中的引诱、欺诈与犯罪,以及生态被破坏、气候变暖、海平面上升等灾难性后果的警示等,这使现代社会的人们颇感现代文明已走到了尽头,有着"世界末日"的恐慌,并出现了传媒领域的渲染。人们渴望返璞归真、回返自然,重新享有低炭生活,找回地球的纯洁。这样,人的精神性开始与其技术性抗争,社会重新呼唤人的"灵性"复苏。由此,不少人觉得人类正在告别延续已久的科技时代,而这一新的时期或许就可以成为"新轴心"时期。当然,一些年轻学者认为这个时期以传统宗教的巨大发展、新兴宗教的多元涌现为特点,也颇有其道理。

三 世界宗教的兴起与"三大宗教河系"理论

当我们谈到宗教的发展时,就会想到老子的名言:"上善若水。"所以,这个"水"是生命之源。这有助于我们对各种文明中"母亲河"的理解。我对"水"有种特别的感觉,我是湖南的土家族,我们的民族曾经生活在干旱缺水的大山里,祖祖辈辈追寻的就是水,由小溪追游到江河、直至大海。当我第一次看到大海时,感到无比震惊和兴奋。大海浩瀚无边、连接天地,典型体现出水的魅力和博大强劲。水给人带来一种对生命的体悟,形成一种精神的刺激。

欧洲宗教哲学家孔汉思在了解亚洲、尤其是中国宗教传统时,对此也多有同感。他在中国有很高的知名度,曾多次来华访问。我记得他第一次来华是1979年,在与我们中国社会科学院学者座谈时作了"宗教与科学"的讲演。那次访华后,在欧洲出现了他与罗马教廷矛盾的公开化,他失去了在德国蒂宾根大学天主教神学系的教席,却获得了大学普世研究所的新职，并成为世界闻名的、与天主教官方抗争的新闻人物。他第二次来华时曾在我所演讲"基督教会历史范式的转换"，此后来华，则致力于推动其倡导的"全球伦理"活动。在其支持者的帮助下，他成立了"全球伦理基金会"，曾与中国学者合作在北京召开了两次关于"全球伦理"的研讨会。在他与加拿大华人学者、原多伦多大学中国哲学首席教授秦家懿的合作中，他在二人关于基督宗教和中国宗教的著作中提出了"三大宗教河系"理论，以对世界宗教的兴起和发展加以解读。

其中第一大宗教河系是"两河流域"，即底格里斯河、幼发拉底河流域。它主要是形成了源自古代闪族人的"先知型宗教"。古代犹太人、阿拉伯人同属于古代闪族；而古代犹太人所称的"希伯来人"在古代闪族语中的意思是"来自大河那边的人"，"大河"在此即指两河流域。我们可以从表述上看到其民族传统特点，即以犹太人为其民族的称谓，以以色列为其国家的名称，以希伯来语为其语言的称呼。这一河系的宗教就是自游牧民族的原始宗教传统发展而来，后来形成了人们常说的"亚伯拉罕传统"的三大宗教，即犹太教、基督教和伊斯兰教。其共同特点是强调绝对一神论，故而有着排他性，并表现出唯我独尊之意向。这种宗教发展的另外一个极端，就是会以"先知"身份来为神言真、替天行道。所谓"先知"即神人之间的使者、沟通者，其职责就是作为神派来的代表来表传真理。绝对一神教的长处是看到"终极实在"的绝对意义和超然存在，由此比较而意识到人的有限性，从而会放弃自我，主张信仰寻求理解，并出现"信则灵"的崇拜趋势。但是在现实中，有限之人无法达到真正的超脱或超越，于是在其宗教的实际操作中则也可能会以人言代替神言、以人意妄为神意，所以就在这种传统中产生了武断和霸气，导致文明冲突或宗教战争。现在的宗教冲突往往与这种强调自己的纯正性并进而具有排他性的宗教相连，其意向是征服他者，强迫皈依，以其文明的优越来对其他文明或宗教颐指气使、发号施令，甚至会以血与火的过程来征服他者，表现出一种"霸道"文化。例如，在历史上天主教的"十字军东征"（Crusade）、伊斯兰教的"圣战"（Jihad，吉哈德）中，都曾体现出这种"强迫性"、"征服性"的特征。所以，今天的伊斯兰教与基督教的冲突，在一定意义上就是兄弟相争、同室相残的表现。其特点亦可追溯到这种古代闪族的宗教传统。这是我们在总结不同河系宗教传统中所要寻找的一些特征，以发现其带有规律性的本质因素。例如，犹太教所强调的"立约"，基督教相信的"道成肉身"之拯救，以及伊斯兰教的教法观和苏菲神秘主义等，都为与之相关的文明或文化提供了关键因素。

第二大宗教河系就是印度河流域和恒河流域，尤其是恒河被印度人称为圣河。在远古巴基斯坦和印度属于一个文化圈，它主要是形成了源自印度文明的"神秘型宗教"。如果说第一大河系特点是绝对一神观念，那么第二大河系则强调神秘性。如印度远古的吠陀宗教、古代的婆罗门教、近代的印度教，以及佛教的发展等都是体现了神秘智慧。其特点是突出神秘主义，讲究沉思默想，以及动静结合之修行，如瑜伽、禅修等。印度教所讲的"梵"（Brahma）是宇宙的大我，体现出宏观整体；而"我"（at-man）则是凡间的小我，表达着微观个性。但其强调"梵""我"的"合一"或"不二"，而在这个"不二"中其实却有多神并在，强调兼容，善变，以避免非此即彼的尖锐对抗。如"梵我一如"、"神我合一"就涵括了"三神一体"（Trimurti）即梵天、湿婆、毗湿奴的共构。这就是第二大宗教河系的特点。

第三大宗教河系就是黄河和长江流域，这个地区的特点是形成了中国的"哲理性宗教"，亦被视为"圣贤型宗教"，如儒教、道教等，在更宽泛的意义上也可包括受中国儒、释、道影响的日本神道教。这种宗教传统特别强调"圣人"观念，要求敬神成圣或成仙，如儒教讲究贤者智慧，注重精神修养和灵性升华，以修身养性来成就神圣人格；而道教则在其弘道畅玄的修行中强调成仙，即长生不老，旨在超越生命的极限。第三大宗教河系在推崇贤哲智慧、灵性修养和生命净化的同时，也有多神崇拜的特点，许多宗教实践更贴近生活但缺乏终极性，容易流于世俗，要求信则灵，主张灵则信，故有应急而用、临时抱佛脚之嫌。所以其信是转移的而并不专一，人们可以同时既信佛又拜孔，使各种神灵观念相互交融。这种多神敬拜和第二大河系的宗教观念相似，有公共性、相对性、开放性、功用性、变异性、交互性，容易体现出多元合一、包容圆融而不讲纯而又纯、无绝对权威，甚至在其日常宗教生活中会淡化形而上的终极之道。中国汉族、中华文化都体现了多元交汇、杂糅混合的特色，几十个民族融合，多种文化因素并在，而不像犹太人那样强调自己纯粹的血统、突出自己在种族、宗教和文化上被"拣选"的优越地位，由此刻意表现其自身的纯洁和与他者的区别。我们是多元混杂，并强调融合，即达到多元求同。这种不同而同，用老子的话来说就是"玄同"，其中充满神秘、奥妙、模糊和玄机，而其达成的方法就是中庸之道。在中国文化传统中没有二元对立，非此即彼。参见道教的太极图，就可看见其阳中有阴，阴中有阳，有着充满辩证张力的和平共处。由于这种实践性和民间性的发展，所以有不少中国学者不同意把中国宗教视为"圣贤型"或"哲理性"的宗教，而更多强调其民俗层面的发展。中国类型的多神宗教多被视为缺少终极感、超越感，这种评论仍有待商榷；而其接近真实、贴近生活虽有着流于世俗、过于实用的弊端，却也铸就了中国文化与信仰彼此吸纳、互相认同、海纳百川、有容乃大的传统。如中国道教对传自印度的佛教并不是一味排斥，而是以自己的解说方式来尽量认同，《老子化胡经》将佛门弟子看作骑牛奔西域的老子所感化的门生之回归，由此也就形成紫气与佛光的奇特交融。

西方学者将中国文化划分为黄河文化和长江文化，即北方文化和南方文化。北方以孔子为代表，强调礼仪、正统、秩序和集体意识，体现阳刚之气；这种突出"礼"和"仁"的文化被作为中国主要的文化。西方学者甚至分析说，由于古代黄河总是有洪水灾祸，只能靠集体力量来治水，这也就形成集体意识，成为中国集体主义的社会文化之源。而以老子为代表的南方文化则多被视为亚文化，但其典型展现也就是楚文化，主要特点是其逍遥、自在、浪漫，以道法自然之"道"而显示出空灵、洒脱和超越，露出以"水"为代表的阴柔之性。"道"在中西文化交流中起过独特的作用，其意义被理解为道路、引领、话语、言述等，并被视为对西方"逻各斯"（logos）概念的最好汉译。这种南北之比、主亚之比在欧洲文化传统中曾被用来比喻古希腊神话，其中阿波罗代表主文化，即太阳神意义上的文化传统；以狄奥尼索斯为代表的酒文化则是其亚文化，通过其心醉神迷而走向神秘、无羁之境。这种分析方法的代表人物是德国的汉学家卫礼贤，他曾在中国山东传教数十年，据说却没有发展一个中国基督教徒，而主要精力则在研习中国文化，先后把《四书》、《五经》等中国经典译成德文，并曾推荐蔡元培为诺贝尔奖候选人，回国后又在法兰克福大学创办了德国第一个汉学研究所。他在研究中国文学中悟出了这一对照，其论点是否正确仍有待于国人的评说。

从这三大宗教河系的分析中，我们可以窥见一种非常奇特的现象，即这三大河系都在亚洲，而流传至今的所有这些文明宗教，无论其被称为西方宗教还是东方宗教，也都是源自亚洲。这就使我们——身处亚洲且在亚洲文化历史传统中起着重要作用的中国人不得不特别关注亚洲的宗教问题，尤其是其复杂多元的宗教文化传统，以能揭示亚洲文明与世界宗教这种奇特结缘之谜。

四　黑格尔对世界宗教的分类与评价

黑格尔认为，人类的宗教是从"自然宗教"、经"艺术宗教"而发展到"天启宗教"；其间也有一些"过渡性宗教"，可以包括在"自然宗教"的大范畴之内。黑格尔由此在其《精神现象学》及《宗教哲学讲演录》等著作中以其典型的三段论方式而勾勒出世界宗教分布与发展的全景图，并尝试说明宗教形态的演变所反映的意识形态的演变，也就是说，宗教的这种发展变迁乃揭示了精神所经历的"自在的精神"、"自为的精神"和"自在自为的精神"这一变迁和升华。

黑格尔在"自然宗教"中提到东南亚范围中的印度教、儒教和佛教。他认为印度教是"幻想的宗教"，儒教是"过渡性的宗教"，而佛教则是"自在的宗教"。这一分类说明黑格尔对东方宗教的无知和轻视，不仅有着其主观臆断，也显得牵强、生硬，暴露出其在构建自己的大全体系时已显然力不从心。谈到自然的宗教，黑格尔认为这是宗教形态中精神发展的"自在阶段"或处于"意识形式"之中，体现出其"直接性"和"自然性"。因此，"自然宗教"的崇拜对象乃有其直接性、直观性和具体性，即突出了其"自然"属性，如对自然天体或无机物、动植物（图腾）、或经工匠加工的自然物的崇拜等。其特点即精神的形态"具有属于直接意识或感性确定性的那种规定"，此即精神自己与自己简单联系的形态。这尤其在那些"过渡性宗教"中得以充分揭示。

黑格尔谈到"过渡性宗教"时论及波斯的宗教是"善的宗教"或

"光明的宗教"，并因其对这种二元神教的无知而简单地把波斯拜火教（琐罗亚斯德教）中作为光明之神的太阳视为"无机的自然物"，故而称其乃处于"自然宗教"的底层。黑格尔进而又说，叙利亚的宗教是"痛苦的宗教"，埃及的宗教则是"谜的宗教"。我们可从古埃及的金字塔、象形文字及其宗教神谕中体悟出他的猜想。对植物和动物的崇拜（图腾崇拜）在黑格尔看来是崇拜有机的或有生命的自然物，因而要高于对无机的自然物的崇拜。而在"自然宗教"中最高层面的崇拜则是对由工匠所加工的、即由人创造的"具有象征意义的自然物"的崇拜，如在古埃及宗教中有着独特意义的狮身人面塑像。这种崇拜对象的不同，在黑格尔的宗教哲学体系中被说明为"人的认识和发展水平的不同"。黑格尔在此描述了宗教作为精神形态而具有的一种动态辩证法的演进、发展。例如，"自然宗教"范畴内有着连接和交织，而"自然宗教"与"艺术宗教"之间亦有着彼此关联、共构和拓展的承接与延续。其递进包括：由"无形式的本质"这种人类思维发展的原始状态而"成为精神性的知觉的宗教"，由"安静持存状态"的植物精灵向"自身敌对运动"的动物精灵的转化，由"植物宗教"那"无自我观念的自我"向"动物宗教"那"具有破坏性的自为存在"之发展，以及由"直接的自在存在"经"抽象的自为存在"而达到"成为事物的自我"，即"成为自己的创造物的自我"。而一旦工匠的创作由"本能式的"、"盲目的"即"无意识的"活动升华为"自身与自身的对象"、"自我意识与作品"之"统一"时，工匠则提升为艺术家，而"自然宗教"亦上升为"艺术宗教"。

　　"艺术宗教"对于黑格尔而言则是"精神个体的宗教"，表现为精神发展已进入"自为阶段"或已存在于"自我意识形式"之中。这意味着精神作为"自己的对象"而认识到"自己是在一种被扬弃了的自然性形态内"。在此阶段，宗教作为"具有自我意识的精神"已超出"无形式的本质"而回到自身，即超出"自在存在"而达到"自为存在"，由"本能式的劳作"升华为"绝对的艺术"。对此，黑格尔在《宗教哲学讲演录》和《精神现象学》中的表述有所不同。他在《宗教哲学讲演录》中论及"精神个体的宗教"所经历的三段式发展，如从犹太教作为"崇高的宗教"、经希腊宗教作为"美的宗教"，而到达罗马宗教作为"合目的性的宗教"。但在

《精神现象学》中，黑格尔则重点论述了"艺术宗教"从"抽象的艺术品"经"有生命的艺术品"而达及"精神的艺术品"的发展三阶段。其中"抽象的艺术品"有三种形式，它以"直接性的神像"作为"工匠的本能式劳作"，从而完成了"自然宗教"之"最后阶段"到"艺术宗教"之"最初阶段"即"抽象的艺术品"之"第一个形式"的过渡；其"第二种形式"为"赞美歌"，代表着精神由"静止性"、"客观性"和"不变性"提高到其"流动性"、"主观性"和体现出"生命的特征"；其"第三种形式"则为"崇拜"，它以"现实的行动"实现了神像之静止性与赞美歌之活动性、客观性与主观性、本质与自我的结合或扬弃。"有生命的艺术品"为通往"精神的艺术品"之过渡，其特点是对"英雄"的崇拜，表现了"人对自己肉体的赞美和骄傲"。"精神的艺术品"则包括由"史诗"、经"悲剧"到"喜剧"的三种形式之发展，从而使"自我"成为"绝对的本质"，并为达成实体与主体、意识与自我意识最后统一的形式敞开了道路，开启了通往"天启宗教"之途。

在这一阶段的宗教中已体现出神话与哲学表述的区分和对照，前者是形象化想象，后者是抽象化思维。这在希腊文明中尤为明显，其形象化的想象向抽象化的思维之转变具有典型意义。谈到古代西方文明的起源和发展，有三大因素不可忽视，此即西方文明的"三个代表"：犹太宗教代表希伯来文明，为西方宗教准备了绝对一神观；希腊宗教代表希腊文明，为西方思想准备了爱智传统即哲学思辨，并因雅典模式取代了斯巴达模式而为西方民主提供了雏形；罗马宗教代表拉丁文明，其在时间上是对希腊文明的继承与延续，在空间上则以罗马帝国的扩展而形成其世界观（如其"罗马即世界"的认知）和文明观。罗马精神强调法律、秩序、团队精神，为地中海古代世界向中世纪西方世界的过渡准备了条件。这是在论及黑格尔对艺术宗教的陈述时的一些感悟和遐思。黑格尔还认为，在艺术宗教中有一种独特的意义，即民族精神开始凸显。如果说"自然宗教"与原始宗教及原始思维相关联，那么"艺术宗教"则开始反映民族宗教和民族精神，而其萌生的"世界意识"也与其认识上"混沌的关于整体的表象"相吻合。

由此我们看到西方的文明传统与两希文明关系密切，而且从古希腊文明的发展开始，宗教与哲学的火花就有一些交汇，都在思考世界本原、人生意义等问题。例如，泰勒斯认为"水"是万物的本原。赫拉克里特认为"火"是万物的本原并由此产生流变的辩证法，他的名言是"人不能两次走进同一条河流"。在谈及宗教时则认为，"神"乃表达了"万物为一"、"一即万物"的思想，是一种"深蕴的和谐"。在古希腊思想发展到毕达哥拉斯时，则有了"哲学"的意念，他是"哲学"这个词的发明者。所谓"哲学"（Philo-sophia）就是"爱智慧"的意思。而"智慧"的体现和拥有则在于神明，由此就有哲学与宗教的关联。他还对"数"有一种特别感悟，从其对数的理解而结合了科学、宗教和哲学。再往后是苏格拉底，他提出"认识你自己"，由此谈到"我知我无知"，其意义就在于突出"主体"，形成了最早的"人学"。人的自问和反观自我突出了人的主体性，达成人的自我意识和自我认知，这是人类进化史及认识史上的重大突破。苏格拉底的启迪来自德尔斐阿波罗神庙上的铭文："自知"（知道你自己），"毋过"（不要过分）。这些古代遗训被他在哲学思辨和宗教认知中结合起来。苏格拉底"述而不作"，以其特殊的"助产术"而让人自己将知识推导出来。到了柏拉图，才将与苏格拉底的对话记述下来，流传给后人，他还发明了"神学"（Theos-logos）概念，"神学"乃对"神"的"言述"，即对神这样的终极实在之理念化、逻辑化、哲学化的分析和诠释。这一表述只是过了千年之久才被基督教所慢慢接受，13世纪以后得以成为基督教理论的专门术语。由此可见，这个"神学"的表述是早于基督教的。在对终极实在的追询中，柏拉图发展了其"理念观"，"理念"（Idea）亦被译为"相"。我们今天所说的"唯心主义"（Idealism）在柏拉图那儿的本意实乃"理念主义"或"理想主义"，表现了思维所达到的抽象。他的政治观念"理想国"也是后来"共和国"思想之雏形。此后亚里士多德提出了"形而上学"（Metaphysica），达成了哲学和神学的结合。在他看来，神学就是对终极实体的沉思。对"形而上学"这个词的解释有两种：一个是说，其学派继承人在整理其著述时将讨论这些思辨问题的十四卷著作放在了其"物理学"著作之后，故可理解为"在物理学之后"或"物理学后编"；还有一个是说，他想到了在"物体"或"形体"之后、之上的"本体"，即在思考"作为有的有"、"有本身"的问题，因而应理解为"在物体之后"或"超越物体本身"的探讨。我们中文将之译为"形而上学"是很巧妙的,正所谓《易经》之言"形而上者谓之道,形而下者谓之器",由此就与我们的观念一致了。过去我们将"形而上学"解释为僵化的"玄学",其实有着太多的误读,它实际上表达了一种高度抽象、思辨、体系化的思维能力。西方人在研究中国科技史时曾有一个所谓的"李约瑟难题",即质疑古代中国有那么多的能工巧匠、那么好的技术技巧,为什么却没有产生科学理论体系?他们给出的答案之一,就是认为中国古代缺乏亚里士多德那样的形上学抽象思辨方法。应该说,在亚里士多德这儿,古希腊思想文明发展到了顶峰,之后就是人们不断地对它们的解释和发挥。为此,希腊人曾非常骄傲地宣称"太阳下面无新事",后人只是对其认知的扩展、深化。

在古希腊文明中,形成了西方思想发展的两条主线,一为突出理性,另一为强调情感,二者交织并进、此起彼伏。我们刚才提到了阿波罗神系这种主文化,其中突出史诗,以太阳神观念代表着稳健、秩序、自我肯定,形成理性思维传统。而狄奥尼索斯神系这种亚文化,彰显的是悲剧,是与太阳神相对的,即对酒神的崇拜,其特点则体现了自我否定、释放、自由、无拘无束,开启了情感至上的传统。

而在古希伯来文明中,则突出体现了绝对一神观、神圣历史观(创世、末世、来世),以及圣经启示观。这一文明还强调神人的"契约"关系,坚持"立约"传统,并承认人的有限性和"罪"性(对"原罪"则有"偷吃禁果"的神话解释、神人"关系破裂"的宗教解释和射箭未中即追求"未达目标"的哲理解释)等基本思想文化因素。这样,古希腊和古希伯来,以及古罗马时"两希"所完成的结合,就给西方的文明奠定了基础。

黑格尔最后要表达的是"天启宗教",其作为"绝对宗教"或"自由宗教"代表着精神发展已进入"自在自为阶段"或处于"意识与自我意识的统一的形式"中。黑格尔心目中"天启宗教"的理想代表即基督宗教,因其有着被"启示"出来的神圣本质而是必然宗教,是最终的自由的宗教。在此,黑格尔将其哲学思辨与基督教神学相结合,以其三段论的模式解释了这一"天启宗教"从"圣父的王国"("内在的三一体"即"在自身中的精神")、经"圣子的王国"（"外在的三一体"即"外在化的精神"）到"圣灵的王国"（"统一的三一体"即"在自己的充实状态中的精神"）之发展。这样，黑格尔以一种"三"、"三"递进的模式构筑起其宗教哲学的解释体系，叙说了世界宗教的分布和符合其"逻辑"与"规律"的演进历史。当然，黑格尔的思辨体系并没有在其宗教解释上终止，而是主张"以表象形式反映绝对本质的宗教"必须提高到"以概念形式反映绝对本质的哲学"。这样，黑格尔就达成了自己从神学往哲学的过渡，使其宗教哲学体系从"神学表象"上升为真正的"哲学思辨"。

五　世界宗教的象征符号及其解释

2000 年 8 月 28—31 日，在联合国总部召开了"世界宗教与精神领袖千年和平峰会"，世界各种宗教亦得到了自我展示和亮相的机会。这一年人们正准备送走一个旧世纪和旧千纪，迎接新世纪和新千纪。宗教领袖的高峰会议后，又召开了各国政府首脑和国家元首高峰会议，以体现人类共同的辞旧迎新。为了达到以联合国框架来共聚世界宗教的效果，体现其多元共在、和平共处的立意，这次宗教领袖代表大会设计了一个蕴涵世界各种宗教于一体的标志。该会标乃围绕联合国标志符号而表示出代表世界各教的象征符号，共包括十三种宗教。它虽然不能涵括世界所有宗教，却大体反映了当今世界宗教及其与相关文明相连的全貌。

在这一标志里面，我们能看到各个宗教反映其自身的宗教标志或象征符号：

印度教在此以其典型的梵文符号为标志，其符号上部反方向的"新月"笔画代表着推理精神，其中笔画之点则象征着"梵"。该词的拉丁文拼写为 OM，发音为"欧么"（AUM），它包括梵文字母中的第一个元音 A（代表"没有起始的开始和一切能量的源头"），最后一个元音 U（代表"至尊主的灵性快乐力量及一切神性能量的化身"），以及最后一个子音 M（代表"所有的生物，将以其能量为至尊主服务"）。它们组成被认为是"可以传达一切真理的完美的梵文词"。《奥义书》认为 OM 为"至尊者的声音代表"，是"用声音振荡形式展现的不具人格特征的梵"。据说 AUM

这一发音代表"总体意识",其中"A 代表清醒的意识状况,U 代表睡梦时的意识状态,M 代表沉睡时的意识状态"。因此,OM 亦被视为至尊者"梵"作为万物的创始者而无限、全在、全知、全能、超越人之思维、想象的象征符号。此即印度教中最重要的"曼陀"(祷文、符咒)的表述,体现"梵"在其宗教中的核心意义,也象征着印度教中"三神一体"所意指的"梵"(创造)、"毗湿奴"(保护)和"湿婆"(毁灭)。印度教信仰传统可以追溯到古代婆罗门教。"婆罗门"(Brahman)与"梵"(Brahma)的表达方式关系密切,印度教亦可翻译成"新婆罗门教"。"梵"既指作为"创造之神"、"众生之本"的印度教主神"梵天",更指超越一切时空和因果关系的最高实在者"梵",一切神祇都不过是"梵"的高低不同阶段的各种化现,"梵"表达了"梵我一如"、"同一不二"的最高存在,体现了一种永恒的秩序。

第二种标志是印第安人的宗教象征,在此代表原住民的宗教。其符号是一个太阳图,表现了东西南北四等份的宇宙整体,体现出一种相互交融、模糊混沌的世界观。

第三种是锡克教的标志,它反映了印度教与伊斯兰教的结合,锡克教徒的特点是男子佩带双剑,而其双剑则象征着宗教与世俗的双重权威。

第四种是神道教的符号,即其神社之门的标志。神道教是日本人最为看重的宗教。

第五种为犹太教的象征标志,即大卫之星,为两个等边三角形交叉重叠而成的六芒星,又称大卫之盾;两个三角一个象征上帝、世界和人,另一个象征创造、天启和救赎;而两星包括的七部分亦有七体合一之意。七在犹太教中也是非常神圣的数字,多象征上帝创造天地的七天。

第六种是中国道教的太极图。古代对太极图的解说很多,其中也有整体交融、对立统一的寓意,即通过其阳中有阴、阴中有阳来表示。

第七种是基督教的十字架标志。十字架本为古罗马帝国的刑具,因耶稣被钉死在十字架上而成为基督教的象征,表示绝对与相对、永恒与现实的沟通,以及耶稣实现了神人的结合。

第八种是伊斯兰教的新月符号。伊斯兰教有观察新月以定其斋月的制度,强调"见月封斋见月开斋"的规定,因此新月对其有着特殊意义。与基督教救助组织红十字会相对应，伊斯兰教则有红新月会。

第九种是耆那教的标志，其信徒有着对无限循环的生命之轮的关注和重视。

第十种即佛教的象征表示，法轮为对佛法的喻称，象征佛法传承不息，像轮子一样旋转不停、四处传扬，而轮上八条横梁则象征释迦牟尼一生传授的八件大事，以引导人们通向至善的八条道路。

第十一种是琐罗亚斯德教的标志，为其光明之神阿胡拉·玛兹达的形象，其特征是一位长着胡须的君王，立于带翼的圆盘之中。

第十二种是巴哈伊教的标志符号，亦为新兴宗教的代表，因它在其中最有影响。九角之星有着多元求同、共构的意蕴，"九"在其象征中最有代表性。"9"在阿拉伯数字中为最大数（10 由 1 + 0 组成），代表着统一、联合、包容，而其创始人巴哈欧拉之名中的"巴哈"（意指"光辉"、"荣耀"）在阿拉伯字母中也相应于"9"（在阿拉伯传统中，每一个人名都有相应的数字表示）。巴哈伊教的总部在以色列的海法，称为世界正义院，由九名成员组成，代表着三大宗教的传统，即基督教、犹太教、伊斯兰教。其理念为合一的宗教，在最初传入中国时也被译成大同教。它主张九教同一，即犹太教、印度教、琐罗亚斯德教、佛教、基督教、伊斯兰教、巴哈伊教、耆那教、锡克教，认为这九教都来源于同一个上帝，体现出"多样性的统一"。它还承认九大先知之说，即亚伯拉罕、摩西（犹太教的先知，在伊斯兰教和基督教中也得到承认），克里希南（印度教），琐罗亚斯德（波斯宗教），释迦牟尼（佛教），耶稣（基督教），穆罕默德（伊斯兰教），巴布和巴哈欧拉（巴哈伊教）。在巴哈伊教的礼拜建筑"灵曦堂"布局上，一般也有"9"的展现，如九道门、九个水池、九瓣莲花等。另外其信徒还有九项义务，即祈祷、斋戒、勤奋工作、传布神的事业、禁烟毒、遵守婚姻、服从政府、不参与政治、不中伤他人。

最后这一种是儒教的标志，即用"离"卦作象征——对此很多中国人也是第一次了解到——其象征为两个阳爻之间有一个阴爻。这个"离"卦标志着"上升的太阳"，有火、日、南、夏等意，"离"即"丽"，有附着之意，如"阴"附于"阳"、火附于燃烧物，但又强调附着的两物也必然会是分离的，含有辩证的意思，其中表示了男女、刚柔、强弱、阳阴、君臣、奇数偶数、积极消极等之辩证关系及和合共在。

从全球化的意义上来讲，现在的世界各种宗教都有一种全球性发展的趋势。基督教、佛教和伊斯兰教是传统意义上的世界宗教，但印度教、犹太教等民族宗教现在也明显获得了全球性发展，而巴哈伊教等新兴宗教一开始发展的态势就是全球化的。这些世界宗教所关心的有哪些基本问题呢？可以说主要包括世界的创造、来源、发展及其归宿问题，即创世论、末世论问题，然后是人的命运与人的有限性问题——先问世界，然后问自我，最后是整体与局部的关系、有限与无限，对立统一的问题。在精神询问和答问的历史进程中，世界宗教构建了世界文明，成为各自文明的核心价值体系及相关文化之魂。

六　世界三大宗教河系相关范围的文明与宗教

现在我们按照世界宗教的三大河系来疏理相关宗教和哲学的问题。

（一）第一大宗教河系的文明与宗教

首先是第一大河系，以犹太教、基督教、伊斯兰教、琐罗亚斯德教以及后来的摩尼教为代表。前三种宗教是绝对一神的宗教，后面两种宗教却为二元神教的典型代表。此外还有从伊斯兰教分化出来而独立发展的巴哈伊教，从而在同一河系中也显出了文化与信仰的不同。

1. 犹太教

犹太教中的神在远古曾有多种称谓，如"至高的上帝"（El Elyon）、"永生的上帝"（El Olam）、"全能的上帝"（El Shaddai）、"立约的上帝"（El Berit），因其中均有"艾勒"（El）之称而也多称为"艾洛希姆"（E-lohim）。但以前更多用"JHWH"（或 YHWH）来表述，据传为其神在西奈山告之摩西。有研究者认为，这一"四字符号"在古代本有发音，正确读法应为"雅赫维"（或"雅威"），拼音即"Jahweh"；但自公元前 3 世纪以来被禁止直呼神名，而以"我的主"（"主"）之发音"阿特乃"（Adonai）来代替，书写时也只写上述不发音的四个辅音字母。结果在漫长的历史过程中，人们忘掉了其神名本来的发音，却将"阿特乃"一词的元音与上述神名辅音结合，误读为"耶和华"（Jehovah）。19世纪的欧洲学者格·艾瓦德发现了这一误读，在其1852年于哥廷根出版的著作《基督以前的以色列民族史》中加以纠正。但对于绝对一神观念的出现有两种截然不同的看法，一种认为，绝对一神论是人类最初就具有的。如宗教史学家施密特就坚持，这种一神观念最开始就存在着，但后来却慢慢退化，形成了各种多神论。但是以泰勒等人为代表的宗教进化论则认为，一神观念是人类认知进化的结果，由万物有灵论、多神论、然后再到一神论。同样，犹太教的绝对一神观念也是演化而来，最初从其在沙漠、草原崇拜的雨神发展为其民族神，后来在"巴比伦之囚"期间思考自己民族为什么会被打败的问题上，才开始认识到其上帝并不只是其民族神，而是全人类的神，由此发展出绝对一神的观念，并达到抽象神论。正如《道德经》中所言"道可道，非常道"可用于摩西问上帝之名的意义上：上帝说"我是自有永有的"（或译为"我是那我所是"，见《出埃及记》第3章第14节），也就是"不可言说的"，两者颇有几分相似。

犹太教认为自己是"立约"的民族，这种立约有三次，并有意义上的演进。

第一次立约可称为"彩虹"之约。在《圣经》中有人类始祖在伊甸园偷吃禁果的故事，成为其"原罪"的解释，这是神话学的解释。由于亚当、夏娃被逐出乐园，其后裔做了很多坏事，上帝打算灭绝人类；但因挪亚是义人，于是上帝让其造方舟并得救，在灭世洪水过后，要其以彩虹立约，强调"新人类"的诞生。所以基督教说自己也有"和谐"的思想资源，称为"彩虹神学"，即来自彩虹之约，因为七彩合一，体现出和谐共在之美。

第二次立约称为"割礼"之约。这从亚伯拉罕开始。他从两河流域迁徙而来，也就是远古的"希伯来人"（"从大河那边来的人"），上帝与之相遇，将之由亚伯兰改名为"亚伯拉罕"，意为"众多民族的始祖"，并许给他后代和财产，成为一个大族。他与神立约时已99岁，从此犹太民族所有男人和男孩都以受割礼为约，称为"血约"，以强调其"新民族"的诞生。亚伯拉罕被犹太教徒、基督徒和穆斯林共同敬为"先祖"，故此这三大宗教有"亚伯拉罕传统宗教"之说。基督教承袭了犹太教的传说，但伊斯兰教则对之有明显改动，从而与其分道扬镳。例如，按照犹太教和基督教之说，亚伯拉罕先与其使女夏甲生下长子以实玛利，后与其妻撒拉生下以撒。撒拉怕以实玛利长大后以长子名分继承财产，因此要亚伯拉罕送走夏甲母子。母子二人流浪到今天阿拉伯地区，以实玛利后成为阿拉伯各族的先祖。而以撒因嫡出得以成为正统，在被作为祭物来燔祭上帝时，被上帝用公羊取代。以撒生有以扫、雅各二子：哥哥以扫为猎人、弟弟雅各为农夫。但其身份如其长辈那样发生戏剧性变化，以扫为一碗红豆汤将自己的长子权出卖给雅各，雅各后来生下十二子，成为犹太人十二支派的先祖。在伊斯兰教传统及其《古兰经》和相关故事传说记载中，亚伯拉罕被读为易卜拉欣、夏甲为哈吉尔、以实玛利为易司马仪，而以撒则鲜被提及。在此是易司马仪被作为祭物献给安拉，但被安拉以绵羊替代，由此形成伊斯兰教宰牲节传统。易卜拉欣常来看望易司马仪，父子两人曾共同在麦加天房干活儿，成为阿拉伯人的先祖。在上述传说中可以察觉它们在远古相关联的蛛丝马迹，但各自在后来的发展中显然已分道扬镳。

第三次立约可称为"十诫"之约，这是指摩西带领犹太人离开埃及后，与上帝在西奈山立约。上帝给他在石板上写了十条诫令，让其民众遵守。这代表着法律等社会秩序的建立，也就意味着"新国家"的诞生。

犹太宗教和哲学的关系很紧密。犹太宗教强调神与人立约，就是梳理好神和人的关系，由此启迪人与人的理想关系；它把人的历史视为朝圣之旅，而且还强调在人生过程中不以成败论英雄，如《约伯记》就讲述了好人受磨难的故事，这里面有着一种非常深沉的哲理。其上帝观念是要强调人和神的对应，人和世界作为有限存在和神作为无限存在是根本不同的。犹太哲学则由神与人的对话而发展出"我"与"你"对话的理论，探讨对"你"和"他者"的正确态度。这种哲学传统从古代斐洛在亚历山大港糅合古希腊和古希伯来文化的对话努力，经中世纪迈蒙尼德沟通犹太文化与阿拉伯文化的实践（他用阿拉伯文撰写的《迷途指津》，也对基督教产生过影响），而一直发展到现当代马丁·布伯、莱维纳斯等人的对话理论，形成了世界范围的影响。

犹太教的历史可分为古代犹太教、拉比犹太教、中世纪犹太教和近现代犹太教这四个时期。古代犹太教从公元前 10 世纪左右得以兴盛，在大卫、所罗门王朝时期达其"黄金时代"，建立起"第一圣殿"。后来被巴比伦所灭，圣殿被毁，犹太人经历了公元前 586 年的"巴比伦之囚"时期。这些历史上的家破国亡使犹太人还有着"十个支派散失"之痛，犹太人开始散落在世界各地区、各民族之中。被掳之后的犹太人回到故乡，修起"第二圣殿"。但自 70 年第二圣殿被毁、犹太国被古罗马灭掉之后，犹太人遂成为没有国度的民族，于是发展到 70—630 年的拉比犹太教时期，即以犹太会堂为其宗教和文化生活的中心，其会堂领袖被尊为"拉比"（原意"师傅"）。到中世纪时，犹太人移居到欧洲各个地方。近现代犹太教回到巴勒斯坦地，是因为那里曾被英国托管，"二战"后于 1948 年 5 月 14 日以该地为基础才建立了自己的国家。但是由于以色列国是在阿拉伯人地区中建立的国家，所以一直处在冲突中。古代犹太人曾经中亚丝绸之路来到中国，宋代时已有犹太人在开封（汴梁）定居，形成"开封犹太人"传统。19 世纪末，犹太人从俄罗斯进入中国，英、德犹太商人亦来到上海。"二战"期间，上海还一度成为"犹太人移民城"。目前，开封仍有一些人自称为"犹太人后裔"，上海也恢复有犹太教会堂。1950 年以色列国宣布承认中华人民共和国，为当时中东地区第一个承认中国新政府的，但直到1992 年 1 月以中才正式建交。全世界目前约有犹太教徒 1600 万人，分布在 125 个国家和地区，以亚洲、北美和俄罗斯为主。

2. 基督教

基督教受犹太教和古希腊思想的影响较大，为两希文明的结晶。其信仰中的耶稣基督就是希伯来文中的"弥赛亚"，原指"受膏者"，延伸为"救世主"之意。但基督教深化了耶稣"人子"含义，强调"受难"、"牺牲"、"背十字架"，以作为拯救人类的前提。

在基督教中，哲学与宗教也有密切联系，其内在一致性尤其在对于终极存在的探讨中得以反映，如哲学作为方法服务于宗教，以达到真理，哲学实践也是为了此目的；而神学则是"神圣的哲学"，与"永恒哲学"相似，都为追寻神圣的真理。其基本教义中最重要的是"三位一体"神论，即圣父、圣子、圣灵三位一体。"三位一体"在艺术神学中乃用红、蓝、白三种颜色来表示，圣父是红色，圣子是蓝色，圣灵是白色。

基督教思想家形成了神学与哲学交织、共构的传统。例如，奥古斯丁把古希腊的"知"、古希伯来的"信"、古罗马的"行"融为一体，形成西方的文化基础。奥古斯丁最著名的著作是《忏悔录》和《上帝之城》，是西方文化早期的重要代表人物。他还以"我疑故我在"的思想构成在苏格拉底"我知我无知"与笛卡儿"我思故我在"之间的重要联结。中世纪早期哲学家波伊提乌写有《哲学的慰藉》，在身处囹圄之中仍认为灾难和死亡不能剥夺人真正的幸福，这就是与神交往、寻求终极，它乃超越生死之境。

欧洲中世纪的崛起始于加洛林王朝的文化复兴，不少学者、哲人办学、立教，形成浓郁的文化气息。加洛林王朝国王秃头查理曾想取笑和奚落来自苏格兰的哲学家埃里金纳，他隔着桌子向哲人发问："苏格兰人"（Scot）与"酒鬼"（Sot）之间怎么区别？睿智的哲人不动声色，平静作答："一张桌子。"顿使国王羞愧而佩服。中世纪经院哲学的不断深化激励了理性思辨的发展。安瑟伦以逻辑三段论来证明上帝的存在及其绝对权威，之后是托马斯·阿奎纳以其《神学大全》和《哲学大全》（《反异教大全》）而使这种神学中的理性登峰造极。经院哲学中"唯名"、"唯实"的交锋和争论活跃了那个时期的学术思想，促进了人类智慧的发展。中世纪后期的神学家还有库萨的尼古拉，他以"有学识的无知"来谈及宇宙无限、万有在神和对立统一，由此以思想的跳跃从中世纪越入西方近代的发展。如果说中世纪展示的主要是客体的意识，那么近代从笛卡儿开始就进入了主体的意识。但西方宗教、哲学中理性思辨这条主线仍一脉相承、得以延续。不过，至少可以追溯到狄奥尼索斯的神秘主义作为另一个开端，则形成突出情感的另一条线索。这种神秘主义的思维与理性主义的思维相比较、相交织，在近代也在帕斯卡尔《思想录》所体现的"优雅精神"中得到彰显。这两种思维的结合促成其思维方式由客体、主体走向整体，这才有了康德的思辨。他提出了"三大批判"，主张在"纯粹理性"的论证出了问题时，还应考虑人的"实践理性"和"判断力"，并以其道德神学的构建而完成了近代神学中的"哥白尼革命"。当西方近代哲学的顶峰人物黑格尔出现时，这种客体、主体、整体的思考则被纳入其正题、反题、合题的思辨体系之发展中。在整个西方思想文化的发展中，基督教发挥了巨大的作用。其思考形式乃与基督教密切关联，不少内容实际上是以基督教神学的形式来表现的。

3. 伊斯兰教

伊斯兰教有着与阿拉伯文明和波斯文明等文明的有机结合，其中也存在丰富的哲学思辨，形成伊斯兰宗教哲学传统。在中世纪，阿拉伯哲学甚至对欧洲的复兴也很有影响，起过催化和媒介作用。例如，阿拉伯思想家阿维森纳和阿威罗伊曾把亚里士多德的哲学著作翻译成阿拉伯文，并转译到欧洲学界，为其复兴或重新发现古希腊哲学、尤其是亚里士多德的思想起了关键作用。此外，伊斯兰教中的苏菲神秘主义也有很大的影响，其光照学派等另辟蹊径，亦展露出东方智慧。这种苏菲神秘主义在中国的发展中也有与中国哲思及文化传统的结合。同样，伊斯兰教哲学中亦曾突出"心性"、"灵修"的意义，并将其独特的洁净观融入其中。就此而言，"真山真水皆寓于心灵，自然风景宛如水中倒影"，"洁净乃是心鉴本性，因是反映无限有形"。这种伊斯兰教思想意境已在阿拉伯哲学和波斯哲学中绽开奇葩。

4. 琐罗亚斯德教和摩尼教

琐罗亚斯德教的特点是提出了二元对立的观点，如善与恶、光明与黑暗的对立，等等。它能客观、冷静地分析世界的"美好"与"丑恶"，认识到光明之神阿胡拉·玛兹达与黑暗恶神安拉格·曼纽的斗争会永无止境。不过，它仍相信光明之神必胜，并认为"光明"、"火"是善良的象征。琐罗亚斯德是这一古波斯宗教的发起者，他在对古波斯宗教改革中提出"善思、善言、善行"之警句，影响深远。这种宗教后来传入中国，被称为祆教或拜火教。琐罗亚斯德教与西方宗教和伊斯兰教都有关联。《圣经》所载耶稣降生时东方三博士的朝拜一说即为波斯祭司"麻葛"所为，"麻葛"被视为"神的儿子、智慧和真理的儿子"。据传古希腊哲学家毕达哥拉斯亦为琐罗亚斯德的弟子（麻葛）。在当今伊朗"什叶"派伊斯兰教的发展中，也有着琐罗亚斯德教的痕迹和影响，甚至有人认为"什叶"派伊斯兰教在伊朗的本土化就是吸纳了琐罗亚斯德教的文化因素。在3世纪时，摩尼参照基督教、佛教、古代诺斯替教的思想内容，对琐罗亚斯德教加以改革而创立了摩尼教。该教影响广泛并传入中国，被称为"明教"、"明尊教"、"摩尼教"等，迄今仍在泉州留有其遗址"草庵"。

5. 巴哈伊教

在此我还想谈一下巴哈伊教。它在源头上属于第一大宗教河系，即从19 世纪伊朗伊斯兰教"什叶"派巴布教派发展演变而来，最早由巴哈欧拉所倡导，并发展出该教自己的经典，于1863 年开始其组织形态，因在伊朗遭禁止而向外发展。后由阿布杜巴哈传入欧美，逐渐形成其全球发展态势。该教虽然规模不大，但因它强调多教合一、世界一家的"大同"思想而获得普遍共识，被许多国家所认可。这种圆融会通的态度使之得以从两河流域汇向蓝色的大海，并传达了一种三大河系共归于大海的意向。其教义强调"人类一体"、"天下一家"、"地球一村"、"宗教一源"、"上帝独一"的"世界大同"、"宗教一统"思想。因此，20 世纪初，曾任北洋政府驻伦敦总领事、后于20 年代任清华校长的曹云祥在接受该教并将之推广到中国时乃称其为"大同教"。迄今中国学术界对将之译为"巴哈伊教"还是"巴哈教"仍存有分歧，但前一称呼得到较为普遍的使用。其组织形态较为松散，没有神职人员，总部为设在以色列海法的世界正义院，由9人集体领导。各地总灵体会及灵体会负责成员多为兼职，礼拜活动场所称为灵曦堂，其设计非常独特、造型格外漂亮。目前其信徒约600 万人，分布在全世界232 个国家和地区，在175 个国家及地区有总灵体会。这种分布之广在世界各宗教中位于第二，仅次于基督教。由于巴哈伊教在其教义中公开表明不反对政府，其社会实践又注重社会公益和责任，因而其国际社团被联合国委任为经济与社会委员会咨询机构。这个宗教很值得我们关注，其整合、共构的思想在一定程度上也代表了未来宗教的发展方向。

（二）第二大宗教河系的文明与宗教

第二大河的宗教包括印度教、耆那教、锡克教、佛教等。其特点是注重神秘智慧，亦有多神崇拜或多教结合的因素。

1. 印度教

印度教的信仰根源可以追溯到公元前1000 多年的古代吠陀宗教。约公元前3000 年，"印度河文明"（即"哈拉帕文明"）兴起。约公元前1500年，雅利安人进入恒河流域，开始"吠陀文明"的发展，并逐渐形成四大种姓制度：第一种姓是婆罗门，为宗教祭司阶层；第二种姓是刹帝利，即武士阶层；第三种姓是吠舍，即商人、农民、手工业阶层；第四种姓是首陀罗，即平民阶层。在四种姓之外的则被称为达利特，即指贱民。"吠陀"就是"明"的意思，指获得"知识"。其思想形成了三界观，即天界、空界、地界。

公元前 1000 年左右，"梵书"出现，前 800 年时又形成了《奥义书》。"奥义"这个词本指"近坐"，形容师徒对坐传授知识或秘密教义，亦称"吠檀多"，表示"吠陀的终结"。《奥义书》提出了"梵我一如"，即"神我合一"的思想。"梵"（Brahma）在此为"绝对本体"、"最高实在"、"世界灵魂"（大我）；与"梵"对应的则是"我"（Atman），乃指"个体灵魂"（生命我）、"内在灵魂"（小我）。"梵"本身乃涵括"真"（存在，sat）、"知"（知识，cit）、"乐"（圆满，ananda）的三位一体。而在印度教神话中，"梵"则为其"三神一体"（Trimurti）中的"梵天"，即创造神，多以红色表示，体现着性情（戈那），表达追求、渴望、至高之境，即热情的戈那，称为"拉特佳"。"梵天"神位居中，其两侧则为"湿婆"和"毗湿奴"。"湿婆"即破坏神，多以黑色表示，在此为呆滞的戈那，称为"塔玛斯"；但其"破坏"乃破坏了毁灭，以让事物重新发展，故仍有积极意义，从而也会被表达为闪烁白色光芒的神像。"毗湿奴"则为护持神，用白色来表示其对知识的护持，故乃友情的戈那，称为"萨特瓦"。但是这两大神性相互影响，黑白两色亦彼此交融。"湿婆始终思考着毗湿奴的本性，他是黑暗世界中的白色；毗湿奴始终思考着湿婆的本性，他是纯洁和光明世界中的黑色。"这就和中国太极图一样阴阳相交，黑中有白，白中有黑。此外，湿婆在印度教中还是"舞神"，被尊为舞蹈之王。印度民族是喜欢歌舞的民族，今天印度"宝莱坞"电影的最大特色就是爱情、歌舞。因此，对舞神之解释亦可以从这种"生活之爱"、"精神之爱"来入手。真正的舞者乃体现出心灵纯洁、精神执著、能以肢体语言来表达心理情感、精神境界，展示美的人生及其追求。舞蹈表达了人生的痛苦与幸福，即能在"痛"中达到"快"感，揭示出生命的律动与活力。这种生命活力与爱的主题亦在印度教中对"性力"女神沙克蒂的崇拜中反映出来。"舞"乃思之语言，而"思"则是心之舞、灵之言。在情感表达中，人们最初是呢喃细语、言说和倾诉；当叙说已言不尽意时则会以唱代言，唱乃充满激情的言述和呼喊；而唱仍不尽兴时就会由唱到舞，即以肢体语言来歌唱，达到此时无言胜有言之效。与此对应，思则是由动致静、以静来表达动的最高境界，思为精神的动感、灵性的美乐，且能由其凝神静思、坐禅入定而获得升华、超越和神化。所以，印度教中这些舞动着的神像雕塑会给人带来这种动静结合、神思之美的感悟和遐想。

印度教认为人生有四大目标，第一是欲（kama），代表情感、性欲；第二是利（artha），即追求财富和舒适；第三是达摩（dharma），即法，要求注重社会道德、义务；第四是解脱（moksha），即精神解放、摆脱轮回、与神结合。与之关联，它亦有"五界"之说，即物质、生命、意识、理智（知）、精神（乐）。印度在公元前4世纪出现史诗，如"摩诃婆罗多"、"罗摩衍那"等，延续上千年，其中尤以《薄伽梵歌》有着广远影响。公元4世纪以来，过去受"沙门"思潮打击而衰落的婆罗门教出现复兴，由此逐渐发展出了延续至今的印度教。8世纪，著名宗教思想家商羯罗提出了"吠檀多"、"不二论"的思想，其宗教认知得以深化。此后印度教与佛教结合，演化出密教，凸显神秘主义特色。在近代印度文化氛围中，涌现出一大批文化名人，其中最为突出的包括"三圣"，即"圣诗"泰戈尔、"圣哲"奥罗宾多、"圣雄"甘地。由其他文化传统中传入的宗教亦受到印度教及其文化的影响，如印度基督教因此而提出"三道"，即修道（虔诚之道）、知道（认知之道）、业道（行动之道）。

2. 耆那教

"耆那"意指"胜利者"或"完成修行的人"，本为其创始人筏驮摩那的称号，耆那教故有"胜利者的宗教"之意。它是前6世纪印度兴起沙门思潮时成立的宗教。所谓"沙门"（Sramana）即当时反对婆罗门教思潮各派出家人的通称。耆那教以"永恒的宗教"自居，其实际创始人则被尊为"大雄"。耆那教以"命"（灵魂）与"非命"（非灵魂）两种元素来界说宇宙万物，并提出"命、非命、漏入、系缚、制御、寂静、解脱"这"七谛"说，主张业报轮回、灵魂解脱、清贫苦行和非暴力，强调纯洁。由此而发展出只允许教徒穿象征廉洁的白衣之"白衣派"和要求教徒不应有私财、甚至连衣服都不应有的"天衣派"（裸体派）等。耆那教以其对"生命和世界的否定"而改变了古代印度宗教中曾盛行的乐观主义和享乐主义，使印度宗教思想变得深沉凝重。此外，它还以认为客观事物永远流变、不定的"或然论"对印度因明学的发展产生过重要影响。但在印度社会中，耆那教仍为被边缘化或非正统的宗教。

3. 锡克教

锡克教是16世纪以来印度教与伊斯兰教结合的产物。"锡克"原意指"门徒"或"追随者"。其创始人那纳克被信徒尊为"古鲁"，即"黑暗中的光芒"之意。这一宗教的最大特点就是对印度教与伊斯兰教的融合及超越，由此形成"既无印度教徒，也无伊斯兰教徒"的锡克教群体。但其真正主张的并非"去"、"无"，而乃不同宗教、不同文化的协调和融合。因此，它曾推动了印度教与伊斯兰教、印度文化与阿拉伯文化、乃至印度文化与波斯文化及阿拉伯文化的沟通和交融。这些文化之间至今还仍存留着许多相似的象征符号，如锡克教的象征标志就可与伊朗"什叶"派伊斯兰教的象征符号加以对照和比较。锡克教徒尤其男士一般会蓄长发、戴发梳、佩短剑、戴铁手镯、穿至膝长衫等。

4. 佛教

佛教起源于公元前6世纪的古代印度，其创始人悉达多·乔达摩原为释迦族净饭王的太子，生于现在尼泊尔境内的迦毗罗卫，"释迦牟尼"是佛教徒对他的尊称。他于29岁出家，经6年苦修，终于在菩提树下沉思而获"觉"，于35岁创立佛教，在恒河流域传教。"佛"即"佛陀"（浮屠、浮图、浮陀）的简称，意即"觉者"，即觉有情、道众生，所以"成佛"就是要达到"觉悟"。后来"佛"在上座部（小乘）佛教中被作为对释迦牟尼的尊称，而在大乘佛教中也包括一切觉行圆满者。在此，"觉"指觉醒，即在瞬间而达澄明；"悟"则为琢磨、思考，由此获得领悟，即逐渐理解的过程。

佛教所追求的最高目标是"涅槃"，指消除一切二元对立的现象，达至无欲无求的思想境界，达至和、清、净，即无争、自在、净能生慧之状。因此，"和尚"是以"和"为高"尚"，其"出家"之举对于宗教信仰者而言正是心灵的"回家"、精神的归宿，有着游子回乡、落叶归根、返回精神家园之意。正如德国浪漫派诗人荷尔德林所言："我自你们溢出，追随你们而浪迹他乡，现在，我已饱阅人生，又与你们，与欢乐的神明同返故园。"佛教乃是致力于"和平"、非暴力的宗教，"和"即和气、和顺、和合，所谓知"和"得"道"，故成"和韵"。此外，佛教亦有"悟道"之说，其苦、集、灭、道"四谛"之论就是要人离苦得乐，大智若愚。而其"道为人通"，是以"心性"（主体）来通达，这种"心性"之发现，即指从"心"发现了"天道"。第二大河系的宗教与我们的宗教有一些相似之处，如信多神、讲神秘、重心性等。正是基于这一宗教精神资源，当今中国佛教才得以提出"和谐社会，从心开始"的绝妙之见。

（三）第三大宗教河系的文明与宗教

第三大河系的宗教主要指道教和儒教，而日本的神道教则显然受到这一河系宗教的耳濡目染、留有相关印痕。道教和儒教若从"道家"、"儒家"的意义来看，可以视为"哲人宗教"，即智者、贤哲之探。而若对之加以哲学之解读，则可称道教为"艺术哲学"，而儒教为"政治哲学"。二者的对比在于，道教有着更多的逍遥，其任运浪漫、淡化人生，旨在空灵、超脱，"成仙"即体现其超脱感，为其自我解放追求；而儒教则有着更多的悲壮，其忍辱负重、圣化人生，示其凝重、责任，"成圣"即说明其责任感，为其自我牺牲精神。当然，对于过于"入世"和"涉世"的儒教究竟是否为"教"（宗教），古今中外的学术界都有激烈争论。在此，我们仅对之加以学术层面的探讨。

1. 道教

老、庄强调"阴柔"，以"水"为比喻，形成其浪漫人生、诗化哲学，体现出逍遥洒脱的意趣；而其以柔克刚，以退为进，不敢为天下先，乃是一种女性思维和智慧，或者说为一种涵摄、超越男女的母性智慧，其特点即致虚极、守静笃。其将人生视为逍遥之游，以达物我相融、物我两忘的神秘和超脱境界。在庄周梦蝶、濠梁辩鱼（庄子、惠子关于游鱼乐乎的对话）的典故中，已有一种主客、物我交融互渗的意境。其"物化"则正是要达到物我为一、主客同一、天人合一。

何谓"道"，有很多的说法。"道"之字形为"首"加部首"辶"，是行走、道路、引领之意。一般对"道"有两种基本解释，一从客体意义上指道路、法则、秩序、方法，由此引申为形上之"道"，并体现整全、生命之境界。二从主体意义上指言述、说道，这与基督教思想中所论及之道有不谋而合之意，即将道解释为话语，是一种言说，是"逻各斯"（logos）。此外，对老子所言"道可道，非常道"亦有不同解读和侧重。一为道可道，非"常道"，表达了对终极的不可言说，因此"可道"只是一种"强称"，所言之"道"仅为对"绝对之道"的相对解释，以强调"道"的超越性和根本性，与人对之的相对言说形成区别和距离。二为道"可道"，"非常道"，指真理、宇宙根本法则可以谈、有必要谈，这乃人对超越、形上之境的领悟、把握。就"道"与"德"的关系而言，道为本体、规律，无所不在；而德则为悟道、见道、修道之实践，坐而论道，起而用道。德的特性即海纳百川、有容乃大，德指得道、达观，以天道启迪人心，展现天道，故有"心有多大，天地就有多大"之说，显示一种升华境界。道教强调"道法自然"，以"无为"而"无不为"，且有着一种回归自然的外在超越。关于内在超越和外在超越，人们常常说儒教没有外在超越，但是道教中则有外在超越。道教讲天地之间小小的"我"，认识到人自身的有限性，才能达到逍遥游、浪漫行的愿望。这次在陕西参加"道德经论坛"，在终南山看到一副对联所言，"黄老思想出世入世无为向化"、"道家精神独善兼善自然和谐"，由此领悟到该论坛"和谐世界，以道相通"的主题，亦加深了对鲁迅之说"中国根柢全在道教"的理解。据传《道德经》现有 432 种版本，其版本之多仅次于《圣经》。

2. 儒教

儒教若与道教相比，则可视为一种"阳刚"的"宗教"。孔子曾以老子为师，对老子还有"天龙"之喻。但孔子的风格与老子迥异，所强调的是个人之"仁"、社会之"礼"，讲究秩序、正统、有为，所谓"格物、致知、诚意、正心、修身、齐家、治国、平天下"，以"内圣"开出"外王"、"外王"体现"内圣"，强调"天命之谓性，率性之谓道，修道之谓教"。这就是儒教的思维逻辑，表现出一种内在超越，以"仁"、"礼"来对待"家"、"国"，主张"克己复礼"，突出集体、秩序和有为。

"儒"是什么意思？其原初本义也与"水"有关。"儒"在甲骨文中作"需"，上为"水"形，下为"人"形，"象以水冲洗沐浴濡身之形"。《周易》称，"云上于天，需"。章太炎在其《原儒》中认为，"儒从需，本求雨之师"。胡适也说，"儒是殷民族的教士"。由此可见，"儒"之表述要早于孔子，本指古代宗教教士之"术士"。《礼记·儒行》曰"儒有澡身而浴德"，"澡身"即沐浴，"浴德"即斋戒，表示"儒"这类教士对上帝、鬼神的诚敬。殷代《小辞》记载，君王也常司为人民求雨之责，可见"儒者"还体现出古代中国政治与宗教之关联。在殷周时代，巫、卜、史、儒为最早掌握文化之人，即最初的知识阶层。至春秋末期，"儒"则有了"教师"之意："儒，以道教民"（《周礼·大宰》），"儒，以道德民"（《周礼·天官》）。此后"儒"遂与孔子及其学派联系起来，并成为其专称。

由此我们可以看到"儒"在中国文化中的意义。儒学起初是一种哲学思想，但到了西汉董仲舒（前2世纪）倡导"独尊儒术"，儒学就慢慢发展出一种宗教形态，即儒教。从此，孔子被尊为"教主"，并有了"孔庙"等敬拜场所和祭天大典等祭拜礼仪。20世纪初，康有为等人主张以"孔教"为国教，曾形成儒教国教化的思想，但遭到革新派的反对。其实，中国历史上有三次关于儒教是"教"、非"教"之争。第一次是西方传教士利玛窦认为，儒教不是宗教，以防止中国信徒陷入对天主教和儒教非此即彼的为难选择；但传教士仍认为儒教低于其所理解的宗教。第二次是20世纪初梁启超等人坚持，儒教不是宗教而乃哲学，哲学贵疑而宗教贵信，因而哲学高于宗教。第三次是由任继愈提出儒教是宗教，由此形成延续至今的儒教之争。其反对者认为儒教不是宗教，有人则相对应地提出中国没有儒教，却有着一种"宗法性传统宗教"。这样中国传统文化中有无宗教就成为热门话题。今天新儒家中汤恩佳、杜维明等人就在鼓励复兴儒教。正如中国在世界创办上百所"孔子学院"的努力那样，在此乃意识到中国文化的自觉、自知、自强。

3. 神道教

神道教本受中国儒教、佛教影响，基于其"观天之神道"、"圣人以神道设教"的思想，经与日本本土原始宗教的结合而成。因此，从日本宗教文化与中国宗教文化的关系、从其历史及思想渊源上，我们可把神道教作为第三大宗教河系的一个分支。它经历了原始神道，神社神道和国家神道的发展过程。"二战"后日本政教分离，但神道教与日本政治的关系并没有根本分开。日本在文化上深受中国的影响，按这种发展传统，它属于文化支流，不是原生性的创立，多体现为某种衍化、分化。不过，江河入海，形成汇流。日本文化作为一种海岛文化亦有着"自我意识"的萌生。日本在水的包围中既有希望也感到孤寂，既体会到自我的束缚性——困于大海，又看到其向外吸纳的广泛和无限可能——遥观海外，这也许是构成日本人的文化心态的原因。因此，近代日本文化发展就展示出其在中西方文化之间的求索，由此亦找到其自身文化的定位。例如，中文"宗教"术语传入日本后长期被日本尤其是其佛教界所用，而西文 religion 于 1870 年被日本人用中文翻译成"宗教"，其新义后也通用于中国；而西文 philosophy 也被日本人西周用中文翻译为"哲学"，同样被中国人所采纳、接受。日本民族与神道教的结合，一方面要寻找传统，所以对中国文化有特殊的感情；另一方面则要建立自我文化意识，因此也出现许多逆反之举。为了求其文化生存及发展，日本对外开放的程度比中国大，时间也比中国早。

七　简短结语

上述所谈比较零散，主要是从"水"、"河"的引申意义上来谈宗教，以梳理宗教的源和流，并尝试找出宗教和哲学的内在关系及其相同、不同之处，使我们的认识进一步深化。在人类社会各民族、各国家的发展中，除了政治、经济上形成的"硬实力"之外，亦有思想、文化层面上形成的"软实力"。这种"软实力"对于"硬实力"的存在起着支撑作用，也对其能否"可持续发展"有着重要作用。在不同国家和民族社会政治、经济"硬实力"的接触、对话与较量中，自然会有其思想、文化之"软实力"的参与。中国经济界在中国改革开放、经济发展的关键时期曾有过关于马克斯·韦伯及其"新教伦理与资本主义精神"命题的热烈讨论。这些经济学家在看到基督教（新教）作为西方经济发展、社会稳定的"潜在精神力量"而发挥重要作用的同时，也在思考保持、推动中国经济社会"可持续发展"的"潜在精神力量"即"软实力"究竟是什么的问题。他们提出了问题，却并没有给出明显答案。在许多情况下，这种具有精神支撑意义的"软实力"对内会指导或制约其社会经济及文化发展，对外则会在不同社会文化的对话和较量中产生重大影响。宗教作为相关民族、社会的"精神性"力量,正是这种"软实力"的重要构成,应该引起我们的特别注意和高度重视。运用好这种"软实力",就会成为有力支持我们"硬实力"发展的"巧实力"。因此,在当代中国政治与宗教的关系上,在看待和处理宗教问题时必须注意"软实力"的精心培育和辩证运用,使之能够发挥出"怀柔招安、近悦远服"的积极作用。从世界宗教与世界文明的关系来看中国宗教问题,我们就应该基于"依法治国"的原则来依法管理宗教,在立法上找出最佳办法,在政策上积极主动放宽,在强调法律尊严的同时,努力营造社会的和谐、促进文明的昌盛。

如果这种思考、谈论有不当之处,请大家批评。我就讲到这里,谢谢。

第四讲　国际宗教的历史与发展趋势

宗教从理想意义上乃劝人为善、追求一种超越和升华的境界，这在我们分析、研究宗教的本质及意义时已经谈得较多。然而，人们常问，为什么有着悠久宗教传统的人类历史会充满纷争、冲突和战争？为什么不少冲突在起因上又与宗教有着千丝万缕的联系，而且其中不少就是直接的宗教战争？这一历史悖论使我们必须对宗教及其历史作深层次和切合现实真实的分析。其实，我曾谈过，宗教所追求的乃人类精神向往的一种"理想境界"，它体现为前瞻、期盼，甚至是"幻想"，由此形成相关人群的生存意义、发展动力，在现实的苦难生活、艰难时岁中能够顽强地坚持下来，在面对威胁、死亡时能心静情安、泰然处之，在精神境界上可以有对自我、尘世的超脱，有新的觉悟和憧憬。但在历史现实中，人的宗教存在仍然是人类社会群体存在的一种方式，摆脱不了人之个体、社团、民族、国家等存在的有限性和局限性。这样，人的宗教存在同样避免不了相对性，一般都会卷入其所处群体、社会、民族、国家的切身利益，形成宗教与政治的复杂交织。在不少时候，宗教的神圣性会被用来表达其社团、民族、国家的神圣性，现实生存、发展的考量远远超过了个人的宗教内省、静修、思辨需求。在这种意义上，国际政治的舞台往往是让人竞争、博弈的场所，并不给哲学家的"清谈"、宗教家的"说教"留下什么空间，而且这种场景内的哲学往往会嬗变为"行动的哲学"、"斗争的哲学"，凸显为实践哲学或实用哲学，宗教也会成为捍卫民族生存、影响国家兴亡的精神动力和神圣旗帜。因此，在历史发展和现实社会中看宗教则必须"讲政治"，在这一层面的民族、宗教问题绝对"无小事"。基于这一思考，我想在此对世界主要宗教的历史及其在国际冲突中的卷入加以回顾、分析和梳理。

一 犹太教的发展传播及相关国际冲突的历史与现状

犹太教已有四千多年的历史，犹太人称自己为"立约"的民族，被世人视为"谜一般的民族"。在犹太教的历史传说中有其与神三次"立约"的表示，反映了其民族发展的复杂变迁和起伏兴衰。

第一次为"彩虹"之约，即"挪亚方舟"之后的立约，在其"人论"中标志着"新人类"的诞生。在《圣经》中有人类始祖在伊甸园（一说为"两河流域"的冲击平原，另一说则在今天的土耳其境内，人们复制了"方舟"，旨在既回溯远古传统，又发展当今旅游）偷吃禁果而犯"原罪"失去"乐园"的解释，此后亚当、夏娃的后裔在人间做了许多坏事，上帝为此打算灭绝人类，而仅留义人挪亚一家造"方舟"得救。大洪水后挪亚与上帝以"彩虹"为约，让后人洗心革面，以便形成"新人类"的发展。

第二次为"割礼"之约，亦称"血约"，指亚伯拉罕与神立约，由此犹太人作为"新民族"而诞生。据其经书记载，亚伯拉罕一家本来是从两河流域迁徙而来。古代犹太人称"希伯来人"，"希伯来"在古代闪语中意即"从大河那边来的人"。上帝将之由原名"亚伯兰"改名为"亚伯拉罕"，当时他已有99岁，但上帝仍称他为"众多民族的始祖"，许诺其成为一个大族，但要以"割礼"为约，称为"血约"。由此犹太教规定犹太民族所有男人和男孩都必须受割礼，作为犹太民族的象征，这样就形成了犹太人作为"新民族"的发展。在其语言词汇中，有三个词值得我们留意，即"以色列"作为其国家名，"犹太人"作为其民族名，"希伯来"作为其语言名。由此，在"亚伯拉罕传统宗教"中，"亚伯拉罕"（易卜拉欣）被犹太教徒、基督徒和穆斯林共同敬为"先祖"。不过，《圣经》及其传说与《古兰经》及相关故事对"亚伯拉罕"（易卜拉欣）及其后裔的描写明显不同，由此我们可以察觉远古民族发展嬗变复杂历史的蛛丝马迹。

根据《圣经》及其传说，亚伯拉罕已经老年却仍无子，妻子撒拉（萨拉）担心无后而让丈夫与其使女夏甲（哈吉尔）生下长子以实玛利（易司马仪）。但因"神恩"，亚伯拉罕后来又与其妻撒拉生下以撒。撒拉怕以实玛利长大后以长子名分继承财产，遂让亚伯拉罕送走夏甲母子。结果母子二人流浪到今天的阿拉伯地区，以实玛利后来就成为阿拉伯各族的先祖。以撒因嫡出得以成为正统，在上帝考验亚伯拉罕时被作为祭物来献燔祭，不过被上帝用公羊来替代。以撒生有以扫、雅各二子，雅各以一碗红豆汤从其兄以扫那儿得到长子权，后来生有十二子，成为犹太人十二支派的先祖。

而根据《古兰经》及其故事传说，"易卜拉欣的妻子萨拉患有不育之症。丈夫总盼望她能生男育女，而她却无法实现他的愿望，心情十分痛苦。于是她劝丈夫娶忠实的女仆哈吉尔为妻，愿她生男育女，使全家摆脱膝下无儿之苦。易卜拉欣接受了妻子的忠告"。后来"哈吉尔生了个男孩，取名易司马仪"，"但是萨拉起了妒嫉之心，……让易司马仪和他母亲哈吉尔离开这里，……易卜拉欣同意了妻子的要求，……他让儿子易司马仪和他母亲骑上牲口，在真主的指引和保佑下，自己同他们一起走了"。但"易卜拉欣没有忘掉自己的儿子，很关心他的情况，也时常到这里来看他。……有一夜，易卜拉欣作了一梦，梦中真主命他将儿子易司马仪杀掉供献祭"。易卜拉欣按照真主的旨意把易司马仪作为祭物奉献，但刀砍不动，原来真主已退去了刀刃，并"牺牲天园中一只肥大的绵羊赎救了易司马仪。……此后，所有的穆斯林为了纪念这件事，并表示感谢真主，每年都在这一天宰牲献祭。这就是宰牲节的来历"。易卜拉欣此后常来看望易司马仪，父子两人曾共同在麦加天房干活儿，成为阿拉伯人的先祖。[①] 至于以撒及其后裔的历史，则不在此提及。

第三次为"十诫"之约，指犹太民族英雄摩西从上帝那儿领受"十诫"，由此神圣立约开始与社会规范、道德秩序挂上钩来，这样遂使其民族发展为一个"新国家"所需的法律框架得以形成。按照《圣经》之说，犹太人民族英雄摩西带领犹太人离开埃及后，与上帝在西奈山立约，上帝在两块石板上共写了十条诫令，让民众遵守，代表着其法律制度、道德规

---

① 参见［叙利亚］穆罕默德·艾哈迈德·贾德·毛拉《古兰经的故事》，新华出版社1983年版，第40—50页。

范等社会秩序的建立,从而为其民族国家的诞生奠立了相应的神权基础,并开始从神圣契约到法律权威的转向。

犹太民族的历史及其宗教发展大体可分为四个阶段,这四段历史见证了犹太人饱经磨难、曲折复杂的民族及宗教发展。

(一)古代犹太教时代

古代犹太教的真正鼎盛始于前 10 世纪左右,在大卫、所罗门王朝进入其"黄金时代",犹太人在耶路撒冷建立起其宗教活动的"第一圣殿"。此后出现其民族分裂,国力亦逐渐衰弱。公元前 586 年,"第一圣殿"被毁,犹太人遭受"巴比伦之囚",国破家亡,大部分民众被"巴比伦人"掳往异国他乡。因此,在古代犹太人的词汇中,"巴比伦"即意为"敌人"。据《圣经》记载,人类的隔膜、各族口音的变乱也始于在该地"巴别塔"(通天塔)的修建。

前 6 世纪末,回到故乡的犹太人兴建了"第二圣殿",顽强地延续其民族、宗教的历史。但是到了 70 年(犹太教历 11 月 9 日),犹太教的圣殿终于被彻底摧毁,古代犹太国也被罗马帝国灭掉,犹太人从此四散各地,成为没有国度的民族,犹太教则成为其精神寄托和民族象征。

在罗马帝国统治期间,犹太人坚决反抗,举行了一次又一次的民族大起义,但都遭到残酷镇压。在现实得救无望的情况下,主张不抵抗压迫、顺从命运、求来世解脱的基督教作为犹太教的一个异端开始出现。但犹太教反对基督教的兴起,不承认其社会及宗教地位,作为基督教创始人的耶稣被犹太上层交给罗马执政者,钉十字架身亡。

(二)拉比犹太教时代

随着犹太人国家的灭亡,失去国度的犹太人靠其宗教来形成其民族凝聚力,遂进入拉比犹太教时代,其时间跨度为 70—630 年。以犹太会堂为中心,其领袖被尊为"拉比"(师傅)。这一时期被称为"大流散"(Diaspora)时期,犹太人被赶出家园,罗马皇帝哈德良在耶路撒冷原址上建立起一个新城,称为埃利亚·卡皮托利纳,并且迁入一些外族人在其中居住。没有祖国、没有土地的犹太人则以犹太教为其民族象征,保持了其作为一个民族整体的存在。

4世纪罗马皇帝君士坦丁皈依基督教后，属于罗马帝国的以色列土地成为基督教国家，留在原地的犹太人原有的相对自治和保有公职的权利被剥夺，除了每年哀悼圣殿被毁的纪念日外，犹太人一律不许进入耶路撒冷城区。犹太教和基督教的矛盾此时开始加剧。614年，犹太人曾帮助波斯人攻入耶路撒冷，获得过三年左右对耶路撒冷的管理权。但629年信奉东正教的拜占庭军队占领耶路撒冷，犹太人再次被驱逐出城。

（三）中世纪犹太教时代

这一时期较长，从约630年一直延续到1917年。636年，阿拉伯人征服了巴勒斯坦这块土地，引入伊斯兰教，并使耶路撒冷成为伊斯兰教继麦加、麦地那之后的第三大圣地，建有阿克萨清真寺和金顶（圆顶、岩石）清真寺。最初犹太人获准在伊斯兰教的"保护"下生活，但717年当地政权对非穆斯林的限制影响到犹太社区的生存，多数犹太人离开，随之在当地基本上失去了犹太教的组织和凝聚力。

天主教"十字军东征"占领耶路撒冷期间，当地犹太人也被作为"敌人"处死或被卖为奴隶。"十字军东征"结束后，以色列的许多城市都已荒芜。在奥斯曼土耳其统治时期（1517—1917），犹太人重受伊斯兰教执政者的统治。至19世纪中叶，随着奥斯曼帝国的衰弱，犹太人开始回流故土，1860年在耶路撒冷城外建立了第一个犹太人郊区，随后又建成七个郊区，形成今天耶路撒冷新城的雏形。

许多犹太人自630年以后移居欧洲各地，中世纪欧洲犹太人的翻译事业和宗教哲学发展曾促进了西方重新发现古希腊、罗马思想，从而促进了经院哲学的鼎盛和中世纪欧洲文化复兴。但欧洲基督教国家对犹太人的压制甚至比在以色列的阿拉伯人的统治更为严酷。"犹太人"的形象在宗教上被视为"谋害耶稣"者，在政治上被称为不融入欧洲基督教社会的"异类"群体，在经济上则被描绘为放债人、投机商、高利贷者，如莎士比亚所著《威尼斯商人》中唯利是图、爱财如命的"夏洛克"。欧洲人想出各种办法强迫犹太人改信基督宗教。其实在《威尼斯商人》的戏剧故事中多少已经折射出了当时犹太人受歧视、遭排挤的窘境。与作为公民的威尼斯人相比，犹太人在当地却是外来人、异教徒，处于"贱民"的地位。威尼斯商人安东尼奥向犹太商人夏洛克借三千块金币，按照双方签订的契约，如果到期不还则可在欠债者"心口所在的附近取一磅肉"。此即所谓"割肉契约"。安东尼奥到期无力偿还债务，二人对簿公堂，夏洛克执意要"割肉"抵债，任法官的威尼斯公爵劝说无效。这时，安东尼奥好友巴萨尼奥的未婚妻鲍西娅假扮法律权威、穿着律师服装出现，宣布契约完全合理，必须严格执行，让夏洛克直接取一磅肉下来。但按照契约，在取肉时不能流出一滴这位欠债基督徒的血，也不能超过或不足一磅肉，否则就是蓄意谋杀威尼斯公民，按照法律则可处死谋杀者并没收其全部财产，而如果起诉者此时撤诉就证明其原来的意图为谋杀。于是，公爵根据威尼斯法律，判罚没收这位企图谋害威尼斯公民的异邦人的全部财产，并就势责令夏洛克改信基督教，这样才可获得一些赦免。因此，欧洲人历史上对犹太人和犹太教的排斥乃是宗教、政治、经济诸因素的交织。对此，1879 年德国人威廉·马尔创造了"反犹主义"（Anti-Semitism，原意为"反闪族主义"）一词。出生在德国的马克思一家也在这种排犹反犹的社会环境中先后改信了当地流行的主要宗教新教路德宗，如马克思的父亲于 1817 年改宗，其母亲因为尊重自己父亲的信仰而等老人过世后才于 1825 年改宗，而马克思本人则于 1824 年改宗受洗，1834 年还行了基督教的坚振礼。

中世纪以来，欧洲各国加剧了对犹太人的政治、经济和信仰压迫。例如，1180 年，罗马教廷颁布法令，规定犹太人必须与基督徒分开居住。1182 年，法国国王宣布驱逐所有犹太人，没收其财产。1215 年，罗马天主教会宣布，所有犹太人必须佩戴表明其身份的徽记，违者会被处死。1253 年、1290 年，英国宣布所有犹太人（除少数王室奴仆外）必须离开英格兰和威尔士（1650 年后允其返回）。1306 年、1394 年，法国两次全面驱赶犹太人（1789 年后允其返回）。1349—1360 年，匈牙利驱逐犹太人。1391 年，约 10 万犹太人在西班牙反犹暴乱中丧生。1421 年，奥地利驱逐当地犹太人。1445 年，立陶宛驱逐境内犹太人。1492—1497 年，西班牙和葡萄牙把境内数十万不愿改宗基督教的犹太人驱逐，被迫改宗的犹太人"新基督徒"被称为"马拉诺"（西班牙语意为"猪"）。1516 年，意大利境内的威尼斯国发布命令，让所有犹太人集中到指定区域内居住，此地称"Ghetto"（原意为"铸造厂"：铸造枪炮之地），四周有墙隔离，由此"Ghetto"（"隔都"音译）成为"犹太隔离区"的专称。1648年，居住在波兰的犹太人有10万人在持续两年的动乱中丧生。1772年，波兰被瓜分后，犹太人居住地大部分划入俄国，后来使俄国境内犹太人在19世纪末接近500万人；但是，1881年3月，沙皇亚历山大二世被炸身亡，因涉嫌者中有一犹太妇女，故在全俄掀起了反犹高潮：1882年5月俄内政部长颁布"五月法令"，限制犹太人生存，计划对犹太人是要"消灭三分之一"、"驱逐三分之一"、让"三分之一的犹太人改信基督教"。自1881—1914年，约有300万犹太人离开俄国和东欧，大部分移居美国。至20世纪中期，在美国的犹太人增至600万。从以上历史演变，我们可以基本看出犹太人的重心从欧洲移到美国的原因。

在欧洲"仇犹"的高压氛围中，犹太人的民族意识和宗教信仰反而得以增强，同时也出现了较为极端的"犹太复国主义"（Zionism：锡安主义），"锡安"在其传统上是耶路撒冷和以色列故土的同义词。具体而言，随着犹太人在欧洲受到压迫，以及回到以色列土地的犹太人逐渐增多，在19世纪末的欧洲率先出现了"犹太复国主义"思潮。1897年8月29日，出生在匈牙利的犹太人赫茨尔在瑞士巴塞尔召开第一届犹太复国主义大会，有数百名犹太人代表参加，会上成立了"犹太复国主义组织"，旨在促成犹太人返回故土。此即这一思潮的发端及标志性事件。

（四）近现代犹太教发展

1917年12月，英国艾伦比将军率军进入耶路撒冷，结束奥斯曼统治时期。1922年7月，国际联盟委任英国统治巴勒斯坦，让其促进"犹太民族之家"的建立。英国在此托管地四分之三的土地上建立起"阿拉伯外约旦酋长国"（哈希姆约旦王国），将约旦河以西的地方发展"犹太民族之家"。这样，犹太人重新在离开近两千年的故土建国的希望之火被点燃。

在犹太教回归"圣地"意识和犹太复国主义推动下，大量犹太人先后移居巴勒斯坦，至第二次世界大战之前就已达到26万人，主要来自俄国、波兰和德国。这种移民此间已与当地阿拉伯人发生剧烈冲突，阿拉伯人坚决反对英国人在当地的分治计划。"二战"期间，纳粹德国迫害犹太人，全世界约 900 万人的犹太社团仅剩下三分之一，约 600 万犹太人包括 150 万儿童惨遭杀害。这一期间又有上十万人逃往巴勒斯坦。1947 年 11 月 29 日，联合国投票通过决议：在约旦河以西地区建立两个国家，一为犹太人国家，一为阿拉伯人国家。

1948 年 5 月 14 日，英国宣布结束对巴勒斯坦的委任统治，以色列国宣告成立，当时在以色列已经有了 65 万犹太人。由于周边阿拉伯国家对以色列这样建国表示坚决反对，新建立的以色列国没过一天就卷入了战争，此后先后爆发了四次"中东战争"，从此引起了中东格局的巨大改变。

第一次中东战争发生在 1948 年 5 月 15 日至 1949 年 7 月 20 日之间。以色列国宣告成立不到 24 小时，即与反对分治的阿拉伯人发生战争。在美国犹太人支持下，以色列赢得这场战争，土地比联合国分治决议规定的 14942 平方公里多占 5731 平方公里而达到 20673 平方公里，占有耶路撒冷城市西部；战争后果也使近 100 万巴勒斯坦人沦为难民。

第二次中东战争也称为"苏伊士战争"或"西奈战争"，发生在 1956 年 10 月 29 日至 11 月 7 日之间，而且英、法两国也卷入了战争。

第三次中东战争即"六·五"战争，也称"六日战争"，从 1967 年 6 月 5 日爆发到 11 日结束，仅持续了六天。以色列占领了埃及西奈半岛、约旦河西岸和戈兰高地，所占领土相当于以色列本土面积的三倍，并占领了耶路撒冷东部。以色列从此将其东、西城合并，并宣布整个耶路撒冷为以色列的首都。

第四次中东战争称为"十月战争"或"赎罪日战争"、"斋月战争"，发生在 1973 年 10 月 6—24 日，但一直到 1976 年 2 月 22 日，以军才撤退完毕。

几次战争以后，上百万巴勒斯坦人沦为难民。巴勒斯坦人领袖阿拉法特 1974 年在联合国说："欧洲人干了伤天害理的事，对犹太人欠下了道义上的债，良心不安，但这笔债却要让巴勒斯坦人来偿还。"巴勒斯坦人认为这种发展对他们很不公平，而且对其民族产生了灾难性、毁灭性的后果，因此一方面呼吁联合国出面干涉，另一方面则以各种方式来坚决反抗。

为了对付阿拉伯人，以色列成为全民皆兵的国家，每个人必须服至少二至三年的兵役，并将其社会福利与兵役制度直接挂钩。而且，以色列采取了预备役制度，藏兵于民，随时可以武装起来，参加战争。此外，1982年、1985年，以色列还与黎巴嫩多次发生战争，直至进入21世纪后，还与黎巴嫩真主党有较大规模的战争冲突（即2006年的黎以冲突）。

从巴以冲突的宗教原因来分析，双方存有难以根本解决的"死结"：一是"圣地"问题：犹太人称"巴勒斯坦"（罗马时代出现）为"埃雷兹·以色列"（Eretz Israel），即"以色列人的土地"，并认为是上帝许给犹太人的土地，有"应许之地"（亚伯拉罕从两河流域来到"迦南地"）之说，从而有其宗教神圣性。二是"圣城"问题：耶路撒冷（Jerusalem）本意为"和平之城"，城中曾有所罗门王在位时建立的圣殿，作为供奉上帝的地方，为其宗教的"圣中之圣"。经过古代战争和"异族"占领，现仅剩圣殿遗址，即被用原址石块所垒起的一堵长48米、高18.9米的大墙，为"第二圣殿"的西外墙，故称"西墙"。经常有世界各地的犹太人来此祈祷、诵经、哭泣，亦称"哭墙"。

1980年7月，以色列国会以112票对7票的绝对多数通过《基本法》，宣布统一的耶路撒冷是以色列国"永恒与不可分割的首都"。对于耶路撒冷的地位和归属，以色列前国防部长达扬曾说：要以色列放弃耶路撒冷，"除非重写圣经，抹去我们3000年来的全部信仰、希望和祈祷"。以色列前外长利维也说过："统一的耶路撒冷永远是以色列首都。"

为了解决中东问题或缓解其紧张局势，20世纪70年代以来，在相关各方的努力下，进入了中东和平的艰难历程，其中有些大事值得一提：1978年，解决阿以冲突尝试的戴维营协议签署；1978年，以色列与埃及签署和平条约；1989年，以色列提出四点和平倡议；1991年，中东和会在马德里召开；1993年9月13日，拉宾和阿拉法特在华盛顿签署《原则宣言》，两人和佩雷斯为此而获得1994年诺贝尔和平奖。但是，好景不长，1995年11月4日，拉宾被犹太人保守派枪杀。以色列内部的保守派认为，他与巴勒斯坦讲和危害了以色列的安全，从而使这一和平进程出现变局，重新陷入困境。1998年10月23日，以色列总理内塔尼亚胡和阿拉法特在美国马里兰的怀河签署怀河备忘录。1999年9月4日，以色列总理巴拉克与阿拉法特签署沙姆沙伊赫备忘录。2000年，以色列强硬派代表沙龙视察犹太教圣地"哭墙"时，登上伊斯兰教圣地阿克萨清真寺领域，引起巴以局势动荡，却使沙龙戏剧性地战胜对手，于 2001 年 2 月当选为新一轮的以色列总理。此后，巴以冲突时有发生，双方摩擦不断。到了 2009 年初，以色列军队仍在采取大规模军事行动，进入加沙打击哈马斯武装力量。所以说，巴以和平前景仍然模糊、迷茫。如果双方能够继续谈判，这一过程本身就是积极进展。

对于犹太民族的力量和影响不可低估。这是一个出人才、出思想、出文化、出艺术的伟大民族，对人类精神文化的发展作出过重大贡献，迄今的国际影响仍然非常突出。仅从该民族的现代发展来看，犹太人为世界奉献的著名知识精英在思想界有马克思、弗洛伊德、布伯、卢卡奇、柏格森、波普、胡塞尔、卡西尔、维特根斯坦、杜尔凯姆、马斯洛、莱维纳斯等人，在科学界有爱因斯坦、玻尔、弗兰克、奥本海默等人，在艺术界有鲁宾斯坦、马勒、勋伯格、梅纽因、帕尔曼、毕加索等人，在外交界最为中国人所熟知的即推动中美关系破冰之旅的基辛格，而在经济领域更是犹太人得心应手的场所，其中尤其值得一提的是著名的罗斯柴尔德家族，这个称为"红盾世家"的犹太家族财团曾对世界经济的发展产生重要影响，其洛希尔金融集团在今天仍非常活跃。人们常谈论该家族在拿破仑兵败滑铁卢后所大赚的一笔，尽管说法不一，却都肯定其判断准确、经营有方。据说其在当时所赚的第一桶金之利润相当于今天的 6 亿英镑。此外，泰坦尼克号巨轮在其首航前曾找该家族保险，但被其拒绝。当该轮首航即沉没后，人们问及其是否有先见之明时，其回答亦极为睿智、低调。虽然罗斯柴尔德家族今天仍保持着这种低调，其经济实力却有目共睹，丝毫不被人小看。犹太人在世界经济发展中的举足轻重，无疑在有力地支持着其政治、文化的存在与发展。

二 基督教的发展传播及相关国际冲突的历史与现状

基督教（基督宗教）已有两千多年的历史，现有信徒 22 亿人，占世界总人口的三分之一，分布在 251 个国家和地区，显然已经成为世界第一大宗教。

基督教公元 1 世纪中叶产生于古罗马帝国统治下的巴勒斯坦、小亚细亚一带，其创始人"拿撒勒人耶稣"被视为是童贞女马利亚"圣灵降孕"而生，为"神的独生子"，"道成肉身"，故为"救世主"（希伯来文"弥赛亚"，希腊文"基督"），其门徒为"基督徒"。耶稣的养父约瑟为加利利南部拿撒勒的木匠。耶稣出生于耶路撒冷南部的伯利恒，30 岁时开始宣传上帝的"福音"，收有彼得等十二门徒。耶稣的布道遭犹太教祭司和罗马统治者的反对，随之耶稣被门徒"犹大"出卖，由犹太教祭司交给罗马总督彼拉多处以死刑。但基督教的信仰传说他死后第三天"复活"，在地上传教 40 天，并在"升天"后派圣灵降临，让其门徒领受圣灵传教，由此诞生了基督教。基督教最早被视为犹太教的异端，被其压制，从此在历史上形成了两教的不和与矛盾冲突。

基督教在罗马帝国时期经历了"十次大迫害"，4 世纪初被罗马皇帝君士坦丁承认为合法，其间在 313 年有《米兰赦令》的颁布，325 年又由皇帝组织召开了尼西亚会议，君士坦丁本人也于 337 年受洗入教。380 年，罗马皇帝狄奥多西正式宣布基督教为罗马帝国国教；392 年，其他宗教被帝国法令禁止。从此，基督教的重心从亚洲移往欧洲。

基督教的古代教会原本称为"公教"（传入中国后译为"天主教"）。476 年西罗马帝国灭亡，原来东西方罗马帝国的教会开始分化。西方教会以耶稣大弟子彼得在罗马建立教会，视彼得为罗马首任主教，此后这一位置被视为"教皇"（中国天主教内部一般将之译为"教宗"），有统治整个教会的权力。1054 年，东西方教会大分裂，西方教会为罗马教皇制的"天主教"，东方教会则成为以君士坦丁堡主教为"牧首"的"东正教"。东正教后在东欧等地形成十多个分支，以俄罗斯东正教势力为最大。由此，天主教国家与东正教国家也不断发生矛盾和冲突。基督教分为天主教、东正教和新教这三大教派，它们之间在历史上乃是在纷争、矛盾，甚至在战争中走过，现分述如下。

（一）天主教

560 年时，整个西方教会已在教皇的控制之下。756 年以来，法兰克王将意大利半岛大片土地和罗马城赠与教皇，由此形成"教皇国"。11—13

世纪末是欧洲天主教会的全盛时期，此间曾频频发生教权与王权之争。1076 年，德皇亨利四世召开会议废除教皇格里高利七世，却被后者开除教籍。陷于孤立的亨利四世不得不于 1077 年 1 月冒雪来到教皇居住的城堡卡诺沙，在门外苦等三天才获教皇赦罪。但他此后稳定国内局势后，于 1084 年出兵罗马，结果教皇在流亡中客死他乡。这种争端多以"主教叙任权"的方式展开，直到 1122 年《沃尔姆斯协定》的签订，教会才从王权手中夺回选举主教的权力；但当选出的新主教仍需由皇帝授予象征世俗权力的权杖。这种分歧和争议在当今中梵关系中关涉主教任命的问题上仍隐约可见，涉及宗教权威与世俗权威、信仰力量与政治力量的复杂关系。

中世纪出现了天主教与伊斯兰教、犹太教的直接冲突。随着中东地区被穆斯林占领，西方往"圣地"朝圣之路被堵，天主教以此为借口，在西欧自 1096—1270 年先后组织了八次十字军东征，并一度占领耶路撒冷，对当地穆斯林和犹太教徒加以镇压。但十字军东征以失败而告终，其中第 4 次东征，以攻占信奉东正教的东罗马首都君士坦丁堡为目的，直接导致天主教与东正教的冲突和战争。

随着欧洲近代宗教改革的发展，天主教与新教之间发生尖锐冲突。在英国，英王亨利八世以镇压不服从的天主教徒、剥夺教会财产来推行其"国教会"（圣公会）改革，于 1534 年迫使国会通过《至尊法案》，从此以英王为英国国教会最高首脑。1553 年，天主教徒玛丽登上王位，开始打击新教徒，至其 1558 年去世，被处火刑的人数近 300 人，史称"血腥的玛丽"。伊丽莎白女王继位后，继续推进国教会改革，并于 1563 年编成《三十九条信纲》，成为英国国教会信仰宣言。19 世纪以来，英国天主教会恢复发展。1919 年，爱尔兰共和军成立，主张以武力争独立。1921 年，《英爱条约》使爱尔兰一分为二，南部以天主教为主的 26 郡于 1937 年宣布为独立共和国，而北方 6 郡仍属于英国，为北爱尔兰，其中新教占其人口的 63%，处在执政地位，而占人口 35% 的天主教徒有强烈的离心倾向，要求与以信奉天主教为主的爱尔兰合并，因此导致北爱尔兰两派之间的长期冲突，迄今未获根本解决。

在法国，宗教改革运动产生了法国新教胡格诺派，与天主教矛盾加剧。天主教曾于 1540 年成立宗教裁判所，并于 1549 年专门设立"火焰法庭"来镇压加尔文派。改革家加尔文为躲避迫害已于 1535 年逃往瑞士。
1562 年 3 月 1 日，天主教派袭击胡格诺派的集会，爆发内战，史称"胡格
诺战争"（"胡格诺"意为"结盟者"）。天主教派组成天主教同盟，并得
到西班牙的支持。1598 年，胡格诺派国王亨利四世被迫改信天主教，于 4
月 13 日颁布《南特敕令》，结束战争，并保持住天主教为法国国教。1789
年法国大革命后，天主教会受到冲击，国教地位动摇，但革命者人为创造
的"革命宗教"也未获成功。1801 年，拿破仑与罗马教廷缔结政教协约，
并在 1804 年让罗马教皇庇护七世来巴黎参加其加冕大礼。但在 12 月 2 日
巴黎圣母院的加冕仪式上出现了戏剧性的一幕：拿破仑自己抓过皇冠戴
上，并为皇后约瑟芬戴上皇后冠，而将教皇晾在一边。由此可见，天主教
在当时的法国也仅有象征意义，而在政治领域已经被边缘化。至 20 世纪
初，法国推行了教会与国家的分离。

　　德国是欧洲宗教改革的重要发源地，天主教与新教的冲突也特别激
烈。1521 年，德皇查理五世判宗教改革家路德为异端，但路德受到萨克森
选侯的保护而与天主教分裂。支持路德宗教改革的闵采尔更以激进的方式
于 1524 年发起了德国农民战争，次年 5 月起义失败。1555 年，新教诸侯
的士马尔卡登联盟与天主教诸侯的士瓦本联盟缔结《奥格斯堡和约》，结
束内战，肯定"教随国定"的原则，从此形成德国天主教与新教并存的局
面，北部和东北部多属新教，南部和西南部多属天主教。但后来工业革命
带来的人口大迁徙打破了这种固定格局，在教派分布上出现"你中有我、
我中有你"的混合发展。17 世纪初，德国天主教联盟和新教联盟再次出现
冲突，并因欧洲各国的卷入而形成 1618—1648 年的"三十年战争"。1648
年战争结束，各方签订《威斯特伐利亚和约》，天主教背景的"神圣罗马
帝国"（962—1806 年，德皇鄂图一世由教皇加冕称帝而创立，1806 年被
拿破仑一世推翻。为此在欧洲历史上有着所谓"古罗马帝国"——"神圣
罗马帝国"——"第三帝国"发展延续之说）也从此名存实亡。

　　意大利是天主教的大本营，"教皇国"（757—1870）存在了一千多年。
中世纪西欧天主教会为镇压"异端"而曾设立"宗教裁判所"，积极组织
十字军东征，并与东罗马帝国的东正教多有摩擦和冲突。宗教改革运动爆
发后，天主教组织了"反宗教改革运动"（现多称"天主教革新运动"），

并于 1534 年组织了耶稣会等新兴传教修会。耶稣会于明末清初传入中国，曾获得较大成功，后因"中国礼仪之争"而于 18 世纪上半叶形成政教冲突和教皇与中国皇帝的政治抗衡，导致清廷禁教。1939 年罗马教廷撤销其有关中国礼仪的禁令，但这一决定在一定程度上也受其当时与日本关系的影响。1798 年，拿破仑占领罗马时曾成立罗马共和国，取消教皇世俗权力；但庇护七世于 1800 年重建教皇国。在意大利民族统一运动中，罗马城于 1870 年被意大利军队攻占，教皇从此退居梵蒂冈，"教皇国"一名亦不再使用。

1929 年，意大利与罗马教廷签订《拉特兰条约》，承认"梵蒂冈城国"，并确认天主教为意大利国教。1984 年 2 月 18 日，双方签署新协定以取代《拉特兰条约》，宣布天主教不再是意大利的国教，国家和教会"相互独立，各自享有主权"。天主教于 1962—1965 年召开了第二次梵蒂冈大公会议，提出"跟上时代"的口号，开始了"走出去"战略。教皇频频出访，开始与众多国家建立外交关系。1993 年 12 月 30 日，梵蒂冈与以色列建交，开始了天主教与犹太教的历史性和解。梵蒂冈还通过直接或间接的方式与中国接触，表示只要能与中国建交，随时可终止与台湾的外交关系。2008 年中国相关人士和交响乐团在梵蒂冈的演奏活动、教皇本笃十六世与中国外交人员的直接接触和对话，给人意味深长的猜想。

值得一提的，还有波兰的天主教。10 世纪时天主教传入波兰，其独一无二的地位于 18 世纪得以确立。当时波兰曾三次遭受沙皇俄国、普鲁士和奥匈帝国的瓜分。在这 150 多年波兰争取民族独立的时期，天主教起过独特作用，天主教会实际上成为国家的地下政府，其首席大主教甚至在王位空缺时还代行国王权力。在政治斗争夹缝中求生存的波兰，以天主教信仰在其东边反抗信奉东正教的沙俄，在其西边则抵制信奉新教的普鲁士。1978 年波兰红衣主教沃伊蒂瓦当选为教皇，称约翰·保罗二世，更是增大了波兰天主教的社会影响力和国际关注程度。1989 年，以天主教徒为主的波兰团结工会赢得战后第一次普选，其顾问马佐维耶茨被任命为总理，由此直接导致波兰统一工人党的瓦解和波兰人民共和国的解体。

（二）东正教

自 1054 年东、西方教会分裂，东部地区的基督教遂形成东正教，强调其"正统"地位。虽然位于东罗马帝国首都的君士坦丁堡（今天的土耳其伊斯坦布尔）正教会领袖有着"普世牧首"的尊称，却只有"荣誉上的首席地位"，并无真正权威，这为东正教的多元发展提供了机会。

在历史上，东正教共形成了 16 个自主正教会和 3 个自治正教会。"自主"指正教会的自治和行政独立性，而"自治"则指教会内部事务独立管理，但其教会首脑则需自主教会的牧首批准。

我们首先来看 16 个自主正教会：

1. 君士坦丁堡正教会：1054 年成为东正教的"荣誉"首脑教会，但第四次十字军东征时（1202—1204）一度被天主教势力取代，当时的拉丁帝国废除了正教教阶，直至 1261 年拜占庭帝国复国后才恢复。这一历史为天主教（包括此后从天主教中分裂的新教）与东正教的冲突提供了典型例子。二者之间历史上的深层次矛盾由此形成。在当代东欧剧变过程中，西方基督教国家曾联合打击信奉东正教的南斯拉夫，故而并不奇怪。

1453 年奥斯曼土耳其人占领君士坦丁堡，城市易名为伊斯坦布尔，在伊斯兰教氛围中，正教影响日衰。1923 年土耳其当局曾要其牧首公署迁离市区，后根据希腊—土耳其友好条约，牧首公署才得以留驻原地。因此，其首脑虽名为东正教"普世牧首"，却并无号召力和影响力。

由于具有东罗马帝国地域及其首都的历史，苏东剧变后的土耳其在伊斯兰教与基督教世界之间徘徊；其地跨亚、欧两大洲的位置也使它对留在亚洲，还是加入欧盟有所犹豫，而西欧对接纳土耳其加入其经济联合体则并不持积极态度。

2. 耶路撒冷正教会：最古老教会之一，有"教会之母"之称，其信徒在以色列建国及随之爆发的多次中东战争期间锐减。其主要职能之一是保护在巴勒斯坦、尤其是耶路撒冷的基督教圣地，如"圣墓"（耶稣坟墓遗址）。大堂有一部分为其主教座堂，它亦设有圣墓修道院。

3. 安提阿正教会：以叙利亚为中心，影响到黎巴嫩、土耳其等地。

4. 亚历山大里亚正教会：以这一埃及北部名城而得名，该城在"希腊化时代"为古希腊与希伯来文化的交会点。

以上四个东方教会，加上西方天主教的罗马教会，为古代基督教成为罗马帝国国教后最早形成的五大教区。

5. 希腊正教会：源自1世纪保罗的传教活动，1830年希腊独立后成为希腊国教。

6. 塞浦路斯正教会：源自1世纪巴拿巴的传教。1878—1959年塞浦路斯被英国占领期间，教会曾领导民众争取独立的斗争；1960年其独立后，教会督主教马卡里奥斯三世为其共和国首任总统。

7. 格鲁吉亚正教会：4世纪成立，曾为卡尔特里（格鲁吉亚中部）国教。在1803—1864年格鲁吉亚被并入俄罗斯后，该教会在1811年也被并入俄罗斯正教会，但于1917年后宣布独立，1943年获俄罗斯正教会承认。

8. 阿尔巴尼亚正教会：3世纪传入，先后属保加利亚、君士坦丁堡正教会，于1922年成为自主教会，曾在1967年遭到禁止，直到1990年才恢复活动。

9. 保加利亚正教会：9世纪成为其国教会，19世纪曾被君士坦丁堡正教会宣布为"裂教"，但1945年时取消此说。

10. 捷克斯洛伐克正教会：9世纪传入，1951年时成为自主教会。

11. 波兰正教会：10世纪传入，于1385年被天主教取代，18世纪末因部分地区并入俄罗斯而恢复，1948年时成为自主教会。

12. 塞尔维亚正教会：南斯拉夫最大的教会，9世纪建立，13世纪时发展为自主教会，14世纪时升为牧首区。1459年，塞尔维亚沦为奥斯曼土耳其的一个省，其东正教与伊斯兰教形成张力，该东正教会的牧首衔在15、18世纪两次被废，但最终在1879年重新获得自主权利，于1919年组成其统一教会。该地区的特点是信仰多种宗教的多个民族混居：如克罗地亚族、斯洛文尼亚族人从7世纪起接受天主教，塞尔维亚族和马其顿人大多从9世纪起信奉东正教，而黑山族、波斯尼亚族、阿尔巴尼亚族则因长期受奥斯曼帝国统治的影响而信仰伊斯兰教。这样，其总人口的60%为东正教徒、10%为天主教徒、约19%为穆斯林（克罗地亚独立前东正教占40%，天主教占30%）。民族宗教问题的复杂交织使该地区很不稳定，有巴尔干"火药桶"之称。其当代发展经历了1992年的波黑战争，1997年至 1999 年的科索沃危机，由此导致国家分裂。至 2006 年黑山共和国宣布独立，南斯拉夫联盟不复存在。

13. 罗马尼亚正教会：其信徒近 2000 万人，是仅次于俄罗斯正教会的第二大正教会。东正教于 9 世纪传入罗马尼亚，于 1865 年成为自主教会，现有信徒占罗马尼亚总人口的 72%，其牧首在 1930 年前后曾担任政府总理。历史上，罗马尼亚正教与天主教关系紧张，罗马尼亚于 1948 年曾中断与罗马教廷的关系，将天主教强行并入东正教，直到 1990 年与梵蒂冈复交，才撤销合并天主教的决定。

（新教在原罗马尼亚为少数派，以归正宗信徒最多，1989 年匈牙利归正宗牧师托克斯被捕事件，最终导致齐奥塞斯库夫妇被处死，政权更迭。）

14. 美国正教会：18 世纪末传入，最早为俄罗斯正教会在阿拉斯加的发展。1867 年俄国将阿拉斯加卖给美国，形成正教在美国的发展，并于 1970 年成为自主教会。

15. 乌克兰正教会：源自 988 年基辅罗斯大公受洗，1689 年时归属莫斯科牧首区，1919 年曾成立自主教会，但于 1930 年遭解散，其教会于 1942 年再次提出独立要求，却又遭否决。1944 年，主张自主的教会领导人逃往国外，在美国建立其自主教会。苏东剧变期间，该教会于 1989 年重提其自主问题，并于 1992 年达成其国外和国内教会的合并，成立基辅牧首区，并宣布脱离俄罗斯正教会，但不被后者所承认，从而形成复杂局面。

16. 俄罗斯正教会：东正教最大的自主教会，也是俄罗斯最大的宗教组织。始于 988 年"罗斯受洗"。拜占庭帝国灭亡后，东正教所在东方各国受土耳其统治，俄罗斯正教会开始崛起，莫斯科曾有"第三罗马"之说。俄罗斯正教于 1589 年成立牧首区，1653—1665 年经历了尼康改革。但此后教会一度与沙皇冲突，结果导致彼得一世于 1721 年取消牧首制，成立主教公会。1917 年十月革命后，东正教不再为国教，但牧首制恢复。1941 年，教会积极号召人们参加苏联卫国战争，从而与政府改善关系。1988 年，东正教纪念教会传入俄罗斯一千周年，形成新的发展。1991 年底苏联解体后，东正教的社会影响扩大。当叶利钦与原俄罗斯议会对抗时，东正教曾起过调解人作用，促成双方的谈判。2009 年 2 月 1 日，新牧首基里尔（原俄正教外联部主任，1999 年 5 月曾访华，1999 年曾去科索沃斡旋，2007 年参加"俄中友好年"组委会。）登基，中国宗教事务局原局长叶小文出席祝圣典礼，与基里尔长谈一个多小时。显然，新牧首将会关注中国东正教的当代发展（如在东北、新疆、内蒙古等地）问题。

3 个自治正教会的情况则比较简单，包括受耶路撒冷正教会牧首管辖的西奈正教会，受君士坦丁堡正教会牧首管辖的芬兰正教会，以及受俄罗斯正教会牧首管辖的日本正教会。

（三）新教

按其原意为"抗议宗"或"抗罗宗"，源自德文"抗议者"（Protestanten）。德皇查理五世于 1529 年在斯拜尔召开帝国议会，要恢复天主教特权；同年 4 月 6 日，支持路德宗教改革的诸侯对此表示"抗议"，由此自宗教改革运动而产生的新教便被称为"抗议宗"。新教在中国目前已被习称为"基督教"，历史上曾被称为"更正教"、"耶稣教"。学术界亦用"基督新教"来表述，指 16 世纪从欧洲宗教改革中产生的基督教各教派。

欧洲宗教改革运动主要包括德国宗教改革、瑞士宗教改革和英国宗教改革。

1. 德国宗教改革

1517 年 10 月 31 日，马丁·路德贴出反对教皇特使销售赎罪券的《九十五条论纲》，开始宗教改革。1521 年，路德被判为异端，但受到萨克森选侯保护，形成新教。1525 年，路德与修女迦他林波娜结婚，开创新教圣职人员可以结婚的先例。因路德强调因信称义，其教派故有"信义宗"（或"路德宗"）之称。

自德国宗教改革运动以来，先后爆发了闵采尔领导的德国农民起义（1524—1525），新教诸侯士马尔卡登联盟与天主教诸侯士瓦本联盟之间的德国内战（1531—1547）、新教诸侯反对德皇查理的战争（1552—1555）、新教联盟反对德意志—天主教联盟之间的战争（1608—1635）以及由此导致的欧洲"三十年战争"（1618—1648）等。

2. 瑞士宗教改革

最初由茨温利（1484—1531）在苏黎世和日内瓦兴起宗教改革，导致"卡迈尔战争"（1529—1531）和茨温利阵亡；此后法国人加尔文于 1535

年来到巴塞尔，于 1540 年在日内瓦取得宗教改革的成功，曾建立政教合一的共和政权。因加尔文改革主张"长老制"教会，其教派故有"长老宗"之称（其"改革"reformed 亦译为"归正"，故又有"归正宗"或"加尔文宗"之称）。其提出"谋事在人、成事在天"的预定论思想，主张在俗世间"禁欲"，形成"清教伦理"与资本主义精神的关联。

加尔文宗教改革后，在荷兰于 1581 年导致欧洲第一个资产阶级共和国的成立，在法国形成"胡格诺派"，经历过"胡格诺战争"（1562—1598）。其教义在 16 世纪中叶影响到英国国教会（圣公会）内部的改革，导致"清教革命"（英国资产阶级革命）；在苏格兰则因诺克斯的倡导而于 1567 年被苏格兰国会定为国教。

3. 英国宗教改革

英国的宗教改革由国王亨利八世自上而下来兴起。他于 1533 年与教皇决裂，自行任命坎特伯雷大主教，剥夺天主教教产，镇压不服从的天主教人士和神职人员，并在 1534 年让国会通过《至尊法案》，宣布国王为英国教会最高元首，由此建立起英国国教会（亦称"圣公会"或"安立甘宗"）。

16 世纪中叶，英国国教会内部又出现改革运动，因其主张清除教会内部天主教旧制的影响而称为"清教"，并形成温和、激进两派，温和派形成"长老派"，激进派形成"独立派"（或"分离派"，坚持政教分离）。此后激进派因受到迫害而流亡荷兰，1620 年开始移居北美，乘"五月花"号船横渡大西洋，形成北美"新教"为主的传统。在英国的清教徒曾促成了 17 世纪英国资产阶级革命，涌现出弥尔顿、班扬等著名作家。清教徒因与国教分裂而成为"不从国教者"。

新教形成了多教派的发展，与天主教的"大一统"形成鲜明对照。新教教派主要按照其宗教改革的地域特色而形成路德宗、加尔文宗和安立甘宗，各自进而分为更多的教派，如路德宗包括路德会、信义会、虔敬派、福音教会、独立路德教会、老路德教会等；加尔文宗包括长老会、归正会、苏格兰长老会、基督会、福音归正教会、老归正教会等；清教又包括公理宗、浸礼宗、友爱会、第五王国派等教派；安立甘宗则包括皮由兹派、书册派、高教会派、低教会派、普林第斯兄弟会等，其中的卫斯理宗

（循道宗）进而分为卫理公会、监理公会、美以美会、循道公会、圣道公会等。此外，新教还分化有其他一些独立教派，如莫拉维亚弟兄会、神体一位论、贵格宗、基督复临派、基督复临安息日会、耶和华见证人、救世军、基督教科学派等。在新教的当代发展中，较为活跃的教派则有福音派、新基督教右翼、五旬节派、灵恩派等。这种教派林立、不断分化的传统就形成了今日世界新教分中有合、合中有分的复杂局面。

三 伊斯兰教的发展传播及相关国际冲突的历史与现状

610 年，伊斯兰教由穆罕默德在阿拉伯半岛的麦加所开创，因当地宗教矛盾激化，穆罕默德于 622 年离开麦加去麦地那，史称"希吉拉"（即伊斯兰教历元年）。经过多年征战，至 630 年时，半岛各部落基本上都皈依了伊斯兰教。于是，穆罕默德在 632 年到麦加发表"辞朝"，宣告伊斯兰教的胜利。

穆罕默德逝世后，进入"四大哈里发"（632—661）时代，"哈里发"意即"继承者"，包括阿布·伯克尔、欧麦尔、奥斯曼、阿里。此间在麦地那建立的穆斯林社团"乌玛"分裂，形成不同教派。其中最大教派是"逊尼派"，意指遵守"逊奈"（圣训：穆罕默德言行录）者，自称"正统派"，承认"四大哈里发"传系的"正统"。680 年后，阿里（穆罕默德的堂弟和女婿）的追随者只承认阿里才是合法继承人，形成"什叶派"（意指"追随者"）。1502 年波斯国王将"什叶派"定为国教，延续为今天的伊朗什叶派传统。由此，就有了伊斯兰教的阿拉伯文明和波斯文明。

自欧麦尔（634—644）执政时期始，"伊斯兰教革命"带来了迅猛的对外扩张，尤其在以大马士革为中心的倭马亚王朝，从 661—750 年，西进的穆斯林军队到了埃及、利比亚、突尼斯、阿尔及利亚、西班牙（利比里亚半岛）、法国，直至 732 年法国查理·玛特的军队在法国西南部图尔城附近打败穆斯林军队，才迫使其从法国撤出。而伊斯兰教对西班牙的占领直至 15 世纪末才结束，西班牙以"再征服"（列康吉斯达）来表达其从穆斯林手中收获失地。东扩的穆斯林军队则到了巴勒斯坦、叙利亚、伊拉克、波斯，把东罗马帝国的许多地区归入其版图，包括对耶路撒冷的占领，并灭掉了波斯萨珊王朝。其东南之行到了印度、阿富汗和中国西部，使我国新疆地区原来信奉佛教、摩尼教的一些民族最终皈依了伊斯兰教。这样，就形成了地跨亚、非、欧三洲的阿拉伯帝国。但自奥斯曼被刺后，穆斯林内部也开始内战，形成分裂。750 年，阿拔斯王朝建立，以巴格达为中心。至 1055 年，塞尔柱突厥人又推翻了阿拔斯王朝。

　　穆斯林对"圣地"耶路撒冷的占领和统治引起了西方基督教世界的震惊。西欧天主教先后组织了八次"十字军"东征，但都先后失败。第一次十字军东征曾于 1099 年攻陷耶路撒冷，建立耶路撒冷王国，但 1187 年萨拉丁带领穆斯林军队打败并俘虏耶路撒冷国王和圣殿骑士团团长，占领耶路撒冷，后又于 1189 年打败了第三次十字军东征。随着十字军东征的失败（1291），奥斯曼帝国正式建立（1290—1922），以逊尼派伊斯兰教为正统，并于 1453 年灭掉原来东罗马的拜占庭帝国，于 16 世纪占领了伊拉克地区。此前 13 世纪蒙古人西征，曾于 1258 年攻陷巴格达，使当地长期处于分裂割据之状。但西征的蒙古人也有许多皈依了伊斯兰教，如今东北高加索地区、车臣等地的鞑靼人，即为信奉了伊斯兰教的蒙古人后裔。在与奥斯曼帝国的争斗中，波斯的萨非帝国于 1502 年建立，以什叶派为国教，并将此信仰延续下来。但在 19 世纪中叶爆发的巴布教派运动则从其内部分化出巴哈伊教，该教因在波斯遭排斥而向外发展，形成当代新兴宗教。此外，1526 年在印度北部建立了莫卧儿帝国，以逊尼派伊斯兰教为正统。这样，在 16 世纪已形成伊斯兰世界奥斯曼、萨非和莫卧儿这三大帝国并存的地域"板块"。

　　自 16 世纪以来，随着西方宗教改革、近代工业革命的发展、殖民扩张和帝国主义霸权的形成，伊斯兰与西方的较量亦开始处于劣势，其世界的影响减少。在奥斯曼帝国的近代发展中，1571 年，其海上军事力量被西班牙、威尼斯联合舰队打败。1687 年，奥地利、波兰和萨克森联军打败包围维也纳的奥斯曼军队，穆斯林的政治、军事影响被迫退出西方各地。1774 年，俄罗斯军队又大败奥斯曼军队。至 1922 年，奥斯曼帝国被推翻，次年成立起土耳其共和国。在波斯，萨非王朝亦于 1736 年被取消。而在印度，莫卧儿帝国也于 1857 年被英国殖民主义者的统治所取代。

　　随着这种衰落，伊斯兰教世界于 17 世纪起逐渐兴起改革和复兴思潮。18 世纪中叶，阿拉伯半岛出现"瓦哈比"（瓦哈布倡导的"清净教"）运动，后以从事"圣战"来实行现代改革。此后涌现的"激端主义"亦强调"圣战"。此外，新苏菲教团也相继出现。19 世纪，阿富汗尼提出了"泛伊斯兰主义"思想，在苏丹则出现"马赫迪"运动。进入 20 世纪之后，各宗教与伊斯兰教的冲突加剧，其中亦包含复杂的政治因素。例如：在"中东战争"中，耶路撒冷老城落入犹太人手中，在"圣殿"遗址上的著名阿克萨清真寺于 1969 年一度被烧毁；1979 年，伊朗什叶派领袖霍梅尼领导伊斯兰革命，推翻巴列维国王统治；1979—1988 年，苏联入侵阿富汗时期，"圣战者"不断涌现。1980—1988 年，两伊战争爆发；1990 年，伊拉克武力占领科威特，随之 1991 年爆发海湾战争；美国于 1998 年底发动"沙漠之狐"军事行动，直至 2003 年出兵占领伊拉克，推翻萨达姆政权。

　　与之相对应，伊斯兰教内部的极端主义、保守主义、恐怖主义等极端思潮也开始出头露面。例如，1989 年拉什迪的《撒旦诗篇》受到谴责，伊朗伊斯兰教领袖对之发出了追杀令；1991 年海湾战争后，本·拉登组织"基地"，训练恐怖分子，并将他们派到世界敏感地区从事恐怖活动，于 2001 年制造了"9·11"事件，使国际恐怖主义升级。

　　在阿以冲突中，阿拉法特曾强调"决心建立以耶路撒冷为首都的巴勒斯坦国"，与以色列的主张针锋相对。阿拉法特去世后，主张坚决抵抗以色列的哈马斯在加沙地区赢得大选。而在 2006 年以黎冲突时，什叶派的黎真主党在国内获得近 90% 的支持，其总书记纳斯鲁拉一度成为新闻人物，被许多阿拉伯人视为英雄。在 2009 年初，以色列军队又进入加沙，实施对哈马斯的猛烈打击。当这些穆斯林不能以常规方式与西方势力和以色列军力相抗衡时，则出现了"恐怖主义"的加剧、"人肉炸弹"的滥用，加剧了世界不稳定的因素。

四　印度文明与古婆罗门教的发展兴衰

　　在位于"恒河流域"的"印度文明"中也充满了宗教发展的活跃，先后产生了具有"神秘主义"特征的吠陀宗教、古婆罗门教、印度教（新婆罗门教)、佛教、耆那教以及此后的锡克教等。

追溯其历史则可发现，早在前 3000 年就已出现了"印度河文明"（哈拉帕文化），到前 1500 年，雅利安人进入恒河流域，则出现了"吠陀文明"。从人类学意义来看，雅利安人在连接欧洲人和亚洲人上有着特殊的意义，由此亦意味着两种不同文明的远古关联。约前 20—前 15 世纪时，当地的"吠陀教"逐渐形成，此为古代印度第一个有文字记载的宗教。所谓"吠陀"原意为"明"（知识）论，包括《梨俱吠陀》（《赞诵明论》）、《耶柔吠陀》（《祭祀明论》）、《娑摩吠陀》（《歌咏明论》）、《阿闼婆吠陀》（《禳灾明论》），其宗教信仰的特点是，把重要的自然现象作为人格化的神来崇拜，于是就形成了其精神视阈中的"三界观"，即天界、空界、地界。

约前 11—前 10 世纪，印度社会形成了四种姓，指婆罗门（祭司）、刹帝利（王族、武士）、吠舍（农民、商人）和首陀罗（平民、奴隶）这四个社会阶层。四种姓之外则为"贱民"，称为旃陀罗或"达利特"。四种姓中的最高种姓"婆罗门"将吠陀教发展为"婆罗门教"，强调"吠陀天启、祭祀万能、婆罗门至上"。此即古婆罗门教的诞生。

此间于前 10 世纪出现"梵书"（婆罗门书），其内容关涉祭祀、赞歌、祭祠、咒术等。到了前 8 世纪，其宗教中又出现了"奥义书"（意即"近坐书"，指师徒对坐传授知识）和"吠檀多"（意即吠陀的"终结"或"最高境界"）理论，表明其宗教认知体系得以深化。例如，《奥义书》提出了"梵我一如"（神我合一）的思想，在区分"梵"（梵天：神、大我）与"我"（人，小我）的同时，亦认识到其整体统一的可能性，这种认知在其哲学和神学上各有自己相应的说法和解释。其中在哲学上"梵"指真（存在）、知（识）、乐（圆满）三本（本质）一体，在神学上则有"梵天"（创造神，红色）、"湿婆"（毁灭神、黑色）、"毗湿奴"（护持神、白色）三神一体——二者对应独到，相映成趣。

前 6—前 5 世纪，印度出现与婆罗门思潮对立的"沙门"思潮（自由思想及其派别），此后于前 4—前 2 世纪导致古婆罗门教的衰落。4 世纪以来，婆罗门教以其"多元宽容"模式而达其复兴和繁荣，体现出对佛教、耆那教、古希腊和罗马宗教的吸纳和融合，产生了著名史诗《摩诃婆罗多》（包括《薄伽梵歌》）、《罗摩衍那》，神话文集《往世书》等。这样，古婆罗门教达成了向印度教（新婆罗门教）的发展。

五　印度教的发展传播及相关冲突的历史与现状

印度教为印度从中世纪发展到现代的主要宗教，在民族文化和政治意义上为大多数印度人确立了"印度教特性"。受古婆罗门教的影响，印度教讲究沉思、修行：印度教的"瑜伽"（原意指给牛马"套上装具"，引申为联系、结合，以达"梵我一如"）、"禅定"被视为瑜伽修持术的一个部分。"禅"（禅定）指"静虑"，后来对佛教修行产生重要影响。6、7世纪，印度教中出现"密教"，以咒术、仪礼、俗信为特点，并流行女神崇拜。至8世纪，商羯罗等人实行对印度教的改革，提高了其哲学理论水平，推动了其在社会的发展。

8世纪初（712年）阿拉伯人传入伊斯兰教。16世纪（1526年）莫卧儿王朝在印度建立，穆斯林占据统治地位。随着伊斯兰教的传入，自11世纪起出现印度教与伊斯兰教的融合，其中诗人迦比尔影响广远，他的学生那纳克于16世纪初创立了综合二教的一个全新宗教"锡克教"，强调"没有印度教徒、没有穆斯林"，"我所选定的是神的道路"。

19世纪中叶，印度沦为英国殖民地，印度人的民族意识被唤醒，印度教亦出现其近现代复兴，在社会组织形式上则是涌现出多种"梵社"和"圣社"。例如，1828年，罗易创立"梵天斋会"，批判寡妇自焚等陋习，也反对多神崇拜。1843年，"梵社"成立，罗易的继承人泰戈尔（诺贝尔文学奖得主泰戈尔的父亲）将之建成正规组织，有布道人员，并设"梵天仪式"。1875年，萨拉斯瓦提在孟买成立"圣社"，旨在"灵魂救助"，劝改信基督教的原印度教徒回归印度教，被称为"有组织的印度教"或"极端主义运动"。

1915年，提拉克在加尔各答成立"印度教大会"，实质为印度教政党。其首领沙韦卡尔于1923年出版《印度教特性：谁是印度教徒？》一书，指出"印度教徒因为宗教的、种族的、文化的和历史的亲缘关系，结合为一个同质的国家"。于此，印度教与印度政治的交织终于显现出来。这种对"印度教特性"的强调，标志着印度教民族主义思想的抬头，使印度教徒与穆斯林、锡克教徒的关系不断恶化。

1925 年，海德格瓦创立"印度国民志愿团"，主张以激进方式反对英国殖民统治和穆斯林，形成印度教沙文主义；直至 1977 年，该组织才允许非印度教徒参加。

1980 年，印度人民党成立，于 1989 年提出以"印度教特性"为全党的指导思想，强调"印度从本质上说是一个印度教国家"，主张"一个国家，一种人民，一个民族"，并称此为"文化民族主义"，"积极的世俗主义"。这种主张在印度社会被视为"多数人的极端主义"。印度的穆斯林、"贱民"则将这种主张批评为"婆罗门的法西斯主义"。1998—2004 年间，人民党执政，突出了印度教民族主义的政策。印度国大党（国民大会党，1885 年成立）虽然主张印度社会的"世俗性"发展，但其成员也主要由印度教徒组成，其领袖如提拉克、高斯、甘地等也坚持宣传印度教信仰，并在保护神牛、推广印地语和梵文字母等举措上具体体现出来。

在印度教的发展中，其面临的重大挑战之一就是与传入印度的伊斯兰教的关系问题。这一问题的复杂性以及处理的难度在历史上曾引起过二者的冲突，在现代则成为印巴分治的主要原因之一。

7、8 世纪，伊斯兰教传入印度次大陆，随之从西部、北部传开。从 1000—1025 年，穆斯林军队对印度进行了 17 次征战；在 12、13 世纪，土耳其人以 1.2 万之众打败人数占优势的印度教王公，由此使伊斯兰教传遍整个北印度，14 世纪时已扩展到全印度。在德里苏丹时期（1206—1526）和莫卧儿王朝（1526—1857），伊斯兰教曾被穆斯林统治者立为国教，在其 500 多年的统治中，整个南亚次大陆、尤其是北部经历了伊斯兰教化的过程，使约三分之一的印度人皈依了伊斯兰教，基本形成了当今巴基斯坦穆斯林占全国总人口 97%、孟加拉国穆斯林占全国总人口 80% 的格局。而印度的穆斯林在 2001 年人口普查时的人数为 1.3 亿人，从而使印度仅次于印尼而成为目前世界上穆斯林人数位居第二的国家。

8 世纪时，伊斯兰教开始进入克什米尔地区，但直至 14 世纪中叶，克什米尔仍以印度教为主。13、14 世纪，当地出现称为"瑞西运动"的伊斯兰苏菲运动，并以"瑞西兄弟会"的形式代代相传，由此形成克什米尔伊斯兰教占多数的局势。至 15 世纪末 16 世纪初，仅剩下 8000 个婆罗门家庭为印度教徒，其余大部分人则已经成为穆斯林，当地甚至以波斯语替代梵文而成为官方语言。

在穆斯林对印度统治时期，奥朗则布（1658—1707 在位）曾实施"扩张伊斯兰教、革除异教"政策，由此引发了 1669 年印度教徒的起义。此后在 1679—1708 年间又爆发战争，而锡克教也对之进行了武装反抗。

1803 年，英国人在德里建立统治，影响扩大。为此，穆斯林领袖阿齐兹宣布，处于非穆斯林统治下的地区已经成为"达尔—哈布"（战争之地）。1826 年，巴勒维开始组织"圣战"，但于 1831 年失败被杀，此后其追随者于 1858 年参加印度民族大起义，但遭到英国人镇压。随着莫卧儿皇帝被废除，印度次大陆结束了被穆斯林统治的历史，进入受英国殖民统治的时期。

1867，被英国统治的印度开始出现伊斯兰"复兴主义"运动，一群"乌里玛"（人群，尤指研习伊斯兰教法者）在德里附近建立经学院，提出"回到传统"的口号。1906 年，"全印穆斯林联盟"成立，后因与国大党达不成分享政权的妥协，遂提出建立巴基斯坦独立国家的要求。1919 年，"印度乌里玛党"成立，形成"温和的原教旨主义"。1941 年，其创始人毛杜迪又创立"伊斯兰促进会"。他曾讲演上千次，出版 120 部著作，与埃及"穆斯林兄弟会"的库特布、伊朗什叶派领袖霍梅尼同被视为"当代伊斯兰极端主义三大理论家"。他宣称"没有伊斯兰革命，就没有伊斯兰国家"。从此，宗教及政治的矛盾、冲突在近现代印度不断加剧、升级。

1947 年，英国在印度次大陆实行印巴分治，冲突四起，更全面地反映出政治、文化、民族、宗教矛盾的交织。一方面，印度政治主流主张选择世俗国家的道路，以避免宗教冲突。尼赫鲁认为，影响印度团结统一的首要问题是印度教徒与穆斯林的关系问题，他主张"在宗教的故乡建立一个世俗国家"。另一方面，巴基斯坦的创立者真纳则要求成立单独的穆斯林国家。1947 年 8 月 14 日，当巴基斯坦宣告为伊斯兰国家后，出现了不同宗教徒大迁徙的局面：1947 年 8 月至 1948 年 3 月，约 480 万印度教徒从西巴基斯坦移民印度，约 600 万穆斯林移居巴基斯坦；1950 年至 1952 年 10 月，约 93 万印度教徒从东巴基斯坦迁往印度，约 38 万穆斯林从印度迁往东巴基斯坦。1971 年巴基斯坦与孟加拉人的内战使其丢失东巴基斯坦，孟加拉国成立。

印巴分治后，在巴基斯坦留居的一些印度教徒遭到屠杀，印度教极端组织开始敌视在印度的穆斯林，出现清真寺被毁、信徒被杀的事件，给留居印度的穆斯林带来压力和威胁。从 1941 年到 1951 年，德里的穆斯林人口即从 33.3% 下降到 5.7%。

尼赫鲁反对印度教派设立国教的立场，也主张不把穆斯林占多数的克什米尔完全划归给巴基斯坦。印巴因为克什米尔问题发生过三次战争（1947、1965、1999），导致 6 万多人死亡，形成克什米尔长期的教派冲突和武装骚乱。

在印度南部泰米尔纳杜邦，1981 年出现"贱民"集体改信伊斯兰教事件，在印度教占主流的印度视此为"全国性的宗教政治丑闻"。1992 年，印度北方邦阿约迪亚的巴布里清真寺被毁，当地印度教徒要在其地基上"重建"印度教大神罗摩的神庙，这一宗教场所因而成为"有争议的建筑"。

2002 年 3 月，古吉拉特邦爆发印度教徒与穆斯林的冲突，它后来发展为"大量屠杀穆斯林"的"种族清洗"，其中多有政治的因素，故而亦被媒体视为"宗教绑架政治"之举。而主张维护印度教的政治家却往往因此而取得政治上的胜利。对于同一事件的评价，往往因立场、身份、处境的不同而迥异，很难形成比较统一的共识。

这种冤冤相报导致古吉拉特、孟买等地的恐怖事件和暴力报复，一些大学毕业生、工程师、医生和工商管理人士亦卷入了恐怖活动。在印度教强、穆斯林弱的处境下，也出现了"跨境恐怖主义"，即外国极端的伊斯兰组织与印度极端穆斯林支持者结合。2008 年 11 月在孟买发生的泰姬饭店等恐怖袭击事件，即属于这种类型，并进而导致印巴关系的再次紧张。

2005 年 3 月，印度政府曾委托大法官桑奇组织七人委员会，研究印度穆斯林团体的社会、经济、教育状况，并于 2006 年 11 月公布《桑奇报告》。这是印度独立以来首份对其穆斯林团体的系统报告。总之，印度教与伊斯兰教的矛盾冲突，因为与民族、政治、历史因素的交织而变得扑朔迷离、错综复杂，加剧了印度社会的不稳定。

六 佛教的发展传播及在印度的现代复兴

佛教是约前6世纪印度"沙门思潮"兴起时的产物，当时的革新思潮主要有如下五个派别：一为"顺世论"，其理论主要是提出生物由地、水、风、火"四大"和合而生，主张种姓平等，"现世涅槃"。二为"佛教"，由释迦牟尼（生于古印度迦毗罗卫的王子，其地理位置在今天尼泊尔南部与印度交界处）创立，主张"觉悟"成"佛"，所谓"佛"即表明了一种"觉悟"的智慧，佛陀乃"觉者"："觉有情，道众生"，而"成佛"即"觉悟"。"觉"指瞬间而达澄明，"悟"则为经过琢磨、思考这一理解过程而获得领悟。三为"耆那教"，耆那教的"耆那"即指"胜利者"、"完成修行的人"，这一宗教故被称为"胜利者的宗教"。其创始人筏驮摩那被称为当时的"六师"之一，尊为"大雄"（意为勇士，一切无畏）。该教经八次分裂，形成了"白衣派"和"裸体派"，8—12世纪在南印度局部地区有较大发展。自12世纪以来受到印度教、伊斯兰教的打压，遂转入分散、地下的活动。它在15—18世纪曾以一系列改革来维系该教的存在。目前该教为印度非正统宗教之一。四为"生活派"，主张"严守生活法规"，但多流行宿命论思想。五为"不可知论派"，因其理论含糊、不明朗而被视为"难以捕捉的鳝鱼学说"。在这五大"沙门思潮"中，以佛教流传最为悠久、广远，影响最为深刻、持久。

（一）部派佛教

前4—前3世纪，佛教从恒河流域传到印度次大陆的大部分地区。在传播过程中，佛教为适应各地情况而发生变化，形成了"部派佛教"。最初分为"上座部"和"大众部"，进而分化为约20个或18个"部派"。按照北传佛教《异部宗轮论》所载有如下20个部派：

大众部：一说部、出世部、鸡胤部、多闻部、说假部、制多山部、西山部、北山部

上座部：说一切有部：犊子部（法上部、贤胄部、正量部、密林山部）、化地部、饮光部、说经部

雪山部

根据南传佛教《大史》、《岛史》所载则为如下 18 个部派：

大众部：鸡胤部、一说部、制多山部、多闻部、说假部

上座部：化地部：说一切有部（饮光部、说转部、说经部）、法藏部

犊子部：法上部、贤胄部、密林山部、正量部

在阿育王时期（前 272—前 242 在位），佛教曾经达到鼎盛；此后佛教在印度则走向衰落。

（二）大乘佛教

公元 1 世纪前后，从部派佛教中分化出修"大乘"、"菩萨道"的大乘运动。所谓"乘"指"运载"、"道路"，因其主张"普度众生"之"大载"、"大道"而自称为"大乘"，由此则称旨在"自我拯救"的"部派佛教"为"小乘"。"小乘"不是自称，其自称一般用"上座部佛教"。

大乘佛教后来发展出"中观派"（空宗）和"瑜伽行派"（有宗）。其中"中观派"以 2、3 世纪的龙树为代表，追求证悟"最高真理"，提倡"空"或"中道"；"瑜伽行派"则以 4、5 世纪的无著、世亲为代表，强调空有结合、万法唯"识"（精神总体）。

在比较宗教研究中有所谓基督教受"大乘佛教"影响之说，认为《薄维摩诃往世书》等记载有"耶稣曾在印度生活过"。德国人凯斯顿在《耶稣在印度》一书中说耶稣 14 岁时随商人到印度辛德，先在耆那教中稍事休整，随之到贾尔加纳特学习婆罗门圣典，然后又到尼泊尔学习佛法 6 年，最后才回到故乡传教，所以《圣经》对耶稣的这段历史没有记载；而且耶稣在被钉十字架复活之后又潜往克什米尔，在那儿活到一百岁后去世，其墓地或许就在斯利那加，等等。这类说法还包括说西藏喇嘛信耶稣为莲花生的化身，另说耶稣为佛祖第 14 位高徒的化现，以佛教教义改造犹太教而形成基督教等。经佛教学者和基督教学者的研究和考证，上述说法显然缺乏历史证据和史料依据。这使我们联想起在不同宗教交往时会出现的比高比低、比先比后的竞争情况，如针对佛教最初传入中国后的发展态势，道教方面就曾有人（晋道士王浮）编出《老子化胡经》，论证"老子入夷狄为浮屠"之说，旨在说明道教乃先于佛教，佛教是老子出函谷关入西域后

所传，即"化胡成佛，以佛为道教弟子"等。这些天方夜谭式的描述揭示了不同宗教在最初接触、交往时的不平等、不平和心态。随着宗教对话的深入，这种心态则逐渐被克服，彼此的看法也趋于平等。当然，公元初耶稣十二门徒之一的多马来印度传教对印度教会发展确有影响，形成了印度古老教会圣多马派（马拉巴派）。

（三）密教

密教于6—7世纪由大乘佛教、印度教和民间信仰混合而成，主要特点为推崇咒术密法（语密、身密、意密）；其发展演变经历了从"杂密"经"纯密"到"右道密教"（以《大日经》为代表）和"左道密教"（以《金刚顶经》为代表），以及至"金刚乘"、"俱生乘"（11、12世纪为繁荣期）的发展。

12世纪以后，随着伊斯兰教在印度的扩展，佛教在印度基本上消亡。

（四）佛教的传播

佛教虽然在其诞生的本土趋于衰落，但其外传却大获成功。佛教的传播主要包括其"南传"和"北传"，以及近现代在欧美等地区的"西传"。

1. 南传佛教：这一传播方向使上座部佛教先后传入斯里兰卡、缅甸、泰国、柬埔寨、老挝、印尼、中国云南（称"上座部佛教"、"巴利语系佛教"）。

2. 北传佛教：这一传播方向则主要为大乘佛教的传播，其传播路线有两条：一为经阿富汗等西域地区而传入中国，从中国再传入朝鲜、日本、越南等地。中国佛教约于公元前后（前2年，西汉哀帝元寿元年）传入，隋唐时形成"八宗"：天台宗、三论宗、华严宗、唯识宗、禅宗、律宗、净土宗、密宗。二为经尼泊尔传入中国西藏等地区，进而传入蒙古、西伯利亚地区，此即藏传佛教。历史上藏传佛教与汉地佛教其实有着非常密切的关联，近代以来随着英国对西藏地区的染指以及20世纪50年代十四世达赖出逃后引起的所谓"西藏问题"，藏传佛教开始吸引西方社会的"特别关注"。当然，对于多少已厌倦都市生活的西方民众来说，西藏也多少成为他们所向往的纯洁之地、梦幻之乡、神秘之处。1933年英国作家希尔顿发表小说《消失的地平线》引起轰动，其改拍的电影更是风靡一时，从此"香格里拉"成为"世外桃源"的代名词。1957 年，印度将喜马拉雅山下的巴尔蒂斯坦镇宣布为"香格里拉"，此后尼泊尔也宣布其境内木斯塘为"香格里拉"。马来西亚华人郭鹤年在新加坡创建以"香格里拉"命名的五星级酒店，形成全球性的连锁发展。1997 年 9 月 14 日，云南省宣布藏族传说中的"香巴拉王国"即香格里拉迪庆，形成新的旅游品牌，影响广远。这些"民意"显然也吸引了人们对藏传佛教的兴趣。

3. 佛教对欧美地区的传播：这种佛教的所谓"西传"始于 19 世纪末。随着东方佛教经典在西方的引入、翻译，西方人开始关注佛教，并有少部分人皈依了佛教。其在西方的早期传播以欧美国家为主，如于 1899 年传入美国、1906 年传入英国，1913 年传入德国、1929 年传入法国等。西方许多地方也建立起了佛教寺院。

（五）佛教在印度的现代复兴

19 世纪后期，佛教在印度开始复苏。1875 年，缅甸明顿王对释迦成道处的大菩提寺加以修葺。此后外国佛教徒在孟买、马德拉斯等地修建了佛寺。1956 年，为纪念佛陀涅槃 2500 年，印度司法部长安培克等人发起"贱民"集体改宗佛教运动，约 50 万至 100 万人改信佛教，引起印度社会的轰动。1957 年，佛教政党"共和党"成立。1968 年，"全印佛教徒会议"在孟买召开。现代佛教在印度被视为"贱民的宗教"，主要在其社会低层发展，现有佛教徒约 800 万人，占印度总人口的约 0.8%，为印度第五大宗教。

七　锡克教的发展传播及相关冲突的历史与现状

锡克教名称中的"锡克"意为"门徒"、"追随者"。锡克教的领袖被尊为"古鲁"（祖师），"古"为"黑暗"，"鲁"指"光芒"，"古鲁"即"黑暗中的万丈光芒"。受洗的锡克教徒在名字中有"辛格"之称，意即"狮子"。16 世纪，随着立伊斯兰教为国教的莫卧儿王朝的建立，出现印度教与伊斯兰教的某种融合，锡克教即这两教结合的产物。其创始人那纳克将印度教的虔信派思想与伊斯兰教苏菲派的神秘主义因素相糅合，宣称"既无印度教徒，也无伊斯兰教徒"，"神只有一个，在神面前人人平等"。那纳克被尊为第一代祖师，创教旨归是想调和宗教矛盾与冲突，使各教殊途同归。其圣地为阿姆利则城的金庙，由第五代祖师创建，1588 年动工，1601 年落成，已成为锡克教的总部及其宗教、政治和文化中心。

自第五代祖师阿尔琼开始，锡克教卷入莫卧儿皇室纷争，阿尔琼被杀，由此结束锡克教和平发展时期。其第六代祖师哥宾德（1606—1645）为报父仇，将锡克教发展为一个武装的宗教。他提出"双剑"观念：一剑为父报仇，代表世俗权力；一剑要去摧毁伊斯兰教（穆罕默德）的神奇，代表精神权威。因而主张政教统一。此后由于莫卧儿帝国的强大，尤其是奥朗则布所要实施的穆斯林狂热主义打击异教的政策，使锡克教走向低潮。

从第十代祖师戈宾德推行改革以来，锡克教开始复兴，并由其神权政体发展为一个独立民族（锡克族），形成相关的社团组织，即锡克教公社"卡尔沙"。

18 世纪中叶以后，莫卧儿王朝衰落，波斯人和阿富汗人入侵印度。锡克教起来反抗阿富汗入侵者，并于 1765 年在旁遮普宣布独立。至 1839 年时，已发展为北至白沙瓦、东达拉达克的锡克教帝国。在这一历史进程中，锡克教发展出"殉难"观念，尤其以阿姆利则锡克教学校创始人迪普·辛格 18 世纪领导反抗阿富汗入侵、在保卫金庙时被杀的形象为标志：他"头被砍断，却用一只手捧着头，另一手持剑继续反抗入侵者"。这种形象为锡克人的反抗和自强留下了深刻印象。1845 年，英国人发动第一次锡克战争，锡克人割地求和；但于 1848 年起来反英，使英国以此为借口发动第二次锡克战争，并于 1849 年兼并旁遮普，废黜了锡克教神权政体。

20 世纪以来，锡克教兴起"阿卡利"（"永存"）运动，以非暴力不合作为方式，但遭镇压。此后遂出现"阿卡利狮子"组织，主张以暴抗暴，并采取恐怖主义的极端举措。以此形成的阿卡利党提出单独成立旁遮普省的要求，最初曾遭到印度政府的弹压，但印度政府于 1966 年被迫将该省分为以锡克教徒为主的旁遮普邦和以印度教徒为主的哈里亚纳邦。

自 20 世纪 70 年代之后，锡克教内部出现"极端主义"思潮，与政治上的独立主张相结合，造成了印度社会不稳定局面。1984 年，阿姆利则锡克教学校校长宾德拉瓦勒带人占据金庙，主张将旁遮普从印度分离出去，成立"卡利斯坦"独立锡克国家，出现动乱。1984 年 6 月，印度总理英·甘地批准采取"蓝星行动"，印度军队袭击金庙，宾德拉瓦勒被杀。在这次冲突中造成了 450 多名锡克教徒死亡。此后，该校学生组成的"全印锡克学生联合会"继续推行"纯洁的锡克人将要统治"的政治主张，从而将宗教运动变为极具宗教色彩的政治运动，其负责人甚至宣称"在锡克教里，宗教和政治是并行的，并且不可能分离"。同年 12 月 31 日，英·甘地在住地花园被其锡克卫兵刺杀，动乱加剧。在英·甘地被杀后，印度教徒采取报复行动，在动荡中又约有 3000 多锡克教徒被杀。这一矛盾此后也没有得到彻底解决，直至 1988 年，印度军队还对金庙实施了猛烈攻击。因此，印度教与锡克教构成了在印度政局中极为敏感的关系。

印度是一个多宗教、多民族的国度，许多社会问题也多以民族、宗教矛盾、冲突的方式表现出来，造成南亚次大陆局势的不断动荡。因此，印度各种宗教之间能否"多元宽容"，是决定其社会稳定的重要因素。

综上所述，我们可以说，在国际社会中，宗教有着深远的历史影响和深入的现实关联。宗教作为相关民族、社会的"文化自我"、"精神寄托"，以其信仰的力量而形成其国度或民族的"软实力"，直接影响到其社会稳定、团结和谐。因此，关注国际宗教问题及其与中国宗教存在发展的关联，必须要有"世界"眼光、"全球"意识，在处理宗教问题时认识到其"软实力"的意义与作用。我们应该正视国际宗教冲突频发这一事实，由此现实性地努力争取世界宗教之间的和平与和谐。针对中国宗教的现状及其可能受到的国际影响，我们应在坚持原则、捍卫主权的前提下，对宗教多加引导、疏导，争取化解矛盾而不是激化矛盾，多交朋友而不是人为树敌，从而有利于我国的平稳、和谐发展，贡献于世界的和平共处。

谢谢大家！

第五讲 全球化与多民族社会传统宗教文化所面临的诸问题

导论

　　"全球化"以其"普世化"、"国际化"和"跨文化化（或性）"而向世界各地多民族社会的"本土化"、"民族化"和"处境化"提出了全面挑战。现代科技带来的交通便捷、信息同步也打破了以往传统宗教、文化相对封闭、隔绝之态。这样，世界性的经济、政治、思想、文化大潮在"全球"性的涌动、渗透中几乎可以真正"遍及人间"，不留任何死角。而以往各民族、各地域之间交往因交通不便、信息闭塞而形成的其社会、民族、文化、宗教之"内涵式"发展则很难继续畅通，很有可能因受外界的强大影响而出现"外延式"发展之转型。所谓"文化保守主义"、"地方保护主义"虽会顽强抵抗，却在面对"门外青山如屋里，东家流水入西邻"的复杂局面时眼花缭乱、顾此失彼，其举措失当、无效则使其抗争往往成为"无可奈何花落去"的惨景和绝唱。由此而论，在高科技、信息化、网络时代人类彼此为邻的"地球村"，还能否保持田园诗般的宁静、世外桃源那样的超逸，还能否不受干扰地坚持故土、乡情依旧，已经是"全球化"这种貌似"大一统"格局给几千年来形成的民族社会之"多元"文化、宗教传统提出的问题。如何处理好"全球化"与"地域化"之间的关系及张力，正在考验着由多民族社会构成的人类生存智慧。是否选择，如何选择，对于各民族社会而言甚至有着"生存还是消亡"的严峻。对于在"全球化"进程中各民族社会的命运，其答案和结局或许是多种多样：积极者"领头走"，"识时务"者"跟着走"，而被动者则会被

"拖着走"！"弄潮"、"赶潮"，还是被潮水卷走？人们面对的选择不多，却不得不做出选择。恰如当前金融危机引发的全球经济危机给世人的启示：依传统走来，我们已陷入了发展困境和危难之中；而弘扬或突破传统，我们则有可能获得新的机遇和争取一个好的未来。

一　世界文明与宗教的"文化圈"理论

今天的民族社会及其文化宗教状况究竟如何，人们有不同的分析和议论。其中人们相当熟悉、记忆犹新的是"冷战"结束后亨廷顿在其《文明的冲突？》（1993）中提出的"文明冲突论"和"文化圈"理论。对亨廷顿的"文明冲突论"，大家已讨论很多，批评亦十分激烈，但对其"文化圈"理论的深入剖析，相比之下则似乎仍有所欠缺。

受西方历史哲学家的文明发展演变理论的影响，尤其是汤因比在其《历史研究》中关于各大文明的兴衰如"涨潮"、"落潮"，此消彼长之论的启迪，亨廷顿认为，古代文明经过发展演变留下了五种文化圈模式，加之现代崛起的三种新的文化圈，当代世界可以划分为八大"文化圈"的分布：一为西方文化圈即"基督教文明"，包括欧洲、北美和拉丁美洲，但拉美就其"独特性"发展来看则已与西欧及北美渐行渐远，故而形成其文化独立。二为中国文化圈即"儒教文明"。亨廷顿虽承认儒教是中国文明的重要组成部分，但强调中国文明却不仅仅是儒教，并且还超越了作为政治实体的中国，因此更好的表述应为"中华文明"。与当今中国的"佛教热"不同，他忽视了中国社会文化中"佛教"的存在，大概是从佛教在华非原生性、原创性来考量。三为日本文化圈即"神道教文明"，这是受中国文化圈的影响而形成的新发展模式。四为阿拉伯、波斯文明圈即"伊斯兰教文明"。五为南亚文化圈即"印度教文明"。而佛教因为"没有在其诞生地幸存下来"而没能构成其文明的基本因素。对于"佛教文明"之说及佛教在一些国家和地区的存在与重要影响，亨廷顿的评价是："在这些社会里，人们以不同的方式使佛教适应于和被吸收进本土文化（例如在中国适应于儒教和道教），并压制它。因此，虽然佛教仍然是这些社会的文化的重要组成部分，但这些社会并没有构成，也不会认为自己是佛教文明的一部分。……佛教实际上在印度绝种以及它之适应于和被结合进中国和日本的现存文化,意味着它虽然是一个主要宗教,但却一直不是一个主要文明的基础。"① 六为斯拉夫文化圈即"东正教文明",它乃脱离拜占庭文明和西方基督教文明而独立。七为拉丁美洲文化圈,即天主教文明结合一些本土文化之产物。其在文化上与西方有关联,可被看作西方文明中的次文明,但因其在政治上与西方的分歧而构成一个独立文明。八为非洲文化圈,但其界定不为多数人所承认,因其伊斯兰文明、基督教文明和本土原生态文化的交织、交错而形成了一种"多板块式"的独特文明。在这种分析中,亨廷顿对西方文明的评价最高,指出"西方"即"以前被称为西方基督教世界的那一部分",而且是"唯一的一个根据罗盘方向,而不是根据一个特殊民族、宗教或地理区域的名称来确认的文明",这就意味着其文明已"从其历史、地理和文化环境中提升出来"。② 亨廷顿在此明显暴露出其欲将"西方文明"与"普遍性"、"普世价值"相关联的潜意识。

亨廷顿在分析从古代苏美尔文明和埃及文明经古典文明而到达现代文明的历程中,证实了克里斯托弗·道森关于"伟大的宗教是伟大的文明赖以建立的基础"之言,强调"宗教是界定文明的一个主要特征"。③ 然而,顺着这一逻辑,在他的眼中"文明的冲突"因此也多体现为"宗教的冲突"。从这种"文化圈"理论引申出的"文明冲突论"进而会认为某些文化圈的联合会构成对其他文化圈的威胁,而"后冷战"的全球化时代就"正在形成"这样的联盟。如亨廷顿就曾担心儒教文明与伊斯兰教文明可能联合为"德黑兰—伊斯兰堡—北京轴心",从而对西方文明构成挑战。④ 不过,他也注意到中国方面对形成这种联盟在态度上的低调和热情上的"低落",因此希望"中国和美国的领导人"能够"协调它们各自的利益及避免紧张状态",认为这将决定"未来的世界和平"能否实现。⑤

---

① 以上参见〔美〕塞缪尔·亨廷顿《文明的冲突与世界秩序的重建》,周琪等译,新华出版社 1998 年版,第 29—33 页,引文见第 32—33 页。

② 同上书,第 31—32 页。

③ 同上书,第 32 页。

④ 同上书,第 266—268 页。

⑤ 同上书,"中文版序言",第 2 页。

对"文明冲突"的另一种考量是基于社会地理学和政治地理学中一度较为流行的"板块"理论，即认为在不同文明板块之间，即各文化圈的交接断层线上会发生碰撞，由此引发冲突。不少人认为亨廷顿"不幸而言中"：近些年的一些文化冲突事件就发生在这些文明之间交接的断层线上，如包括波斯尼亚、车臣、外高加索、中亚、克什米尔、中东、斯里兰卡、苏丹等地，它们恰好构成了当今世界政治的"热点"、国际关系的"焦点"。[①]

从对世界宗教的历史之追溯和对其当今形成的宗教格局及发展趋势之分析来看，相关的民族文化及宗教会延续其复杂交织的传统，并在今天与其当代处境相遇而又爆发出一些新的问题，形成某种古今的呼应和历史的延线，从而也给我们了解其来龙去脉带来不少令人深思的有益启迪和前后关联的线索。

二　亚洲宗教生成的三大"板块"及其对全球宗教发展的作用与影响

世界民族文化及宗教格局除已消亡的古代宗教和颇为分散的原住民宗教，以及多元而松散的新兴宗教之外，其基本根源和生成都在亚洲，这是人类文明形态与宗教关联的一个奇特之处。也就是说，其发展态势是从亚洲的三大"板块"中出现，当其初具规模之后又形成对全球的辐射。可以说，文明形态的宗教之亚洲起源论及随后带来的"全球化"辐射及影响，使亚洲的"宗教性"及其"宗教原创性"有着极为独特的宗教、文化意义，亦凸显了亚洲"精神"或"宗教灵性"资源的与众不同。这是我们研究世界文明史和人类宗教史时应该特别关注的。

大体而论，亚洲的"宗教"起源及其多民族文化关联可分为如下三大"板块"：

一为"西亚板块"，即幼发拉底河、底格里斯河影响范围的"两河流域"。在这里产生了远古"闪族"文明及与之相关联的"一神论"宗教，

---

① 以上参见［美］塞缪尔·亨廷顿《文明的冲突与世界秩序的重建》，周琪等译，新华出版社1998年版，"附录"，第419页。

即有"亚伯拉罕传统宗教"之称的犹太教、基督教和伊斯兰教系列，形成今日世界宗教的主流及主导，有着举足轻重、影响深远的文化意义及社会作用。其辐射和扩散既有以犹太教为民族灵魂的犹太人在多民族地区的发展与嬗变，也有基督教多教派的分化、扩展，还有伊斯兰教在阿拉伯文明和波斯文明之中的并驾齐驱，以及在近代衍生出巴哈伊教的"大同"信仰。此外，在这一"板块"中还形成了以"二元"神论为特点的琐罗亚斯德教及其后来的改革教派摩尼教，虽然其影响远不及"亚伯拉罕传统"，却也得以保留、延续至今。

这类"一神论"的宗教虽然以其"绝对一神"的观念而表达了具有较高思维能力和文化素质的整体观、普世（普遍）观和统一观，却同样也因其"绝对一"的认知而具有"排他性"，可以其"绝对主义"来排斥"相对主义"，以其"超越论"来贬低"局限论"。与之相关联，这类宗教还显露出如下一些精神气质：首先是以一个超然的"彼岸世界"来与"此岸世界"相区分，由此强调以相应的对"彼岸"的"终极关怀"来引导并扬弃对"此岸"的"现实关怀"。其次是突出由"神"到"人"的"启示"，所谓"宗教"则是由"人"对"神"的仰望、追求和信奉；而"神人之间"的沟通、"启示"的彰显则由"先知"来承担，"先知"即"神人之间"的使者，有着为神代言、替天行道的使命。这类宗教故亦被称为"先知型"宗教。但问题也在于可能出现"假先知"以"人言"代替"神言"的现象，结果使"神言的倾听者"所听到的不一定是"神言"。再次是这类宗教都有"传教"传统，而且这种"传"在历史上也曾经是征服他者、强迫皈依，即以"宗教传播"的形式来进行政治、经济、军事、文化的扩张，其单向性的"传"播所要求对方的只能是服从性的"归"顺。因此就有了"十字军东征"（Crusade）、"圣战"（吉哈德，Jihad）等史实。最后还有强调自己为"选民"即神的"特选子民"，其扩张、占领地区亦会被其心安理得地理解为神对其的"应许之地"，这样很容易形成其唯我独尊的思维方式和轻率、不公平地对待他者的态度。历史上基督教一度坚持的"教会之外无拯救"就是这种心态和姿态的生动写照。事实上，这些因素在一定程度上仍被保留下来，故此在当今全球化时代所出现的多民族社会各种宗教、文化问题就会折射出这种潜影，让人感到其不平衡发展。

二为"南亚板块"，即恒河、印度河影响范围的"恒河流域"。其丰饶的宗教文化土壤先后孕育出吠陀宗教、古婆罗门教、印度教、佛教和耆那教等。这些宗教大多体现为"东方神秘主义"的信仰类型，其发展既有民族性的侧重，亦有开放性的包容，故而形成了其"多元兼容"的传统。而随着与历史上各外来宗教的对峙、较量及调和，也使之经历了伊斯兰教的广泛传播以及印度教与伊斯兰教结合、重构而形成的锡克教。这种发展使印度教以8亿多信徒而成为印度第一大宗教，伊斯兰教则以约1.4亿穆斯林一跃而为其第二大宗教，并使印度成为仅次于印尼的、目前世界上穆斯林人数位居第二的国家。与印度教、伊斯兰教和锡克教在印度相关民族中的重要性相比较，外来的基督教和在历史上没能守住其"存在"的佛教则主要是在社会底层的"贱民"中发展，为其社会下层的代表性宗教。

这类"神秘主义"的宗教与"绝对一神教"有着颇为不同的精神气质：首先是承认"多神"并在，认为神性兼容，而且容易变化，由此形成相对主义、多元主义的神性观。如印度教崇奉的大神即"梵天"（创造神，以红色为代表）、"湿婆"（毁灭神，以黑色为代表）、"毗湿奴"（护持神，以白色为代表）这"三神一体"，而在哲学意义上"梵"亦是"真"（存在）、"知"（认识）、"乐"（圆满）这三种本质的"三本一体"。其次是坚持一种"神秘整体"观，认为宇宙是统一的，神人乃共在，即"梵我一如"、神我合一，在此"梵"（梵天）作为"神"体现为"大我"，而"我"（人）作为"人"则是相对应并有着互动的"小我"。再次是突出社会等级、强调人际差异。与"多神"的等级相应，社会亦形成等级，其中最为典型的即印度的"种姓制度"，将人分为"婆罗门"（祭司）、"刹帝利"（王族、武士）、"吠舍"（农民、商人）、"首陀罗"（平民、奴隶）这"四种姓"，而在这"四种姓"之外的人则被贬为"贱民"（称"旃陀罗"或"达利特"）。印度教最初即由最高种族"婆罗门"将古代吠陀宗教发展而成为"婆罗门教"，使之成为一种强调"吠陀天启、祭祀万能、婆罗门至上"的贵族宗教。这种祭司宗教与平民宗教显然有别，而由外传入的基督教、伊斯兰教，以及近代重新复苏的佛教则主要是在底层"贱民"中获得生存与发展。最后是讲究沉思默想，以动静结合的修行和实践中的善功来积德，其解脱观或解救观基于与"绝对一神论"所相信的空间

性"彼岸"得救全然不同的另一种救度，即时间性的"来世"观念，以
"轮回"、"报应"来反映人在未来的拯救或沦落，而人的"今世"、"今
生"之在好歹如何则为"前世"修得。这种时间性的过去、现在、未来
"整体"观使人的修行有了意义。最为典型的印度教修行即"瑜伽"，其原
意指给牛马等牲口"套上装具"，表示能达到"梵我一如"的"联系"、
"结合"；而后在佛教中流行的禅修亦源自瑜伽，所谓"禅定"最早被视为
瑜伽修持术的一个部分，"禅"（禅定）即为"静虑"，故以"坐禅"（静
坐修行）为特色，这种修行随着佛教传入中国而被发扬光大，后在日本佛
教中以"禅"（Zen）之表述而为世界共晓。

三为"东亚板块"，即黄河、长江影响范围的"黄河流域"。相关宗教
包括中国传统文化中的儒教、道教，强调敬天法祖、大道归一的各种民间
宗教信仰或传统宗法性宗教，以及后来受中国儒、佛、道影响而在日本结
合其本土宗教得以形成的神道教。其在神性观上突出较为抽象、玄奥的
"天命"、"神道"，而在实践观上则体现为"圣贤型"、"哲理型"的宗教。
关于中华民族的"宗教性"，有两种截然不同的看法：一种认为中国人太
重现实，功利性考虑较多而"宗教"观念淡薄，中国文化是一种"无宗
教"的文化形态，而中华民族则为人类中罕见或独一的"无宗教"的民
族。这样便把儒教的"宗教性"否定掉了，对道教的"宗教"意义亦含糊
其辞、有意回避。另一种看法则坚持中国人存有一种普泛的"宗教性"，
敬鬼神、信命运，充满"举头三尺有神明"的想法，因而也是一个满怀
"宗教"情感、不离信仰观念的民族。由于地缘上的接近，"东亚板块"与
"南亚板块"的宗教有更多的接近和呼应，尤其在"神秘主义"、整体宇宙
观、神人合一（梵我一如、天人合一）、多神崇拜、宗教修行等方面有不
少相似、借鉴、模仿或吸收。其中最为典型的就是，佛教没能在其诞生地
印度本土站住脚，却在传入中国后被发扬光大，最终使佛教成为中国传统
文化的重要组成部分之一，而且到现在仍是最有民众基础的、在中国社会
中最大的宗教之一。

这类"圣贤型"、"哲理型"宗教因关注现实生活，强调个人"成
圣"、社会"复礼"而凸显了世俗生活中的意义、秩序，给人一种"神圣
秩序"被淡化之感。其实，任何宗教诉求都不可能与现实需要截然分离，

各自只是程度不一、侧重不同、表述有别而已。中国宗教乃至整个"东亚"类型的宗教则多体现出如下一些精神气质：首先是有着神秘、模糊的"天命观"和"神道观"，由此体现其神性观上的抽象性、哲理性，"天道"、"神道"虽不可"道"，却应待之以"诚"；而基于"天人之际"可"合而为一"的模糊整体观，则仍可靠"内在体验"、道德修行而达到"天人之道"的"内外贯通"。① 其次是主张多元通和，不仅在神祇上有着多神众仙体系，而且在人际上强调和而不同、多元共存，所谓"求同存异"也是不同而同的"玄同"。这样在中国宗教精神中较为集中地体现出了圆融、中庸、包容、同化，有着"海纳百川"、"有容乃大"的气魄。再次是讲究贤者智慧，提倡"圣人以神道设教"，注重人的精神修养和灵性升华，从而通过修行养性"以契天道"、达成圣贤。最后是关心人世、重视民生，尊崇人道，以积极"入世"来参与社会政治事务，维系社会秩序和公共伦理，突出民族国家的"集体"意识，以"克己复礼"为"仁"，从而也导致对"仁道"的关怀遮住了对"神道"的关心。在一些人看来，这说明中国信仰的"宗教性"成了问题。中华民族的价值体系往往不会从"宗教"来定位，而多被视为"人生哲学"、社会伦理道德体系。

三　宗教与民族之文化交织所引发的国际焦点问题②

（一）犹太教："立约"民族与"他者"的冲突

有着四千多年历史的犹太人称自己为"立约"的民族，而其"立约"则体现出了犹太教的核心价值观和基本信仰内容。在犹太人的历史传说及宗教信仰中有三次"立约"的经历：其"挪亚方舟"之后的"彩虹"之约标志着"新人类"的诞生，其"亚伯拉罕"从"两河流域"迁出而往"应许之地"之前的"割礼"之约标志着"新民族"的诞生，而摩西带领

---

① 参见香港浸会大学宗教及哲学系编《当代儒学与精神性》，广西师范大学出版社 2009 年版，第 86 页。

② 这一部分的讲演内容为"国际宗教的历史与发展趋势"讲演稿的内容浓缩而成，特此说明。

犹太人出埃及后在西奈山确立的"十诫"之约则标志着"新国家"政体及社会秩序的诞生。这一"上帝的选民"在公元前 10 世纪前后大卫、所罗门王朝时期进入"黄金时代",犹太教的(第一)"圣殿"在耶路撒冷建立。然而前 586 年犹太人遭"巴比伦之囚"、"圣殿"被毁,其"苦难时代"开始。此后被释放的犹太人重建(第二)"圣殿",继续保持其"排他"态势。公元初基督教兴起,两教冲突端倪渐显。虽然最初"基督教只不过是犹太教的一个宗派"①,却因耶稣的"私生子"身份而不被犹太教承认。耶稣被犹太上层交给罗马执政者钉十字架处死,"犹太人"的形象由此在宗教上被视为"谋害耶稣"者而长期在基督教世界中遭歧视。

70 年犹太国被罗马帝国灭掉,"圣殿"被毁后未能再重建,犹太人亦被驱散到各地,成为没有国度的民族,只能以犹太教为其民族象征和精神依托。留在故土的少数犹太人先后受罗马帝国、拜占庭帝国和信奉伊斯兰教的相关民族统治。中世纪"十字军东征"期间,犹太人同样被处死或卖为奴隶。而中世纪流入欧洲的犹太人亦成为其基督教社会中的"异类"群体,或被隔离、或遭歧视、或被没收财产、或遭驱逐。例如,15 世纪末西班牙和葡萄牙将数十万犹太人驱逐出境,被迫改宗的犹太人"新基督徒"也仍被称为"马拉诺"(西班牙文"猪")。1516 年,威尼斯国发布命令让所有犹太人集中到其"铸造厂"("Ghetto")居住,因其四周有墙相隔,从此"Ghetto"("隔都")乃"犹太隔离区"专称。19 世纪末,犹太人在俄国曾接近 500 万人,但因 1881 年沙皇亚历山大二世被炸事件波及犹太人而出现反犹高潮,约 300 万犹太人离开俄国和东欧,大部分移居美国。这样至 20 世纪中期"二战"之后,美国犹太人增至 600 万,成为犹太人的重镇。1879 年,德国人威廉·马尔创造"反犹主义"(Anti-Semitism,原意为"反闪族主义")一词。在欧洲受压的犹太人此间亦开始返回其以色列故土,1897 年,犹太人赫茨尔在瑞士巴塞尔组织召开首届"犹太复国主义"(Zionism:锡安主义)大会,形成其"复国"运动。

1917 年,英军进入耶路撒冷,结束奥斯曼帝国穆斯林在当地的统治。

---

① 恩格斯:《启示录》,转引自国家宗教事务局宗教研究中心选编《马克思恩格斯列宁论宗教》,宗教文化出版社 2008 年版,第 506 页。

"二战"期间纳粹迫害犹太人，时为 900 万人的犹太社团仅剩下三分之一，约 600 万犹太人包括 150 万犹太儿童惨遭杀害。此间也有上十万人逃往巴勒斯坦。法西斯暴行使欧洲基督教世界开始自我反省，"反犹"思潮终被遏制。1947 年联合国通过决议，在约旦河以西地区分别建立犹太人国家和阿拉伯人国家。1948 年 5 月 14 日，英国结束对巴勒斯坦的托管，以色列国宣布成立，次日爆发"中东战争"，犹太人与阿拉伯人成为宿敌。至 1973 年先后发生四次中东战争，上百万巴勒斯坦人沦为难民。其领袖阿拉法特 1974 年在联合国愤慨地说："欧洲人干了伤天害理的事，对犹太人欠下了道义上的债，良心不安，但这笔债却要让巴勒斯坦人来偿还。"① 1980 年，以色列国会通过《基本法》，宣布统一的耶路撒冷是以色列国"永恒与不可分割的首都"。自 1978 年以来的中东和平进程步履维艰，虽曾在 1993 年达成《原则宣言》，拉宾、阿拉法特和佩雷斯为此获得了 1994 年诺贝尔和平奖，却不久就遭遇了 1995 年拉宾被犹太人保守派枪杀、2001 年以色列强硬派沙龙上台担任总理等波折，迄今巴以和平前景仍然模糊、迷茫，亦给世界和平发展蒙上了阴影。

尽管有着社会政治、经济、文化等因素，中东冲突的民族宗教矛盾仍是其深层次的问题，并可能成为其难以根本解决的"死结"。尤其是其"圣地"、"圣城"的宗教神圣性问题而使犹太人让步的可能性极小：在持守"圣地"上，犹太人称"以色列人的土地"（Eretz Israel）为上帝早在亚伯拉罕从两河流域迁来时就已经许给犹太人的"应许之地"，其国度故而有其宗教神圣性；在"圣城"问题上，耶路撒冷（"和平之城"）是犹太教圣殿所在之地，有着"圣中之圣"的地位。为此，以色列前国防部长达扬曾说：要以色列放弃耶路撒冷，"除非重写圣经，抹去我们三千年来的全部信仰、希望和祈祷"。民族宗教问题的交织使"西亚"板块地区走不出其"多事之秋"，从而一直为国际社会关注的"热点"和"焦点"。

犹太民族及其犹太教在与中华民族的相遇中有其奇特经历，由此亦出现了其历史上极为罕见的结局。犹太人在 1、2 世纪为逃避罗马帝国的迫害而流散各地，其流亡史上使犹太民族的十二支派有"十个支派散失"。但

---

① 转引自肖宪《犹太人：谜一般的民族》，上海人民出版社 2000 年版，第 260 页。

"压迫愈深，反抗愈烈"，犹太人在各地抵抗压迫中都顽强地存活下来，延续至今。不过，唯独来到中国的犹太人都最终被中国人所同化，成为一个特例。唐朝时就有犹太人经陆上丝绸之路来华，而宋朝时犹太人更是从印度孟买、科钦经海路来到中国，并云集开封，于1163年兴建开封犹太会堂（史称"清真寺"）。中国社会的开放和中华民族的包容使这些犹太人逐渐与中国社会文化融合，在明朝就已转向研习孔孟学说和传统中国文化，参加科举考试，走上中国政治仕途。此后犹太人又放弃其"族内通婚"传统，与周围的汉族、回族通婚，终于融入汉、满、回等民族，成为其在外族中"十分罕见的完全同化的例子"，被视为犹太民族及宗教史上"令人困惑之谜"。其实，这也体现出中国文化"滴水穿石"、"以柔克刚"的融合功夫。故此有西方人感慨："中国文化似大海，可以化掉进入其中的一切。""二战"期间，希特勒纳粹迫害犹太人，许多国家拒绝逃难的犹太人入境，而中国上海却向其开放，从而使上海成为当时的"犹太移民城"，其人数超过3万人。这些历史经历使犹太人对中国颇有好感。中华人民共和国成立后，以色列于1950年就宣布承认，为当时中东地区第一个承认新中国的国家。后因朝鲜战争爆发而使双方联系中断，直至1992年1月24日，中以才正式建交。在政治层面上，以色列与美国保持着密切关系。但随着全球化时代中国的开放和中以政治、经济、科技、文化等层面上的交往，中国"犹太人后裔"、犹太会堂的恢复等民族宗教领域的问题也开始引起人们的关注。

（二）基督教：其"普世"价值面临的抵制与挑战

基督教在4世纪成为罗马帝国的国教，其存在与发展从此超越其诞生所在的"西亚"板块，整个重心由亚洲移往欧洲，原本"东方"的宗教，随之发展成为"西方的宗教"及"西方文化"的精神价值代表。随着中世纪"地理大发现"，以及16、17世纪的海外传教运动，基督教逐渐发展成为世界"第一大宗教"。在其理论意识和价值判断上，因为"两希"文明（古希腊与希伯来）的影响、"帝国"观念的熏染、"西方"边界的外移和扩大，以及其宗教本身的"普世"宣称与诉求，基督教在这种政治、文化、信仰的"大一统"中形成了具有某种"唯我独尊"、"万流归宗"的心态。在"全球化"的浪潮中，"全球化"即"西方化"（全盘西化）或西方价值观念的统领、西方思想文化的统摄之潜意识亦油然冒出，其结果也加大了"一统"与"多元"之间的张力。

其实，基督教在其形成与发展中本身就难保"统一"形态，并在时代、民族发展的嬗变中不断分化、以"多"代"一"。例如，天主教、东正教、新教这三大教派本身就难以"三位一体"，而且也很难与相关的民族、社会和谐共融，其相关问题从"古"一直延续至"今"。

首先，天主教作为其"古代大公教会"的传承乃从分化与冲突中走过。5 世纪西罗马帝国灭亡后，东西方教会出现分裂之态，至 1054 年公开化，西方教会以罗马主教为"教皇"而构成天主教的"大一统"局面，东方教会则以君士坦丁堡主教为"牧首"而形成东正教。751 年至 1870 年，天主教在意大利曾建立过"教皇国"，但自 1870 年意大利军队占领罗马，形成民族国家，教皇退居梵蒂冈，"教皇国"一名不再使用，直至 1929 年意大利与罗马教廷签订《拉特兰条约》，才正式有"梵蒂冈城国"的亮相。天主教的"普世"意识最初限于西欧，中世纪时其对外扩展以"十字军东征"而导致与伊斯兰教、犹太教的冲突，其中第四次东征甚至直接向东正教宣战，一度攻占了东罗马帝国首都君士坦丁堡，但都以失败告终，其政治势力和宗教影响没能在中东地区站住脚。就是在欧洲本土，天主教的"一统天下"也不稳固，不时受到世俗王权的挑战，双方的冲突在 11 世纪曾出现过德皇亨利四世与教皇格里高利七世的戏剧性争斗，当亨利四世处于下风时曾于 1077 年以"卡诺沙之行"求教皇赦罪，但他在巩固权力后又于 1084 年出兵罗马，使教皇在流亡中客死他乡。此后这种争端多以"主教叙任权"的方式展开，其中即有"政治权力"与"宗教权力"的交织，其分歧和争议在漫长的历史中得以沿袭，迄今在中梵关系中关涉主教任命的问题上又显现出来。此外，在教会内部亦不稳定，16 世纪的宗教改革运动从天主教中又分化出新教各派。其中德国的宗教改革引起了 1524 年的德国农民战争，以及其后的内战和 17 世纪初的冲突，并导致了欧洲各国卷入的"三十年战争"（1618—1648）。法国的宗教改革曾引发"胡格诺战争"（1562—1598），最后以胡格诺派国王亨利四世被迫改信天主教、颁布《南特敕令》才结束战争。英国宗教改革则是由国王亨利八世自上而下强行推动，其历史发展中既有对天主教的打压，也有对"清教"的排斥。以天主教为主的爱尔兰于 1919 年成立共和军，来争取以武力方式从英国独立，结果使爱尔兰一分为二，南部以天主教为主的 26 郡于 1937 年宣布为独立共和国，而北方 6 郡则仍属于英国的北爱尔兰，但占人口 35% 的天主教徒有强烈的离心倾向，要求与以信奉天主教为主的爱尔兰合并，从此引起北爱尔兰两派之间的长期冲突，以致英国在对外扩张时仍不得不要抽出精力来对付后院失火。

在回应宗教改革时，天主教发起了海外传教运动，耶稣会等传教修会把注意力集中到海外，当时的指导思想是"在欧洲失去的，要在海外夺回"，这样使天主教真正走出西欧、走出西方，成为所谓"普世"性的宗教。然而，天主教的海外宣教基本上与西方殖民扩张同步，因此其在亚非拉美虽颇有成果和影响，却也留下了败笔和阴影。宗教的传播在这一时期往往与一个国家、民族势力及"边界"的保持或推移相联系，如天主教开辟了南美的疆域，在亚洲形成了菲律宾等天主教国度，在非洲亦有其势力范围。尤其在东欧的波兰，天主教与其民族的生存及发展有着独特关联，自 18 世纪以来波兰在争取民族独立的过程中天主教起过独特作用，波兰以天主教信仰作为其民族精神，在其东边反抗信奉东正教的沙俄，在其西边则抵制信奉新教的普鲁士，在政治危机时天主教会实际上起过国家的地下政府的作用，而在 20 世纪末波兰政局大变时又再次让人们看到了天主教的作用与影响。

天主教自元朝传入中国，从此形成与中国许多民族的联系，其中亦包括与蒙古人及其他中国边疆地区少数民族的来往。元朝蒙古人以"也里可温"称基督徒，包括天主教徒和景教徒。西方天主教对"东方"的兴趣至少有过如下两个因素：其一是 12 世纪在"十字军东征"屡屡受挫、穆斯林铁骑西征威胁到欧洲时，关于东方兴起以"长老约翰王"为首领的一个基督教国家的传说。据传这位约翰王曾率军出征波斯和米底等地，从东部打败了穆斯林军队，而且如果不是受阻于底格里斯河涨水还准备收复圣地耶路撒冷；甚至还传说他曾给教皇及一些欧洲君王发来过正式信函。欧洲人将这一约翰王国猜为哈刺契丹、或为克烈部、汪古部，认为其所信乃景教，故此相传教皇亚历山大三世曾准备派医生菲利浦来东方传教，以便让其皈依天主教正宗信仰。直至 18 世纪，一些到西藏的西方传教士还把藏族想象为"长老约翰王"的后裔，企图在其藏区——香格里拉的神秘王国之构想中增添一点基督教信仰内容，这在一定程度上也影响到当代西方人对中国西藏问题的兴趣和看法。其二是成吉思汗及其后裔组织的三次西征使蒙古骑兵直达欧洲，曾饮马多瑙河、涉足黑海和地中海。罗马教皇格列高利九世为此准备组织抗蒙十字军来应付，只因元太宗窝阔台病逝，蒙军于 1242 年从欧洲撤兵，这种压力才得以缓解。此后，教皇英诺森四世于 1245 年在法国里昂召开会议，决定派人东来争取蒙古大汗信教，于是就有了方济各会和多明我会出使蒙古，孟德高维诺于 1299 年、1305 年在元大都建堂传教的历史。

　　欧洲宗教改革后，天主教耶稣会等修会于明末清初传入中国，17 世纪初曾获得较大成功，其传教士得以留住京城或四处传教。此间，多明我会于 17 世纪上半叶形成以福建为主的传教区域，方济各会以菲律宾为据点于 17 世纪先后传入福建、山东、广东、江西等地，巴黎外方传教会在四川、云南、贵州等地立足，遣使会则由广东、四川发展到京城，并于 18 世纪下半叶一度接管耶稣会在华教务。18 世纪因"中国礼仪之争"，天主教在华发展受到遏制。但随着 1840 年"鸦片战争"后"不平等条约"的签署和"五口通商"口岸的开放，天主教重新涌入中国，在 1840 年前潜入中国的传教修会也得以公开活动，其中包括 1835 年来华的法国遣使会在蒙古、北京等地传教，1838 年来华的巴黎外方传教会到吉林、奉天等地传教，并于 1846 年在西藏创立教区，1839 年来华的方济各会在山东、湖北等地传教，1842 年来华的耶稣会则在上海等地传教，1843 年来华的米兰外方传教会在河南传教，1859 年来华的多明我会到台湾传教，1865 年来华的圣母圣心会到蒙古及西北边疆传教，1879 年来华的圣言会到山东传教，此外还有本笃会到东北的传教，等等。这些修会在华传教形成其地域特色，与相关民族也多有接触。中国改革开放以来，不少天主教来华人士活动的范围和重点，亦可让我们联想起上述天主教在华宣教传统。因受其影响，中国天主教会中的"两种忠诚"即对国家忠诚、对教皇忠诚的问题重新抬头，在"普世教会"与"中国特色"之间形成张力。

　　其次，自 1054 年东西教会分裂后，东正教的君士坦丁堡正教会领袖所享有的"普世牧首"身份实际上只有"荣誉上的首席地位",而无真正权威。这样,从一开始就没有"统一"的东正教,其不断分化、独立的结果,就是发展到今天已有16个自主正教会和3个自治正教会。这些自主正教会反映出了不同民族及国度与东正教的关系,可以说,不存在"大一统"的东正教,而只有"多民族"的东正教。这从其名称上就可以看出,如最古老的四个东方教会乃以地名命名,即耶路撒冷、安提阿、亚历山大里亚以及君士坦丁堡,而随后发展出的东正教则多以国名或民族名来命名,包括希腊、塞浦路斯、格鲁吉亚、阿尔巴尼亚、保加利亚、捷克、斯洛伐克、波兰、塞尔维亚、罗马尼亚、美国、俄罗斯、乌克兰等。从其国家、民族和语言上,这些东正教的不同"个性"及特色遂显现出来。在一个共聚区域内,不同民族因各自历史、文化、传统不同而与不同的宗教相关联,共聚者若不能彼此融洽、包容则可能出现冲突或分裂。以原南斯拉夫为例,塞尔维亚正教会是其最大的宗教,塞尔维亚族和马其顿人大多自9世纪起信奉东正教;而在此之前克罗地亚族、斯洛文尼亚族人早在7世纪就接受了天主教;特别是1459年塞尔维亚沦为信奉伊斯兰教的奥斯曼帝国的一个省之后,黑山族、波斯尼亚族、阿尔巴尼亚族在奥斯曼帝国统治时期则基本上形成伊斯兰教信仰。由此可见,该地区的特点是信仰多种宗教的多个民族混居,民族、宗教问题的复杂交织使该地区很不稳定,任何民族、宗教冲突若处理不当就会造成灾难性后果,该地区故有巴尔干"火药桶"之称。在克罗地亚独立前,该地区东正教徒占总人口的40%、天主教徒占30%;而当克罗地亚分裂出去后,南斯拉夫总人口的60%为东正教徒、约19%为穆斯林、10%为天主教徒。在1992年波黑战争、1997年至1999年科索沃危机期间,信奉新教和天主教为主的美国及属于"北约"的西欧各国不仅不支持,而且还直接出兵打压信奉东正教的塞尔维亚,结果导致南斯拉夫国家分裂;随着黑山共和国于2006年宣布独立,南斯拉夫联盟已不复存在。类似的,在苏联解体后,俄罗斯正教会亦出现分化,其中最为典型的即"乌克兰正教会"的建立及其脱离俄罗斯正教会的动向。此外,捷克、斯洛伐克的一分为二,也会对其东正教等宗教发展造成一定影响。

中国的东正教在历史上由俄罗斯正教会传入,今天哈尔滨的圣母帡幪教堂等仍向东正教徒开放，其信奉者除了汉族外，主要为俄罗斯族和东正教传入中国后在华形成的阿尔巴津人，从而使东正教在中国亦体现出特定的民族性，如在新疆约有 1 万俄罗斯族人。东正教目前在东北、新疆和内蒙都有一定程度的传播。2009 年 2 月 1 日，俄罗斯正教会新牧首基里尔登基，特邀请中国宗教局长叶小文出席其祝圣典礼，两人长谈 70 多分钟。基里尔在担任俄罗斯正教会外联部主任时曾于 1999 年 5 月访华，同年也曾去科索沃斡旋，并参加了 2007 年"俄中友好年"组委会，他自然会关注中国东正教的当代发展及与俄罗斯正教会的未来关系。

最后，新教在中国称为"基督教"，历史上也曾称为"耶稣教"、"更正教"。其出现在欧洲掀起了一场深刻革命，亦与近代欧洲民族意识的觉醒有着直接关联。尤其是源自加尔文宗的"清教"曾以其宗教伦理而形成了与西方资本主义精神之产生的关联，而且在荷兰直接导致了欧洲第一个资产阶级共和国的成立，此后又成为英国资产阶级革命的旗号。英国清教随之分为温和、激进两派，其激进派因受迫害而流亡荷兰，并且自 1620 年以来移居北美，形成美国政教分离、宗教自由的传统。这实际上也是其走出欧洲、海外传教的肇端。与天主教的"大一统"截然不同，新教的发展态势基本上是多元分化，其各派更是与相关的民族、社团构成了错综复杂、纷繁多样的关系，实际上是淡化了其"普世"共性而突出了其"多元"个性。直到 20 世纪全面发展的"普世教会运动"，才强化了其"合一"、"求同"的意识。但这种"普世"构建形同虚设，在"多元"的大潮和喧闹中只能是"失语"或"弱语"，很难获得人们的真正理解和支持。

新教于 17 世纪曾传入中国台湾，19 世纪初进入中国大陆，"鸦片战争"后在华广泛发展，并与中国近现代政治有着复杂交织。其不少差会、尤其是内地会曾深入到中国内地各省传教，足迹到达湖南、广西、贵州、云南、四川、甘肃、陕西、新疆、西藏等地，其传教士在边远地区、特别是边疆地区的传播也曾使苗族等少数民族的文化生活甚至民族意识中渗入了不少基督教的影响。例如，在今天云南昆明市的民族文化园中，苗族文化的标志就是一所基督教堂，而苗族文化的表演则为基督教的唱诗，在此或许能深刻体悟到中西合璧、土洋结合。与 20 世纪 50 年代前后广泛发展的"普世教会"运动相对应，中国基督教会在 50 年代初因政治原因退出世界基督教联合会，在 1958 年以后走向中国教会"合一"、"共融"的"后教派"发展。当中国改革开放使中国教会重新参加"世基联"以后，中国教会自身的"后教派时代"一方面被视为走在世界"普世教会"运动的前面而让其他国际教会称誉，另一方面却因外界的种种"渗透"影响，尤其是传统基督教在华各种教派、差会的影响而面临危机，所谓"家庭教会"问题实质上就是在突破"后教派时代""大一统"的格局。这种"教外有教、教内有派"状况的出现对中国基督教而言，究竟是信仰上的"返璞归真"、回到其本来面目，还是历史上的"倒退"、"逆潮流"而行，人们议论纷纷，评价不一。在这种复杂局面中，我们仍可窥见其各教各派与地域性不同民族、不同人群、不同社区的多元交织和不同影响。显然，这里亦有"全球化"与"地域化"、"普世化"与"中国化"、"信仰圈"与"文化圈"之间的关联及张力。

（三）伊斯兰教：扩展与传播中的嬗变

从传统定义来看，伊斯兰教以阿拉伯文化圈和波斯文化圈为基础。但今天伊斯兰教的世界全景已远远超出其传统范围。非洲伊斯兰教的崛起，欧洲和北美伊斯兰教的蓬勃发展，以及其在亚洲本土向东亚和南亚的开拓，已使亨廷顿的"文化圈"理论很难涵括当代世界伊斯兰教现象。在伊斯兰教的扩展中，我们也可看到其宗教性与民族性既有关联，却又不同，民族信仰的嬗变在这一过程中有其极为生动的写照。

610 年穆罕默德在阿拉伯半岛的麦加开创伊斯兰教，并使麦加成为该教的第一圣地；穆罕默德于 622 年去麦地那，由此既兴起"希吉拉"（伊斯兰教历元年），又使麦地那成为该教的第二圣地；636 年阿拉伯人征服耶路撒冷，据传穆罕默德曾乘飞马从麦加直达耶路撒冷，故此使之成为伊斯兰教的第三大圣地。

穆罕默德逝世后，伊斯兰教发展进入"四大哈里发"（632—661）时代，特别是自第二大哈里发欧麦尔开始，"伊斯兰教革命"带来了迅猛的对外扩张。在巩固了阿拉伯地区之后，从 661 年至 750 年，西进的穆斯林军队占领埃及、利比亚、突尼斯、阿尔及利亚、西班牙（伊比里亚半岛），并挺进法国腹地，直至 732 年法国查理·玛特的军队在法西南部图尔城附

近打败穆斯林军队，才迫使其撤离法国；但伊斯兰教对西班牙的占领直至
15世纪才以西班牙的"列康吉斯达"（"再征服"或"收复失地"）运动
来结束。东扩的穆斯林军队则横扫巴勒斯坦、叙利亚、伊拉克、波斯等
地，把东罗马帝国的许多地区归入其版图，包括对耶路撒冷的占领，先后
灭掉了波斯萨珊王朝和东罗马拜占庭帝国，1453年奥斯曼土耳其人攻陷拜
占庭帝国首都君士坦丁堡，将之易名为伊斯坦布尔。在穆斯林军队征服中
亚、东亚之前，13世纪蒙古人的西征曾所向披靡、势不可当，但西征的蒙
古人此后也有人留居中亚当地，其中不少人也皈依了伊斯兰教，如今东北
高加索地区、车臣等地的鞑靼人，即为信奉了伊斯兰教的蒙古人后裔。而
穆斯林军队的东南之行还到了印度、阿富汗和中国西部；从1000年至
1025年，穆斯林军队对印度进行了17次征战，在12、13世纪土耳其人以
1.2万之众打败人数占优势的印度教王公，由此使伊斯兰教传遍北印度，
并于14世纪时发展到全印度，这样使约三分之一的印度人皈依了伊斯兰
教，形成当今巴基斯坦穆斯林占全国总人口97%，孟加拉国穆斯林占全国
总人口80%，印度穆斯林人数达到1.38亿的局面。目前印尼是世界上穆
斯林人口位于第一的国家（1.8亿穆斯林），而印度则为位居第二的国家。
在中国西部，穆斯林东扩使我国新疆地区原来已经信奉佛教、摩尼教的一
些民族最终皈依了伊斯兰教，并逐渐形成我国西北地区十个少数民族几乎
全民信仰伊斯兰教的格局。由此观之，一个地跨亚、非、欧三洲的伊斯兰
帝国乃快速形成。不过，因其民族性、地域性和文化性的差异，穆斯林世
界仍不是真正统一的。在1290年，以逊尼派为正统的奥斯曼帝国建立，以
阿拉伯、中东和土耳其人区域为主。1502年，以什叶派为国教的萨非帝国
建立，主要在波斯地区。自1526年，印度北部也建立起以逊尼派为正统的
莫卧儿帝国。这样，16世纪的伊斯兰世界已形成这三大帝国并存的地域及
文化"板块"。

但近代以来，伊斯兰世界的影响减少，其几大帝国先后衰亡。1571
年，西班牙和威尼斯联合舰队打败奥斯曼帝国的海上军事力量；1687年，
奥地利、波兰和萨克森联军打败包围维也纳的奥斯曼军队，使其势力退出
西欧；1774年，俄罗斯军队又打败奥斯曼军队；1922年，奥斯曼帝国被推
翻，次年成立土耳其共和国。1736年，在波斯的萨非王朝被取消，开始伊

朗的近现代发展。1857 年，印度的莫卧儿帝国也被英国殖民主义统治所取代。随着这种衰落，一方面伊斯兰教世界自 17 世纪起兴起内部改革和复兴思潮，另一方面则是穆斯林移民涌入西方各国，如印度、巴基斯坦移民在英国等地的留居，土耳其移民在德国等西欧本土的发展，以及大量穆斯林移居北美、西欧等国，使传统定义上的文化圈不再那样明显，出现你中有我、我中有你的复杂交织与互渗。在国际冲突、社会发展和民族矛盾不断深化的过程中，文化冲突的常规方式如军事对抗、战争等也出现了变化。18 世纪中叶，阿拉伯半岛出现"瓦哈比"（瓦哈布倡导的"清净教"）运动，后则发展为以"圣战"来实行现代改革。此后涌现的"极端主义"也强调"圣战"。此外，新苏菲教团也相继出现，这种神秘主义运动带来了一些地方的伊斯兰复兴，如克什米尔的"瑞西运动"（"瑞西兄弟会"）最终形成克什米尔伊斯兰教徒占多数的局势，也为现代印巴克什米尔问题及其教派冲突和武装骚乱埋下了相关的宗教因素之伏笔。而苏丹出现的"马赫迪"（救世主）运动也影响到其社会的现代发展。国际恐怖主义、民族分裂主义和宗教极端主义开始影响到当代世界的进程，使国际局势出现更为复杂的不稳定因素。而伊斯兰教内部或其存在区域中出现的极端主义、保守主义、甚至恐怖主义等极端思潮也扰乱了伊斯兰世界本身的平静与和谐，它们往往以世俗的政治诉求来"绑架"其宗教信仰，并在一定程度上给人们认识伊斯兰世界带来误解或负面影响。

由于地缘政治和经济、社会发展上的劣势，19 世纪以来、尤其是 20 世纪中叶"二战"结束后，伊斯兰世界出现了"双泛"思潮，即"泛伊斯兰主义"和"泛突厥主义"。19 世纪奥斯曼帝国时期的阿富汗尼最早提出"泛伊斯兰主义"，旨在号召全世界穆斯林在伊斯兰信仰基础上联合为一个共同体（"乌里玛"）。"二战"后，因中东战争时耶路撒冷老城的阿克萨清真寺于 1969 年被战火烧毁，随之出现具有政治、社会因素的新的"泛伊斯兰主义"。其在国际合作上成立伊斯兰会议组织，形成伊斯兰世界联盟；在经济发展上主张走介乎西方资本主义与东方社会主义之间的"第三条道路"，即"伊斯兰发展道路"；而其极端倾向则干脆喊出"没有西方、没有东方，只有伊斯兰"的口号。"泛突厥主义"最早于 19 世纪末由土耳其国王阿不都里米提二世提出，宣称讲突厥语的各民族为同一民族，应归为土耳其统治。这一思潮于 1913 年又提出"突厥语的维吾尔族、哈萨克族、柯尔克孜族、乌孜别克族、塔塔尔族、阿塞拜疆族等都应该成为一个突厥民族国家"。这种思潮出现后直接对我国新疆地区的安定团结、民族和谐、国家统一造成了负面影响。在"一战"期间，伊犁、乌鲁木齐、喀什曾出现"东突"思潮；1930 年，穆罕默德·伊敏在南疆搞分裂失败，流亡国外；1933 年，沙比提大毛拉在喀什尝试建立"东突厥斯坦伊斯兰共和国"，其势力被回族武装消灭；1944 年，伊犁发生的"三区革命"也一度建立"东突厥斯坦人民共和国临时政府"。自中国改革开放以来，境外势力仍在支持"东突"思潮，干涉中国内政，挑起民族分裂。目前，土耳其境内设有 1999 年 12 月成立的东突民族中心，以及东突移民社会、东突青年联盟、东突文化协会等机构。1998 年，美国关于"中国人权"的报告提出了所谓"新疆人权"问题；1999 年 10 月，在德国慕尼黑召开了所谓"国际东突民族代表大会"；在巴伐利亚州亦设立有世界维吾尔代表大会、东突信息中心等机构，2007 年 4 月还在柏林组织了所谓"第二届维吾尔领导人培训班"。这样，民族问题与宗教问题的交织，尤其在多民族居住的边疆地区可能形成不稳定因素，威胁到这些地区的平安。新疆现有40 多个民族共在，长驻民族就有 13 个，其中维吾尔族 897 万人，占总人口的 45.7%，汉族 780 万人，占总人口的近 40%，哈萨克族 138 万人，占总人口的 7%，回族 87 万人，约占总人口的 4.5%。除了伊斯兰教之外，还有佛教、基督教（东正教）等宗教的存在。

（四）印度文化地域中的宗教多元与社会变迁

"印度河文明"出现于前 3000 年，随着雅利安人约前 1500 年进入恒河流域，出现了"吠陀文明"，形成吠陀宗教。约前 11—约前 10 世纪，随着印度社会形成种姓制度，亦从吠陀宗教发展出婆罗门教。前 6—前 5 世纪，印度出现"沙门"思潮，形成宗教改革。在当时涌现的"沙门"五派"顺世论"（主张种姓平等，"现世涅槃"）、"佛教"、"耆那教"、"生活派"、"不可知论派"中，佛教影响最大。释迦牟尼"觉悟"成"佛"，形成"佛陀"即"觉者"（"觉有情，道众生"）、"成佛"即"觉悟"的思想，其中既有瞬间而达澄明之"觉"（顿悟），也有经过慢慢琢磨、思考这一理解过程而获得的"悟"。"沙门"思潮的兴起一度导致古婆罗门教在前4世纪—2世纪的衰落。4世纪以来,婆罗门教以其"多元宽容"模式来吸纳、融合佛教、耆那教、古希腊和罗马宗教诸因素,从而达成其复兴,形成延续至今的印度教发展,并为大多数印度人确立了其"印度教特性"。

佛教在前4—前3世纪从恒河流域传到印度次大陆大部分地区,其间形成"部派佛教",最初为"上座部"和"大众部",后分化为20个或18个"部派"。前3世纪,佛教在阿育王时期形成其印度发展史上的鼎盛阶段,随后在印度衰落。1世纪,从部派佛教又分化出"大乘"佛教,强调修"普度众生"的"菩萨道",并称"部派佛教"为基于自救的"小乘"。6—7世纪,印度一度盛行密教,并对此后佛教的传播形成影响。佛教形成后有着广泛的传播,其南传佛教(上座部佛教,巴利语系佛教)传入斯里兰卡、缅甸、泰国、柬埔寨、老挝、印尼和中国云南,并与相关民族及文化相结合;其北传佛教的一支(大乘佛教、汉地佛教)传入阿富汗、中国、朝鲜、日本、越南;另一支(藏传佛教)则传入尼泊尔、中国西藏、蒙古、西伯利亚等地。

8世纪,阿拉伯人传入伊斯兰教,11世纪起出现印度教与伊斯兰教的融合,于16世纪初形成二教合一的全新宗教"锡克教",主张对这二教的超越,强调"没有印度教徒、没有穆斯林"。而随着伊斯兰教在印度的扩展,佛教在印度本土则基本上消亡。

伊斯兰教在德里苏丹时期(1206—1526)和莫卧儿王朝(1526—1857)曾被立为其国教,但其"扩张伊斯兰教、革除异教"的政策也引发了1669年印度教徒的起义及其后的战争。而锡克教自其第六代祖师哥宾德(1606—1645)起也被发展为一个武装的宗教,形成"双剑"观念,一剑为世俗权力的代表,另一剑则向伊斯兰教挑战,代表其精神权威。18世纪在印度反抗阿富汗入侵期间,锡克教于1765年在旁遮普宣布独立,形成锡克教帝国,并由其神权政体发展为一个独立民族"锡克族"。

1857年,莫卧儿帝国灭亡,印度沦为英国殖民地。此前旁遮普亦于1849年被英国兼并,其锡克教神权政体被废。此后印度人的民族意识被普遍唤醒,印度教亦以"梵社"、"圣社"的方式开始其现代复兴。1915年"印度教大会"在加尔各答成立,其首领沙韦卡尔于1923年出版《印度教特性：谁是印度教徒？》一书，指出"印度教徒因为宗教的、种族的、文化的和历史的亲缘关系，结合为一个同质的国家"。这种印度教民族主义思想的抬头，使之与穆斯林、锡克教徒的关系不断恶化。印度穆斯林自1867年兴起伊斯兰"复兴运动"，1906年成立"全印穆斯林联盟"，后因与国大党达不成分享政权的妥协，遂致力于建立巴基斯坦独立国家。与此同时，佛教也开始在印度复苏，于1875年修理重建释迦成道的大菩提寺。1956年，出现"贱民"集体改宗佛教运动，其导向使现代佛教在印度被视为"贱民的宗教"。

1947年，英国实行印巴分治，民族、宗教矛盾凸显。1947年8月巴基斯坦宣布为伊斯兰国家后，至1948年3月，约480万印度教徒从西巴基斯坦移民印度，约600万穆斯林移居巴基斯坦；1950年至1952年10月，约93万印度教徒从东巴基斯坦迁往印度，约38万穆斯林从印度迁往东巴基斯坦。印度首都德里的穆斯林人口从1941年占33.3%下降到1951年仅占5.7%。1980年，印度人民党成立，其基本指导思想是强调"印度教特性"，坚持"印度从本质上说是一个印度教国家"，主张"一个国家，一种人民，一个民族"。但印度教坚持种族制度亦让下层民众形成离心倾向，1981年在印度南部又出现"贱民"集体改信伊斯兰教事件。这样，佛教、伊斯兰教、基督教在"贱民"中发展较快，成为印度社会下层的主要宗教。

在印度当代社会中，民族、宗教的矛盾很容易转变为暴力事件。例如，印度教与锡克教的矛盾使印度政府于1966年被迫成立以锡克教徒为主的旁遮普邦和以印度教徒为主的哈里亚纳邦。1984年，锡克教徒主张将旁遮普从印度分离，成立独立的锡克国家，并占据阿姆利则城金庙，公开与印度政府叫板。1984年6月，印度总理英·甘地批准"蓝星行动"，派军队袭击金庙，造成450多名锡克教徒死亡。同年10月31日，英·甘地在住地花园被其锡克卫兵刺杀，随后的动荡中又造成约3000多锡克教徒被杀。直至1988年，印度军队还再次攻击过锡克教金庙。而印度教徒与穆斯林的冲突亦频频发生，1992年印度北方邦阿约迪亚的巴布里清真寺被毁，当地印度教徒要在其地基上重建起印度教大神罗摩的神庙；2002年3月，古吉拉特邦爆发印度教徒与穆斯林冲突；2008年11月，孟买发生泰姬饭店遭恐怖袭击事件，令世界震惊。由于民族、宗教矛盾及其历史积淀，印度社会经常处于波动当中。从其不同宗教信徒的分布及人口比例上，我们亦可看出其多元和谐的必要。据进入 21 世纪后的印度人口普查显示，印度教徒约 8.27 亿人，占总人口的 81%，穆斯林约 1.38 亿人，占总人口的 12%，基督徒约 0.24 亿人，占总人口的 2.3%，锡克教徒约 0.19 亿人，占总人口的近 2%，佛教徒约 796 万人，占总人口的 0.8%。这五大宗教的关系如何，将影响到印度的政局稳定及社会发展。

结语

"全球化"作为世界"一体"的发展姿态，在面对由世界历史、人类文化积累、积淀而成的多民族、多宗教现状时，势必会有一些不适、产生某种张力。不同宗教作为相关民族、社会的"文化自我"、"精神寄托"，会以其信仰的力量和传统的遗产而构成其国度或民族的"软实力"及"特性"、"象征"，对内关涉其社会稳定、民族团结，对外则影响到各民族、各地区及各国家之间的合作协调、和平共处。宗教有其独特的发展历史和规律，不一定与某一固定民族完全连成一体，甚至在犹太教、印度教这类较为典型的民族宗教中都会有其开放性、包容性的一面。不过，的确有一些民族会以某种宗教作为其民族的"旗帜"、"象征"或"符号"，以之代表其自我意识、显露其涉外意向及态度，而不论该宗教是否为本民族的"原创性"、"原生性"的宗教，这在当代国际社会的民族、宗教冲突中亦清楚可见。民族与宗教的共构曾形成大小不一、但颇为明显的"文化圈"，在各文化圈移动、交往的边际会有着相遇、发生碰撞，甚至导致冲突，此即"边疆地区"的特殊敏感性和重要性之所在。人类文明的历史，也就是这些边界、边沿移动、变迁的历史。当然，这类"文化圈"从来不是封闭的圈子，与所谓"板块"的相撞不同的，则是文化之圈会开启、开放，如同奥运五环那样形成环环相扣、相连，彼此出现互渗或重叠现象。因此，各民族、宗教文化不会是铁板一块，而可以有机共构、形成积极的叠合与融会。当然，在现代文明的发展中，传统"板块"已被打破，这些文化圈的"圈"之痕迹也在逐渐淡化、消失，"边界"的概念已越来越模糊不清。

但同样重要的是，这种情况下的"边疆"与"核心"也可能是交替的、换位的；"全球化"已消解了"边疆"与"核心"的绝对划分，其民族、宗教的交织影响也已是多层面、全方位的，但对待处理相关问题既可能会更为敏感、复杂，也或许能更加简便、直接。其总的原则应是看到民族、宗教因素所构成的"软实力"，并能巧用、善用这种"软实力"，以积极引导、疏导为主，善于化解矛盾，达成积极转化，以便能在"全球化"时代争取天下太平、世界和谐。

第六讲　基督教思想文化及其
对中国的影响

　　首先非常感谢中央国家机关团工委，在百忙之中，尤其是现在方方面面的工作都是非常紧张的这样一个时机，请我来和大家一起研究商讨宗教问题。非常感谢在座的各位朋友，能够牺牲周末的休息时间，来这里一起商讨研究宗教问题。我们在座的各位朋友主要是年轻人，将来是我们各个领域的骨干，所以，今天在这里，我跟大家一起研讨宗教问题，是以一种商量、研究的方式来谈。有些问题，只是我个人的一家之言，或者是我个人的一些思考和想法，是开放性的、值得商榷的问题，不要将它们视为定论，我们对相关问题还可以在今后展开一些深层次的研讨。

　　目前从中国的现实社会发展来看，宗教是一个比较敏感、也是比较值得研究的问题。中国的宗教分成两大块，一是跟中国的思想传统文化相关联的，如佛教、道教。另外是从外面传来的。当然，有的朋友会说，佛教也是从印度传来的。不错，但是佛教在中国有两千多年的历史，基本上被中国文化所吸纳，所以中国文化把佛教文化视为它的一个重要组成部分。外来的这一块，主要有两个部分，一是伊斯兰教。各位朋友已经听了上期吴云贵先生关于伊斯兰教方面的研究。伊斯兰教主要是和阿拉伯文化相关联，现在主要在中国的十个少数民族地区发展。大家知道，伊斯兰教虽然有它的敏感性，但是从整个中国社会发展的影响大局来讲，还不是使人们对此有着特别担忧的方面。那个使人担忧的方面，就是外来宗教的第二个部分，即我们今天要探讨的基督教。

　　基督教，我想大家对它的一些基本的常识，它的一些知识性的情况比较了解，所以我今天不去涉及它的一些知识性的问题，而是把基督教作为一种思想文化体系，作为西方社会的一种理念，它的发展的潜在的精神力量，从这个角度来谈。因为我们中国实行改革开放，必须面向世界，而面向发达国家，则主要是西方一些国家。西方国家的一种思想传统，它的一种精神资源主要是基督教思想体系。这样的话，基督教思想文化体系跟中国的思想文化体系有一个相遇与碰撞，接触与冲突，搅揉与融合的关系。应该说，这种关系自从景教传入中国，已经有了约1400年的历史。但是，基督教与中国文化和谐共融的这个问题没有很好地解决。为什么？佛教刚传入中国的时候，当时在它的本土印度，佛教已经处于一种衰弱颓败的状况。佛教传入中国以后，它基本上处于没有外援的一种状况，因而很容易向中国文化屈服，使自己被容纳在中国文化之中。基督教则不一样，虽然景教传入中国时因被西方主流教会看作是一种异端而与西方关联不大，但从元朝开始，基督教的传入就有强大的西方文化，包括西方的政治力量作为它的支撑。这个传播在明清之间曾经有一场势均力敌的较量，也就是中国礼仪之争。康熙皇帝从原来欣赏天主教，到最后禁教。双方当时都没有妥协，应该说是打了平手。这样天主教在中国的传播被官方终止，但在民间仍得以延续。从近代尤其是鸦片战争以来，由于西方列强的支持，基督教再次公开传入中国。而这时其传入中国，力量对比已发生变化，中国当时的政治经济状况乃处于一种劣势，中国不得不向西方的政治力量屈服，同时也对西方的基督宗教及其思想体系进行了让步。但从这个时候开始，基督教和中国文化的张力就存在下来。所以在20世纪40年代，大家知道有一句名言说，"多一个基督徒，少一个中国人"。基督教被看做是洋教，到今天，洋教的帽子还没有彻底地被摘下来。所以有时候，我们跟个别领导人聊天的时候，他们希望弘扬中国传统思想文化。这个没问题。中国的传统宗教研究，也是应该值得弘扬的。可是，一谈到基督教，他们基本上是高度警惕的，会对之采取一种防范、观察的态度。为什么会有这样一个角度？我刚才说了，中国文化是强势文化，尽管在近代中国一度处于劣势。但是随着现代化的进程，中国现在重新强大起来。这是一个方面。另一个方面，基督教也是一种强势文化。到今天，它还有强大的西方政治、经济、社会、文化作为支撑，两强相遇，如果双方彼此不了解，而是采取一种对抗的方式，那么这种紧张就可想而知。而我们今天就处于这种紧张之中。所以我想作为各个领域的领导同志，和未来要挑大梁的青年朋友，了解一些基督教思想文化，知己知彼是有好处的。不过，我在这个地方谈基督教思想文化，绝对不是从一种"敌情"观念来谈。因为我们现在不少方面谈到宗教，尤其谈到基督教，是从一种政治角度来谈的。政治很重要，但它毕竟只是一个方面。我认为这种知己知彼，就是要看到基督教思想文化在整个西方发展中起的精神指导和精神支撑作用。它之所以在两千年来能够维系这种精神指导和精神支撑作用，说明它有一些重要的因素，这些重要因素，我们不是简单地把它否定就能解决问题。所以，应该对它进行客观的、深层次的研究，这样我们才能够真正做到知己知彼。而对于中国和西方思想文化的交流，尤其是和西方基督教的交流，就有一种比较清醒的认识。我想这对我们是有利的，而且是必要的。

大家可以看到，在提纲里，我基本上是从两大方面来讲。一是基督教思想文化的基本来源，另一是基督教思想文化对当代中国的影响。前面我们对基督教思想文化本身做一个剖析，后面联系我们国家的实际，探讨一些问题。

一 基督教思想文化的基本来源

基督教思想文化，一般来讲，认为它是"两希"文明的产物。所谓"两希"，一个是希伯来文明，也就是现在的中东地区，以色列、巴勒斯坦。这一文明发源地到今天还是个非常敏感的地区。昨天晚上的新闻，还在谈该地区的最新发展。这个地方产生的一个宗教就是犹太教。犹太教和基督教有非常密切的关联。在当前世界的宗教对话当中，人们一般喜欢用一个术语，叫做亚伯拉罕传统宗教。所谓的亚伯拉罕传统宗教，它涵括三大宗教，一个是犹太教，从历史的发展来看，它是最古老的。另一个是基督教，基督教在继承犹太教的一些思想方面有所发展，突破了其民族之界，所以形成一个全新的宗教思想体系。再一个是伊斯兰教，我们看到今天伊斯兰教虽然跟基督教、犹太教有较大的冲突，实际上它们在文化思想渊源上有相似之处，跟"亚伯拉罕宗教传统"有一种关联。这种犹太教的发展根源就形成了我们所说的基督教思想渊源之一，即希伯来文化。"两希"的另外一个是古希腊—罗马文明，古希腊—罗马文明和基督教也有着非常密切的关联。有人会问，中东主要是在亚洲地区，所以基督教是在亚洲诞生，为什么它会跟西方文化有关联？一般来看，西方思想文化体系的基本形成与基督教产生以后的发展相关联。不过，"两希"文明的接触和结合早在犹太教时期就已经开始。在研究希腊古代发展的时候，有一个说法认为它经历了希腊古典时期和希腊化时期。希腊古典时期，是前7世纪、前6世纪、前5世纪等，这是其鼎盛时期，像古希腊哲学和宗教就在这一时期获得繁荣发展。正如雅斯贝尔斯所说的，它属于人类第一个轴心阶段，即前5世纪左右，世界不同地区所展示的几大文明的崛起。

希腊化时期比较晚，主要是前二三世纪的历史。它的特点是开始了希腊文化的辐射和跟其他文化的融合，这种文化交流包括跟犹太教的直接相遇和沟通。埃及有一个亚历山大港，在文明史上是个不同文化汇聚、交流的重要城市。它的图书馆是古希腊时期最大的图书馆，因而世界闻名。这个城市中有许多的犹太移民。早在基督教诞生之前，这些犹太人就已经开始把希伯来文化和希腊文化结合在一起了，所以，在古代犹太教时期，就已经打下了这种"两希"结合的基础，并为基督教的产生准备了必要的文化条件和历史温床。而在基督教时期，这种以犹太教为母体的世界宗教和希腊罗马文化的结合就更进一步深入和系统化。因此，在基督教思想文化体系中，可以发现它已经深深打下了希腊文化的烙印。所以，"两希"文明就构成了基督教的两大基本因素。当然，我们知道罗马文化是古希腊文化的一种延续，所以在此我们把希腊罗马连在一起来看。

（一）古希伯来文化中的宗教因素

1. 追求"至高一神"的超越观

这也是我们说的一种超验神学。如果大家对宗教问题感兴趣，就会发现各种宗教对它信奉的神明的观念是不一样的。比如我们刚才谈到佛教，有的人认为，佛教是一种无神的宗教，它没有一个具体的神明观念。像佛陀意指"觉者"，而菩萨亦为"觉有情"、"道众生"之意，而不是神本身或其神性代表。谈到中国传统宗教道教，一般则认为它是一种多神教，像玉皇大帝等，各种各样的神明在一起构成多神之界。谈到我们传统的儒家思想，有的人认为，它表现了一种超越的神论，比如，天、上帝这种观念。但是有些人认为，实际上儒家的主流思想还是表达出一种哲学上的不可知论。它对于超越、对于神明持一种"不知"且不言的态度。比如，孔子说"祭神如神在"，不过是表达了一种主观态度而已。"子不语怪、力、乱、神"，并不去讨论、深究此类问题。所以在这方面的表述，有不同的看法。当然，这种对天命、对上帝的观点，给基督教在跟中国文化相结合的时候提供了一种方式，提供了一种可能性。但在这个方面来看，其"至高一神"或绝对一神的观念并不典型，表述也不是很清楚。而在古希伯来传统中，这种"至高一神"的观念就非常明显。当然，至高一神的观念，在古希伯来传统中有一个演化过程。所以，我们如果去看以前编写的传统的《圣经》版本，就会看到它的神名是用的一个"耶和华"之词，但"耶和华"之名从 19 世纪有关学者的考证看来，被视为一种误读。最早犹太人信奉的神是叫做"雅赫维"，有的翻译成"雅威"，或者"耶畏"，其最初被敬为雨神，即主管下雨的雨神。在中东这些地区，沙漠化很厉害，老百姓主要是牧民，通过放羊的方式维持生计。雨对草地是非常重要的，因此，"雨神"对游牧民族乃是非常原始的神明观念。这在漫长的发展中，就形成了它的民族神，即认为上帝，如"雅赫维"，是本民族唯一应该信奉的一个神。古代犹太民族由于对神的敬畏，不能直称神名，所以他们一般用"主"即"阿特乃"一词来称呼"雅赫维"，以代替神名发音，而在写这个神的名字的时候就只写它的辅音字母，不再写出它的元音字母。时间长了，一些人就把神名辅音字母的写法跟"主"这个称谓即"阿特乃"的元音结合在一起，结果就误读成了"耶和华"。所以，耶和华的称呼现在在西方学术界，包括在基督教的一些教会里面，大部分已经不再采用。但是，我们中文的传统翻译一直保持下来，现在没有新的译本。而有些英文等古旧译本亦沿用至今。这样使"耶和华"作为神名仍在使用。尤其是现在唯一的强调这一神名的教派，即耶和华见证会，还在坚持用"耶和华"这种称呼。古希伯来的上帝观念在"巴比伦之囚"时期，发生了根本的改变。在这之前，它是它的民族信奉之神。因为它，犹太人认为自己是上帝的选民，神照顾本民族，而对外民族则采取一种惩罚的方式。但是当古巴比伦战胜了以色列后，把以色列的民众俘虏到巴比伦去，所以称为

"巴比伦之囚"，这是在前6世纪的历史事件。这时，犹太的思想家开始反省，他们认为上帝是至高无上的，而不只是我民族的神，为什么呢？因为我民族如果犯了罪，上帝就会利用其他民族来惩罚我们，这说明上帝是至高无上的，是统摄所有民族的。从此就形成了这样一个至高无上的上帝的观念。所以，在《旧约》中就已有一种至高之神、超越之神的表示。比如犹太人的先知摩西在带领犹太人出埃及时，曾在西奈山拜见上帝，他问上帝："您的名字是什么？"上帝回答："我是自有永有的。"英文为 I am what I am. 或者 I am who I am。中文可翻译成"我是那我是"。这是直译。哲学化的翻译则为"我是自有永有的"。"自有永有"，实际上是说，这种超越一神的观念已经越出人的言述、描写或感悟，乃一种永恒实在。后来在基督教传统中，曾经形成了一种"否定神学"，即在上帝面前要保持沉默，保持低头卑微之态。我们不能说上帝是什么，我们没有办法去描述上帝，因而我们只能说上帝不是什么。这样的一种"否定神学"传统，实际上使"至高一神"的超越的观念在基督教中间得以弘扬，得以继承，这种超越神论及其相关的超越之维就成了它的信仰文化传统中的一个重要因素。

2. 突出"自我否定"的原罪观

这就形成了一种认识到自我有限性、突出自我虔修的灵修神学的传统。按照基督教的传统，基督教信守的经典是《圣经》。《圣经》包括两大部分，一部分是《旧约》，一部分是《新约》。《旧约》实际上是犹太教的经典。这一点在后面的第三节，我们还要进一步讲为什么叫做"约"？在《旧约》的第一篇，也就是在《创世记》里，大家会看到有一种神话的描述。上帝创造人，人本来是有自由意志的，人能够具有上帝的形象。当时上帝告诉人有两件事不能做。一是伊甸园里有一棵知善恶树，这棵树上的果子不能吃。有些传说把这种果子描述为苹果，说亚当正在偷吃禁果时，上帝回来了，亚当一着急咽下禁果却卡在喉咙里，于是就有了男人的喉结乃是源自亚当偷食禁果哽于喉中的说法，解剖学的"喉结"在英文中即称为"亚当的苹果"（Adam's apple）。还有一个是生命树，生命树的果子也不能吃。由于魔鬼化作蛇的形象，引诱人类始祖，结果使人犯罪，从此人就有了"原罪"。按照《圣经》的说法，是上帝造了人类始祖亚当以后，认为他寂寞，就从他身上取出了一根肋骨，又造了女人夏娃，跟他做伴。蛇引诱夏娃让她吃禁果，夏娃又让亚当吃禁果。吃了禁果以后，两人发现自己赤身露体，这样就知道了善恶，有了羞耻感，于是就开始找无花果树叶，遮住人需隐蔽之部，所以无花果树叶，在西文中又有"遮羞布"的意思。这样一来，由于犯了禁，上帝诅咒他们，派天使守住生命树，并把他们赶出乐园，让他们在人间生活，所以这一经历就叫做"失乐园"。由此开始对人的一种自我否定，因是始祖犯罪而致，所以叫做"原罪"。而人类始祖亚当的犯罪，又波及人类的后代，所有后来的人类都跟着有罪，人已经用不着去"犯"罪，因为"罪"乃是与生俱来。这样在希伯来文化传统中，就有一种深刻的对人的自我否定的"原罪"观念，形成了一种神人的分离及其关系的破裂。

当然，对原罪的解释，后来的古希腊还有另外一种说法，这种说法更人道一点。所谓"罪"是未中目标，即射箭没有射中靶子。这是一种比较人文主义化的解释。人有追求，但是人追求的目标总是达不到。人于是陷入一种痛苦自责之中，体认到自己的有限。基于上述"原罪观"，这种自我否定的宗教观从希伯来传统中就延续下来，对基督教产生了影响。

3. 强调"神人立约"的契约观

在其传统中也称为契约神学。现在，在西方比较保守的神学中，有一个大的门类就叫"契约神学"。在犹太教传统中，神和人即犹太人有过三次立约的经历。第一次立约，是人被创造出来并被逐出乐园后发生的。我们都知道挪亚方舟的故事，《圣经》描述，有一些亚当的后裔，在世界繁衍的过程中，不断地行恶，因此上帝想把人类灭掉，但是他们中间仍有一个义人挪亚很好。上帝想拯救这家人，于是就让他们把各种动物的种类都带了一对，躲进其所造的一个大的方舟里面，由此使其家人及所带动物在大洪水灭世中得以幸免。洪水退了以后，挪亚一家从方舟里出来，这时候上帝就和他立约，即以彩虹为约，要他遵守上帝的教诲，好好地在地上行善。这就是神人之间的第一次立约。第二次是我们前面提到的亚伯拉罕与神立约，亚伯拉罕也是犹太人的先祖。回溯历史渊源，犹太人的经历是很复杂的。他们最早是古代闪族的一支，实际上阿拉伯人最早也是古代闪族的一支。远古的犹太人在迁徙的过程中，有一些人就到了今天的两河流域，也就是伊拉克附近。亚伯拉罕最早叫做亚伯兰，他们一家从两河流域往迦南地即今天的以色列迁徙。迁徙过程中，上帝跟亚伯兰立约说，"你的后裔将形成一个大族，所以你要按照我们的约，遵守上帝的教规"。亚伯兰由此改称亚伯拉罕，意即"众多民族的始祖"。这次立约乃以"割礼"为约。现在的犹太民族还保持这种割礼的传统。因此这个约又叫血约。第三次立约即犹太领袖摩西带领犹太人出埃及后与上帝在西奈山所立之约。古代的犹太民族称为希伯来人，现在犹太人的语言仍称为希伯来语。后来因为它分成两个国，一个叫做犹太国，一个叫做以色列国，以色列国在北边，犹太国在南边。以色列国先被灭掉，后来犹太王国也被灭掉，但以色列人和犹太人的称呼都保留下来了。现在对犹太人都不说是希伯来人了，但对古代犹太人一般则说是古希伯来人。当时，古希伯来人在埃及曾经为奴，据历史记载达 400 年之久。此后摩西带领犹太人从埃及出来，因法老阻拦而历尽艰辛，但终于走出埃及。在前往"应许之地"的途中，上帝在西奈山召见摩西，跟他立约，即跟他订立了十诫，史称"摩西十诫"，就是十条诫命，分别写在两块石板上。这是第三次神人立约，由此规定犹太人要遵守"十诫"。

基督教认为，随着上帝使他的独生子耶稣基督道成肉身，来到人间，以前的"约"就结束了。现在耶稣基督通过他的道成肉身，跟犹太人立了"新约"，以前的"约"就叫做"旧约"。基督教最早也是犹太教的一个分支。后来，由于基督教早期的传教者超越了犹太人的传统，认为非犹太人也可以信教，"约"不再限于神与犹太人之间，乃是在于普遍性的神人之间。而且基督教在犹太民族之外、尤其是在罗马帝国得以发展，形成了一个大的世界性的宗教。但是，这种神人立约的观点被保持下来了，所以立约的观点以前是有神圣的维度。但后来在西方历史的发展中，"约"又有了一种世俗的维度，这就是后来的社会契约。这种社会契约观是和现在的西方社会政治观念相关联的，但它显然也受到西方宗教传统中神人立约观念的影响。由此可见，西方"立约"乃有着这样一个宗教渊源。

4. 渴望"复国救主"的救赎观

这种观念通常称之为救赎神学。犹太人在古代生活的地区处于亚洲、非洲、欧洲三大洲交界处，其周围有很多大国、强国。它经常受到这些国家的占领、侵略或奴役。古代犹太人的国家被毁灭以后，它总是希望复国，希望有救主来力挽狂澜，拯救民族的命运。今天的耶路撒冷是犹太教、基督教和伊斯兰教这三教的圣地，其中最典型的一个圣地就是现在所说的哭墙，哭墙之处原是古代犹太教的圣殿，在经历了漫长历史的复杂变迁之后，现在这个地方已成了几大宗教的圣地。在基督教诞生的时候，耶路撒冷是基督教活动的主要地方，也是耶稣被处死的地方，所以是基督教的圣地。圣殿曾经两次被罗马帝国摧毁，后来又建造。一直到公元初罗马帝国镇压了犹太人的反抗，把整个犹太国灭掉了，犹太人因而分散到世界各地，圣殿从此再也没有重建起来。在后来的发展中，伊斯兰教传到这个地方，在圣殿遗址的顶部造了两个清真寺，一个是阿克萨清真寺，一个是圆顶清真寺。阿克萨清真寺是穆斯林最著名的三大清真寺之一，仅次于麦加圣寺和麦地那先知寺。圆顶清真寺据传是默罕默德乘飞马踏岩石登霄上天的地方，所以又称为岩石（萨赫莱）清真寺，也是他们的圣地。我们知道，最近一轮的中东冲突，即以色列人和巴勒斯坦人的冲突，就是因为以色列的政界要人沙龙登上此处进入伊斯兰教圣地范围而引起的。此处下方的圣殿被毁后只剩下一堵墙，通称"西墙"。犹太人从世界各地来到西墙前，在这里哭泣，回忆自己民族苦难的历史，进行祈祷、忏悔。所以这道墙又称为"哭墙"。他们希望有救世主来拯救自己的民族。在基督教的传统中，则认为耶稣基督就是救世主。但是犹太人不承认这种说法，因为他们认为犹太民族的救世主还没有来到。犹太教和基督教既有传承，又有区别。希伯来文的"复国救主"有其特定蕴涵，救世主这个词叫"弥赛亚"。"弥赛亚"的原意是指"受膏者"。在古代犹太教的传统中，他们的国王或他们的宗教领袖在登基之前，要涂一种圣油、经过敷油的宗教仪式，由此被敷了圣油的人就称为"弥赛亚"，即受膏者。在古希腊语中，救主则被翻译成"基督"（Christos），实际上就是希伯来文"弥赛亚"的意义。"弥赛亚"跟"基督"因此有一种意义上的关联。而"耶稣"这个名字，实际上是古代犹太人常用的名词，从"约书亚"发展而来，如《旧约》中就有《约书亚记》。"约书亚"这个名字后来就演变成叫"耶稣"。"约书亚"是什么意思？是说上帝是拯救或者在当时称为"耶和华是拯救"。从它们名字的对应上，我们也可以看到这样一个复国救主的观点。但是两教有不同的传承，古希伯来文化有它的局限性，我们前面讲了，它要强调民族文化的排外意识，必须是犹太人、犹太民族，才能信犹太教。其"复国救主"乃要复犹太之国、救犹太之民。但在其发展过程中，据说现在如何认定为犹太人还是有争议的。由于犹太人和其他民族通婚的情况也比较多，所以犹太民族怎么认定现在就遇到了麻烦。为此，现在有些犹太派系强调一点，如果母亲是犹太人，那么其孩子就是犹太人，按照这样的标准来加以区分。但是有些改革派也提出了一些不同的看法。因为其他民族的女性与犹太人通婚的现象也比较多，并且在婚后进入了犹太家庭和犹太社团。若按上述标准，其子女的犹太民族性则成为问题。为此，一些犹太社团强调，跟犹太民族结婚的人，必须通过某种仪式加入犹太民族。为了保持它这个民族的独特性，犹太人会有一种排外意识。所以，当时犹太教是不外传的，只能在本民族内传播。另外它也曾有唯我独尊的选民意识，认为自己高于其他民族，因为自己是上帝的选民。这种"选民"的观念后来也被基督教所接受。但它是以信仰作为选民的标准，而不是以民族作为选民的标准，而犹太人是以民族为选民的标准。由于这两种局限性，使犹太教到今天还是民族的宗教，没有形成世界宗教。而最初作为犹太教一个分支的基督教，则发展成一个远远大于它、强于它的世界性宗教。

（二）古希腊文化中的宗教因素

1. 对"形上"之探的宗教理性精神

在对古代希腊的研究中，有一些最基本的术语颇引人注目，其中尤其重要的一个就是"形而上学"，反映了古希腊思想中对"形上"之探的宗教理性精神。形而上学的西文为 metaphysics，对 metaphysics 实际上有两种解释，一是在字面上的解释，叫做"在物理学之后"，是源于公元前的 1 世纪，有一个哲学家叫安德罗尼柯，他在整理亚里士多德的著作时，把 14 卷著述集为一册，放在亚里士多德的物理学之后。由此就有这样一种直观的解释。第二个层面，是一种在意义上的解释，叫做"在物体之后"，也就是讨论"作为有的有"，"有本身"，关心的是在物体之后，也就是纯有的问题，这样就获得一种哲学意义上的抽象解答。在后一种意义上，形而上学现在有时被简称为"形上学"，被视为太初哲学，元哲学，或者说是第一哲学。中文主要是根据《易经》中"形而上者谓之道，形而下者谓之器"这样一种说法，从而把它翻译成形而上学。但是我们知道，在中国语境中，形而上学往往被视为玄学。由此解释成一种僵化、僵死的理论学说，所以跟 metaphysics 这个词原意相差甚远。其实形而上学是西方思维传统的一个非常重要的思想来源。它的实质是指在对物自体的认知或理解上达到一种抽象性、本体性、或整体性的研究，也就是一种本质的洞观。这种对世界事物的本质洞观，既是西方科学精神之魂，也是西方宗教精神之魂。我们不少中国人认为科学与宗教必然分离，而且是水火不相容的，这说明我们对西方的精神传统还是缺乏一些根本的理解。很多人百思不得其解，认为西方科学发达，为什么宗教又兴盛，认为二者是水火不相容的，所以对这种现象困惑不解。其实，如果我们对形而上学有比较深刻的了解，这个问题就迎刃而解了。因为形而上学是对世界事物所要求的本质洞观，所以它在西方宗教精神中的意义，就是引导人对物的认知要有超越和深化。不局限于就物认物，这样既可以避免实用主义，又可以防止迷信固执。所以，我们一谈到宗教，往往好像它与科学不是一回事，实际上乃认为它们在认知上彼此形成了区别。其实，就对"物"的穷根究源之探讨上，形而上的方式对二者都有影响，这在宗教精神的意义上讲也体现出一种理性认知。

在西方科学精神上，这种形而上学是要求它的学科达到一种科学构建体系化的必由之路。所以，它不是仅仅满足于一种熟练工匠的经验性的积累，而是追求一种理论性的升华，形成一种完备的科学体系。我们曾经讨论，中国古代为什么有那么多的科学发明，但却没有形成一种科学体系？实际上，在反省之中，就是这种形而上学的精神形态在我们国家的文化传统中不是很完备，所以形成跟西方的不同传统。西方科学体系主要是由形而上学或与形上学相关联的方法论所构成的，它带来了西方这种体系上的突破和飞跃。西方"形上"的思维和中国传统的"实践"思维形成了"思"与"行"，"求知"与"实用"之间的明显区别和差异。我个人认为，中国的思维方式在形而上学方面，不仅不该减少或排除，而且还有必要进行一定程度的弥补。

基督教的思辨思想是从古希腊的形上之探的宗教认知中得到的。比如谈"三位一体"，说上帝是由圣父、圣子、圣灵组成的，我们会觉得这个说法荒诞可笑。实际上它却有着希腊哲学的根基和智慧，在哲学意义上就是讲物体实际上有"实体"和"本体"的区分。"实体"有具体的表现物体的形态。但是，它还有一种抽象的本质，即"本体"。"实体"和"本体"虽有密切关联，却仍保留着其意义上的区别。所以，基督教的"三位一体"的"体"实际上就是哲学尤其是存在主义哲学意义上对"在"之本身的一种探讨。而这种三位则实际上是对于"实存"、"实在"的一种理解。"实在"与"在"这样一种关联，在基督教思想中用一种"三位一体"的方式得以表述。我们既可以看到它的人格化表示，又可以了解它有深厚的古希腊的思想传统，所以这种形而上的宗教理性探讨，就形成了西方思想文化中的以智慧和思辨为特色的思维方式，它在认识"物"上达到了抽象化。亚里士多德的形而上学，在西方两千多年的历史中得以延续，包括康德曾讨论形而上学，现代的海德格尔也讨论过形而上学，等等。这是它的一个严格的思想传统。这个传统是对智慧的一种把握。所以，哲学这个词在希腊文中叫做 philosophia，philo 就是"爱"的意思，"追求"的意思；sophia 则是"智慧"的意思。它是一种"爱智学"，追求智慧。这种追求智慧就是要达到一种形上的境界。我们今天要了解西方思想文化体系，应该对形上的根基有一种深层次的把握。

2. 对"内在"之"己"自我认知的宗教主体精神

在古希腊的精神传统中已有对认识自我的强调，如古希腊德尔斐有一个阿波罗神庙，神庙里面保留着著名的箴言，其意思就是"自知"，让人们"认识自己"。这样，在古希腊的哲学传统中既有对形而上的一种超越的追求，也有一种内向、内在的归为自己、反思自我的追求。一个是客体，一个是主体。在主体性的认知中间，我们非常熟悉苏格拉底的名言："我知，我无知。"这是对有限自我的一种认知，有了这种认知即"自知之明"，才能超越自我。古希腊对"己"的这种认知精神，在基督教中得以发扬。比如基督教思想的集大成者奥古斯丁有一句名言："我怀疑，故我存在。"我们都熟悉笛卡儿的"我思故我在"，实际上这不是他的一个新发明。他是在传统的积淀上而完成的，幸运只是在于，他的思想表述得到了其时代的呼应和其社会的回应，而不像其先驱那样千古空音、寂寞上千年。西方这种"主体"认知从苏格拉底到奥古斯丁，一直到笛卡儿。恰如古希腊哲学的预言，"太阳下面无新事"。笛卡儿说"我思故我在"，这种对主体性的认知，实际上是从古希腊传统来的，经过奥古斯丁的基督教思想，由这种"自我怀疑"来达到"自我认知"。这种主体性认知是一个非常重要的因素，我们在研究西方文化时，尤其是在研究基督教的时候，要知道它有这样"朝上"和"朝内"的两种进路。

3. 直面人生之"史诗"所体现的"日神"精神

我听说你们在以后的讲座中，可能要请哲学所的周国平先生来讲。周国平先生是研究尼采的，尼采曾经对日神和酒神精神有过非常深刻的研究。所谓"日神"是我刚才提到的太阳神阿波罗，其精神在此强调"光明"之神，是一种自我肯定，自信好强，从而体现出古希腊主文化中的稳健、秩序、等级、中庸。这在古希腊传统中有着很大的影响，作为其"主文化"之象征的奥林匹克众神尤其是其太阳神庙的意义作为一种精神遗产而流传下来，此后的奥林匹克运动会即源自与宙斯神大祭相关的奥林匹亚竞技（始于公元前776年即希腊纪年以来四年一次的竞技活动），最早在某种意义上也是一种娱神活动，为此还有"神圣休战"的规定。这种影响所代表的文化"正统"意义对后来基督教文化也有着一种启迪。

4. 描述灵与肉张力冲突之"悲剧"所反映的"酒神"精神

"酒神"精神主要是指希腊神话的狄奥尼索斯传统。狄奥尼索斯是一个酒神，他在古希腊宗教传统中不占主文化，而只占亚文化的地位。酒神的最高境界是"醉"，实际上是一种自我否定和超越，其表现的精神特点是激情、空灵、逍遥、解脱。这种酒神的精神对基督教也产生了深刻影响。在这个方面，如果大家感兴趣，可以看罗素写的《西方哲学史》（上卷，中译本，第37—49页）。他对狄奥尼索斯对基督教的影响曾经有过非常深刻的描述。在西方的文化传统中，有主文化和亚文化的传统。有的西方学者如卫礼贤等人在进行中西文化比较的时候，认为中国文化实际上也有主文化和亚文化之分。在其看来，所谓主文化是以孔子为代表的北方文化，北方文化就是以黄河为其文明的摇篮，它的特点是体现一种集体主义。卫礼贤甚至对我们的集体主义是怎么来的都做了描述，说黄河经常发大水，人民要抗洪救灾，而抗洪靠一个人是不可能的，要靠集体来抗洪。

在集体抗洪中就形成了这种集体主义，所以这是中国的主流文化。这有没有道理？值得商榷。相对应的，他认为中国也有亚文化，就是以老子思想为代表的楚文化，南方的文化，它的特点是更加空灵飘逸，更多体现个人主义。这样，我们在屈原的作品中，像《九歌》等，就可认识这种楚文化。它的宗教的气氛更浓厚，其灵性特点得以典型体现。所以，有些学者认为，中国的这种南老北孔的比较有助于我们理解古希腊中的日神和酒神这样一种文化传统。在西方的思想文化传统中，我们可以看到，通过基督教的表述，一直有主体与客体、理性与情感两条主线在交替发展。但是，更多的是以理性思辨为主的这样一条线索。对理性思辨的这条线索，我们中国研究得也非常多。尤其像我们刚才提到的，从笛卡儿的理性主义，到黑格尔的思想体系，一直到我们后来马克思主义的思想体系，这都是体现出一种理性的精神。但是，还有一种从亚文化引申而来的叫做神秘精神。这种神秘精神在西方的思想传统中，也是时隐时现、一直延续下来的。这两条线索都可以从古希腊文化中得到它的根源。

（三）古罗马文化中的宗教因素

古罗马文化为基督教提供了什么样的思想根源？实际上，古希腊哲学对基督教的影响是在罗马时期。比如，新柏拉图主义，这是基督教所继承的直接的渊源。新柏拉图主义主要是在普罗提诺等一些罗马时期或者希腊晚期的哲学家的思想中得以体现。罗马文化中有两大因素，对于基督教有着重要的影响。一是从神意到立法，这样形成了法律意识。在古代，不少民族的早期执法实际上是基于一种神判，即神意的审判法。古罗马人借鉴古希腊人的立法而制定"十二铜表法"，后来就成了古罗马法。这种古罗马法强调，在法律面前应人人平等；人与人之间的交往要以契约自由为原则；另外一条是财产所有权不容侵犯。在罗马帝国时期就形成了这样一些法的观念。这种古罗马法，后来对基督教的教会法有深刻的启迪。在我们谈到欧洲中世纪的大学时，一般认为中世纪最早的大学是意大利的博洛尼亚大学，而这个大学实际上最早就是个法学院，它在研究教会法上颇有贡献。其对教会法的研究主要依据它对古代罗马法的发掘并由此开始中世纪教会法的系统构建。二是从"自立"到"共在"。我们现在谈的共和国，人民共和国，即 republic 这个词，实际上在古罗马用得比较多，它的这种"共和"的观念乃以其团队意识为基础。我们要是看现在有些描写古罗马帝国时期的好莱坞大片，其中印象最深的可能就是罗马军团及罗马方阵。一方面是被征服的奴隶成为角斗士，一个个具有单打独斗的本领，另一方面则是罗马军团的力量。罗马军团的士兵在单打独斗上可能不行，但是当其形成军团方阵的时候，那单打独斗者绝对不是它的对手。所以，罗马帝国靠它训练有素的军团，靠它的方阵征服了当时整个地中海世界。从这个方面来讲，它也形成了另外一种集体主义或团队意识，这种团队意识对于早期教会作为一个团体的意识也产生了深刻影响。所以，我以粗线条描述的方式把"两希"文明对基督教思想文化体系的奠基、对与之相关的一些基本因素进行了概括。当然这只是一个高度浓缩的概括，里面还有非常多的内容和细节。限于时间，我们在此不能详细谈了。

二　基督教思想文化的主要精神内容

我想概括性地把基督教思想文化的主要精神内容归纳成九大精神传统。首先我们回顾一下，西方文化到底是怎么来的？中国最早谈西方，是讲印度，如去西天取经，目的地就是印度。在西方传统中，西方是跟西罗马帝国相关联的，西罗马帝国在西方文化的形成中起了非常重要的作用。关于什么是西方？有各种不同的传说。比如在基督教的传说中，我们刚才谈到的挪亚有三个儿子，一个叫闪，一个叫含，一个叫雅弗，后来这三子分开到了不同地方。闪族成了亚裔，即黄种人的祖先。含成了非洲黑人的祖先。而雅弗则成了白种人的祖先。在基督教文化传统中，早期曾强调雅弗的地位和作用。当然不同的文化有不同的传说，比如在有关黄种人的传说中，则说上帝造人的时候，是通过一个火炉将人烤出来的，上帝一开始烤的时候，火候没有掌握好，因火候不够而出炉的人是白的，即白种人。第二次造人，烤的火候又过了，结果烤黑了，成了黑种人。直到第三次再烤时才恰倒好处，火候合适，而造出的人就是黄种人，所以不同人种谈到人的起源时会有不同的说法。《圣经》提及了闪、含和雅弗这三种人，即三个种族的起源，其中论及西方人的来源时曾隐隐约约地谈到主要是雅弗

支派。罗马帝国在地中海地区达其鼎盛，此后西欧的发展则主要是集中于
西罗马帝国的区域。西罗马帝国原来是罗马帝国的一部分，早期罗马帝国
的首都实际上是在今天意大利的罗马。5 世纪的时候，西罗马帝国先衰亡
了。但在此之前，它已经分裂成了东罗马和西罗马，当时罗马皇帝在君士
坦丁堡就是现在的伊斯坦布尔建立了新的首都，这样就形成了东西罗马之
分。西罗马地区遂成了西方文化的发源地。现在土耳其申请加入欧盟，有
非常复杂的心理状况和历史关联。一方面，从它的历史上，伊斯坦布尔在
以前称为君士坦丁堡的时候乃是东罗马帝国的首都，从而与西方文化传统
有着千丝万缕的联系。但另一方面，在漫长的岁月中，它被穆斯林所征
服，此后该地区绝大多数的老百姓都是穆斯林，它的地域分布也大部分在
亚洲，只有很少一部分在欧洲。但是在它的文化心态上，这种与东罗马帝
国的历史渊源使它在一定程度上仍有着对西方的向心力。由于西方的经济
实力强大，它自然会以上述联系和向心力而想参加欧洲一体化。所以我们
可以从古罗马帝国的历史中，看出相关的一些蛛丝马迹，注意到这些文化
上的渊源会影响到其今天的发展。基督教思想文化的主要精神内容与西方
文化形成其体系是同步的，大体上是出现于古罗马帝国的晚期和欧洲中世
纪的早期。

　　古罗马的文化载体主要是靠基督教保持下来的。为什么推翻西罗马帝
国的"蛮族"没有把基督教消灭？因为这些蛮族早在它们使古代西罗马灭
亡之前就已经先后皈依了基督教的一些教派，有些虽然是其异端教派，却
毕竟还是属于基督教的范围。这样它们对教会就比较尊重，并将神职人员
作为它们的文化人来加以使用，而且还以基督教信仰体系作为其民族文化
构建或在其占领地区进行文化重建的蓝本。这样，在西欧文化的重建中，
也就是所谓真正意义上的西方文化的形成过程中，基督教起了非常大的作
用，西方的思想体系也在这个过程中完成了由"知"（希腊"理性"精
神）经"行"（罗马"实践"精神）到"信"（基督教信仰体系）的过
渡。其中一个关键的人物是奥古斯丁（354—430）。奥古斯丁被视为西方
文化与基督教思想体系的整合者。奥古斯丁写了《忏悔录》，形成了西方
灵修文学的典范，也被称为自传式文学。西方很多的自传体，都以忏悔录
为名称。其实，忏悔录 confession 有两种翻译方法，一种翻译成"忏悔

录";不少学者认为,更精确的翻译应是"敬神自白"。另外,奥古斯丁还曾经写过《上帝之城》,此书后来成为西方历史哲学的古典范本。针对古罗马首都经常被蛮族攻破,有些人指责这是罗马人信奉基督教的结果,他为了驳斥这种说法,就写了《上帝之城》。他在撰写基督教经典著作的过程中,把古希腊、希伯来的各种文化因素加以整合、成为一体,形成了西方的文化体系,也为较为完备的基督教文化体系奠定了基础。实际上,奥古斯丁本人是北非人,当时属于拉丁帝国的范围。在古希腊的时期,文化传播属于希腊语言的范围;到了古罗马帝国时期,它分成了两大块,即罗马人的拉丁文,所谓拉丁化的罗马帝国实际上就是现在的西欧;不过,当时还有希腊语在罗马帝国范围的保存和延续,就是在东罗马地区包括现在的东欧和东南欧的一部分,仍流行使用希腊语,故有拉丁教父和希腊教父之说。我们研究西方经典的时候,主要是有三个语言体系:一个是希伯来语,一个是希腊语,一个是拉丁语。有的现代西方思想家把这三种语言称为他们的"三个代表",即他们文化语言的"三个代表"。奥古斯丁著作的撰写主要是用拉丁文,而且他主要是处于拉丁文化范围内,所以他被视为当时西方文化思想体系的最典型的代表。西方的基督教思想文化体系,到底包括什么内容?我把它概括为以下九个方面。

(一) 爱的精神

基督教有三个思想原则:信、望、爱。信是信仰,望是希望,爱用了一个专门的希腊文术语叫 Agape。Agape 最早指基督教传统中的"爱筵",早期教会为了招待其信徒,等他们做完礼拜后,请大家参加一种公共聚餐,这一不分贫富贵贱和社会差别的共聚同餐就叫爱筵。后来这种聚餐形式逐渐消失,但其体现的关爱精神使 Agape 这一表述进而引申、升华成了"神圣之爱"、"圣爱"的意思。最近,北京天主教会跟一个葡萄酒厂合作生产的一种酒,它的商标就叫 Agape,汉译为"爱宴"。在西方,酿葡萄酒的传统实际上是在中世纪的教会得以推广的,因为其宗教礼仪中需要有面包和酒。追溯到基督教诞生的时候,大家都知道有一幅名画描述最后的晚餐:耶稣把他的十二个弟子召集在一起,他知道犹大要出卖他,于是说,这是我们聚在一起的最后一顿饭,然后他把面包掰开,分给他的信徒说,

"这是我的身体，让你们分享"。接着他把酒分给大家说，"你们都喝这酒，因为这是我立约的血。你们吃了面包，喝了葡萄酒，即分享了我的身体和鲜血，就能和我共在，使罪得赦免"。这一形式后来发展为基督教的圣餐礼仪。由于这样的宗教礼仪需求，所以对酿葡萄酒也有一定的推动。葡萄酒酿造业在西欧是非常发达的。中世纪的经院哲学有一个有趣之争：葡萄酒和面包经常是做好了放在厨房里，但有时老鼠会偷吃面包，偷喝葡萄酒。那么就有经院哲学家讨论，老鼠喝了葡萄酒，吃了面包会不会也分享了圣体？研究这些问题，在现在看来当然是走偏了，但这是其思考个别与一般关系问题的一种方式。后来，教会礼仪中的圣餐成为宗教中的象征形式，而聚餐筵席的方式则基本上取消了。当然，现在基督教新教有些团体，还有这个礼仪后聚餐的传统。爱宴的形式虽然没有了，但是这种"爱"的理念却保存下来了。所以，其信徒认为基督教是一种爱的宗教，由于是爱的宗教，也就形成了一种伦理宗教。有些人在分析世界三大宗教的特点时，认为佛教是哲理的宗教，基督教是伦理的宗教，伊斯兰教是律法的宗教。当然这些说法都是相对而言，不过突出强调了其不同的侧面而已。基督教的爱指爱上帝与爱人如己，这是最基本的两个原则。从这个方面来讲，它把爱人跟爱上帝并列起来。这样就体现了一种人文精神、人文主义。在肯定人的地位方面，通过这种爱的精神来加以体现。另外基督教的博爱还强调要爱仇敌，包括敌人都可以爱，导致爱的极端形式。这样在实践中就遇到很多麻烦。比如，第二次世界大战时，希特勒杀了很多人，当时有些基督徒要组织抵抗，也主张以暴抗暴。这一时期的德国神学家朋谔斐尔曾解释说，当一个疯子开着车在轧人的时候，我们不能是仅仅对被轧死的人进行一些追思，进行一些祈祷，把他们安葬就解决问题了。而更重要的是我们要去拦住这辆车子，把这个疯子制服。所以这种爱仇敌的说法受到很大的抵触。有的人解释说，爱仇敌实际上是爱这个人，从人性意义上对其被恶所困表示痛心、关爱，但对他的邪恶的观念要进行铲除。而从社会责任上讲，则必须惩恶扬善，伸张正义。但是总的来说，基督教体现出了一种比较宽泛的爱的精神，而且这种精神多强调不抵抗，或以非暴力方式来抗议。古代基督教曾挺过罗马帝国的十次大迫害而最终成为罗马帝国的国教，所以说是后发制人，以弱胜强，因为它是基于爱的精神。当然在现实中间，爱究竟应怎样实践？我们对之仍可以打一个很大的问号。但是爱毕竟体现了它的一种基本精神。中国的教会在进行神学改革的时候，提出来的也是要搞一个爱的神学，回归它的传统。从哲学理性分析来看，神圣之爱是一个不可能性，而在现实中间体现神圣之爱则是"不可能的可能性"（impossible possibility），也就是说，这种神圣之爱是我们世人所达不到的。但是要通过它来指导人间之爱，作为一种基本原则来推行，这是基督教的一种基本思想。

（二）谦卑精神

基督教强调一种"谦卑"精神。我们刚才讲了，在它的思想中间，强调自己是罪人，也是仆人，所以，在很多的基督教学校，包括中国的基督教青年会，都喜欢以"非以役人，乃役于人"来作为其会训或校训。在基督教中是比较典型的，耶稣说，你们自以为大的，在天国则是最小的。他主动给一些仆人洗脚。在燕京神学院门口，有一个塑像，就是耶稣在为仆人洗脚，以体现这种谦卑精神。这种谦卑精神在西方文化、在西方文学中有很多描述。

（三）普世精神

基督教在其信仰中特别突出地强调一种普世精神。基督教最早是从西方发展强大的，它的源头在亚洲，在罗马帝国时期开始其西向发展。但是，它认为自己是一个世界性的宗教。这种普世宗教在一方面强调信仰的普遍性，另外一个方面，也曲折反映出西方发展的扩张意识。基督教真正成为世界宗教是在所谓的"地理大发现"后，其向美洲的扩张，一方面是天主教在南美的发展，另外一方面是新教在清教改革后在北美的发展。尤其是在北美，受这种影响的美国人有一种使命感，有一种扩张的意识，认为所谓的边疆边界乃是活动的，不是固定的，能不断向外面扩张。这种"扩张"被其理解为一种"神圣的使命"，即要把它的信仰往外发展。基督教的普世精神在现实中体现出一种政治上的扩张意向和信仰上的宣教意识。我们现在不允许境外基督教来华传教，但实际上基督教本身就是个传教的宗教。不让它传，跟它的本性是相违背的，由此很容易产生一种张力。所以我们说抵制境外宗教渗透，其中有两方面的情况应加以区分。一方面是境外有人利用传教来故意对我们的政治文化进行一种渗透；另一方面，应该承认，也有一部分人只是出于基督教的信仰传统而试图传播其宗教，并没有太多的政治意向，就是想履行其宗教职责。因此，在现实中有必要区分二者，对各自的传教动机应该有比较清醒的认知，这样就可以争取一些朋友，更大地孤立敌对势力，有效抵制其渗透。这种广泛宣教是和基督教的所谓普世相关联的。实际上，在基督教的发展传统中，他们曾经认为，16 世纪之前基本上是欧洲发展阶段，17、18 世纪是向美洲发展的最好阶段，19、20 世纪，是向亚洲发展的最好阶段。所以在 19 世纪下半叶和 20 世纪上半叶，基督教向中国派来了很多的传教士；但是在 1949 年后，这个浪潮被遏止，基督教的全方位传播在中国基本上是停止了。随着中国改革开放，我们会感觉到基督教的传教意识在中国重现。尽管我们在法律上说，不允许外国的教会在中国传播，但在实际上现在这种防范还是有一定的局限性。我们现在是处于一个开放的社会，交往的渠道多种多样，基督教的普世精神自然认为不能把中国落下。20 世纪初，基督教有一种说法为"中华归主"，其英文 occupation of China 则指"占领中国"。因此，我们可以看到，基督教的这种普世精神，既有它的信仰的积极的一面，但在中西方意识形态的对立中，其在政治上也有它的负面影响。

（四）　超越精神

基督教从其绝对一神教的意义上而体现有一种超越精神。我们回溯到古希伯来和希腊文化传统中，会感悟到这种超越精神。它强调上帝的绝对性，人的相对性。由于这种相对与绝对之比，它强调信仰之维要超越政治与社会。基督教有两个世界论，即天国对人世，教会对社会，政府对教会。《圣经》中明言指出，上帝的归上帝，恺撒的归恺撒，就是说在政治的意义上，它不干涉政治。但是在另一方面，它在审视世界事物上却会超越政府、超越政治。基督教从这个角度曾对西方文化的发展有比较大的影响。比如，基督教认为，人既然是有限的，那么人的政府也是有限的，要靠立法、靠监督来管理，这是以一种神圣的超越制度来进行的。基督教在中世纪是神权世界，我们叫做"信仰上帝的文化"；此时的天主教会是至高无上的。随着世俗化的发展，教会的权威被取缔，许多人认为教会不能代表上帝。教会毕竟还是人，人的权力就相对化。同时，在西方发展中，则形成了政治权力的分散化。既然人是有限的，人的权力也就应该有所限制，受到监督。这是以它的信仰超越精神作为支撑的，并不是简单的政治发展而达至的自然过程。

（五）先知精神

基督教的先知精神源自犹太教传统。"先知"在强调天启的宗教中指神人之间的使者，能传达神的旨意，洞见未来发展，因此能为众人指破迷津。先知的角色和作用就是替神代言、替天行道。但基督教的所谓先知精神主要是指基督教对社会负有批判和监督的使命。在古代的传统中，他们是以见"异象"、说"预言"的方式来表述。在现实社会中，他们是以一种社会的批判和监督来表达自己高于政治，或者与政治保持距离的态势。虽然基督教认为其追求不属于俗世，但是仍感到自己对俗世有使命感、责任感。这种先知精神是双刃剑，有些方面可对社会起监督作用，在其他方面也可能导致对政治的干涉和渗透。

（六）拯救精神

基督教强调拯救精神，但不是像神性"帝王"那样以君临之态来恩惠天下、普度众生。其拯救精神实际上是很复杂的。因为它的表述方式是耶稣基督作为上帝的独生子来到世界上，但他不为王，不统治大家，而是被钉在十字架上受难。尽管这种解释主要是说耶稣在十字架上受难是为了给世人赎罪，即以一种自我牺牲来表达对人的拯救；但是，从深层次上来讲，这种拯救毕竟涵括了自我牺牲的精神。这种自我牺牲的精神在基督教中有根深蒂固的影响。波兰著名作家显克微支曾经写过一本小说《你往何处去》，曾经被翻译为多种文字出版，并被改编成影片。其点题之意基于《新约·约翰福音》第13章第36节彼得问耶稣："主啊，你往何处去？"书中内容描述古罗马皇帝尼禄迫害基督徒，基督的大弟子彼得不得不往外逃，但在逃离罗马的过程中，他看见耶稣急急忙忙往罗马奔去，于是就问："主啊，你往何处去？"耶稣说："我的人民在受难，你却离开了他们，所以我必须回去，准备第二次被钉十字架。"彼得听后非常羞愧，也不再逃跑，回到了罗马城。最后彼得被倒钉在十字架上处死，成了殉难的教徒。这种拯救强调自我牺牲。据说罗马帝国曾经对基督教有过十次大迫害。在十次大迫害中，基督徒前仆后继，虽不反抗，却仍坚持以其信仰来继续影响周围的人，精心传教。到4世纪，罗马帝国不得不承认基督教是合法的宗教，而且把它立为国教。这使我们在认识一些传教士的时候，值得去思考一些深层次的问题。比如，在20世纪上半期，虽然整个基督教来华传教与西方殖民主义、帝国主义侵华有着复杂的社会、政治、历史、文化关联，但也应该看到，不少传教士来到中国，对他们自己而言既有冒险精神，亦有献身精神。其实他们在自己的国家，本来生活条件非常优厚，有些是豪门显族或者是富家子弟，但是他们到中国后，有许多人去了最边远的地区，比如去了贵州的石门坎，在深山老林里或者在当地原住民中传教，有的染上了传染病，客死他乡的人也不少。为什么他们能够这样做？就是因为在他们的信仰传统中有这种自我牺牲的精神。他们认为这是体现了对众人的拯救，对耶稣的一种追随。所以这种精神对基督教的发展产生了很大的影响，形成了巨大的力量，我们不能小觑。"文革"期间，当时的社会政治风气曾动员大家上山下乡，如人们所描述的，"毛主席一挥手，我们大家都下乡去了"。知识青年由此经历了一段蹉跎岁月，有过一种激情、冲动、兴奋和悲壮。但是现在，这些当事人则多已后悔，颇有抱怨。我最近看了凤凰卫视的一个关于知青的节目，对"文革"进行了反省，基本上是一种否定性的反省。许多人的青春年华、甚至生命都献给了"上山下乡"，那一代现仍留在乡下的已寥若晨星。而当这种"精神"也消失之后，如果我们现在还动员大学生或者年轻人到边远山区去，到困难的地方去，是有很大难度的。现在一般来讲，让年轻人在边远地区坚持支教、行医，长达两年、三年就相当了不起了，大家轮着替换。这跟以前要"扎根一辈子"是不一样了。所以，我们在比较不同文化精神的时候就会看到，基督教的这种"牺牲"精神既是很可敬的，也是很可怕的。它会形成一种强大的政治或文化、或其他方面的力量。所以我们在对它进行客观分析的时候，也要认识到它是双刃剑，要引起我们高度的重视。

　　另外一方面，这种拯救精神也会有一种偏激，强调"教会之外无拯

救"，从而有一种优越感和排他性。随着世界宗教对话的发展，这种优越
感和排他性，现在在有些教派中消失了。天主教经过改革以后，也不再提
"教会之外无拯救"，而是更多的对话，找相同的因素。但是，许多基督徒
还是保留着这种思想，认为教会之外无拯救。这种观念对有些人来说，还
是根深蒂固的，在中国教会中也依然存在，这就形成了一种排他性。基督
徒有很多表述是值得我们玩味的，比如，他们说，"我生活在这个世界，
但不属于这个世界"，中间还有潜台词，体现出他们的这种优越感。认为
自己的生活质量是不一样的，就是说他们的生活质量要高于一般的俗人，
因为他们是"属灵"的群体。从这个角度来讲，这种"教会之外无拯救"
的观点还是表现出了一种优越感和排他性。尽管现代教会在这些方面也有
很大的发展和改进，与世俗社会有很多的缓和，但是这种因素还是存
在的。

（七）禁欲精神

大家对中世纪都很清楚，它采取了一种出家"遁世"隐修的方式。我
们有个体会，旅游现在是高潮，到中国看什么？在中国到名山多是看庙，
天下名山僧占多。在欧洲看什么？在欧洲看教堂、修道院，因为中世纪隐
修出家的人比较多，形成欧洲各派著名修院建筑之独特景观。这种隐修精
神实际上最初在《圣经》传统中并不很明确，因为早期的神职人员是可以
结婚的，耶稣并没要求其门徒独身。在中古早期教会历史中，因有神职人
员结婚后有将教会财产变为家产的现象，他们将教会的财产留给自己的孩
子，教产就逐渐流失了。为了防止这种教会资产的流失，中世纪教会改革
者就做了一个规定，宣布神职人员不能结婚，要独身修道，以便能一心一
意为教会服务，这是天主教的早期改革。后来在基督教新教改革中，马
丁·路德带头和一个修女结婚，就把这种禁欲制破除了。但是，我们非常
清楚，像新教伦理中仍然保留有这种禁欲精神。马克斯·韦伯关于新教伦
理与资本主义精神的内在联系之论述，是我们的经济学界和社会学界前些
年的热门话题。这种新教伦理强调要以禁欲的精神"入世"，在这个世界
上禁欲，所以在一定程度上促成了当时资本主义的原始积累。我们通常将
这种"原始积累"解释为一种血与火的掠夺，是西方殖民主义海外扩张的

结果。但是西方的思想家、经济学家，却有另外一种解释，即跟新教伦理相关联。当时新教的加尔文派发展出一种"清教"伦理，按照这种伦理，人应该在世界上拼命去从事自己的事业，积累财产，这是上帝对其拣不拣选、自己感到是不是选民，是否成功的一个标志。此即加尔文派神学"前定论"的一种喻示和解释。但是在另外一方面，这种伦理进而告诫说，人得到这些财产以后，不要去挥霍，而要以一种禁欲的精神去积攒这些财产。一方面是拼命地赚钱，另外一方面是不花钱，西方一些学者认为资本主义的原始积累就这样形成了。它是讲在现实生活中，还是要有一种禁欲精神的。我们想起中国也有一种传统说法，"大隐隐于市"，就有在现实社会中隐修之境界。面对现实社会的各种各样的诱惑挑战，信仰者虽已从"遁世"躲避回到了社会之中，却还是要保持禁欲的精神。从这种禁欲态度来讲，天主教仍保持了出家独身的方式。现在，在全世界还有好几十万修士。修士除了从事宗教修炼之外，在以下两大方面也颇有成就，一方面是在学术上进行研习，在这些出家人中，有一部分人成了非常著名、非常有影响的学者；另一方面则是参加一些社会公益和慈善活动，有不少人也成了著名社会活动家、慈善家。

（八）神秘精神

我们刚才所谈的西方亚文化中的一条线索，就是强调一种神秘的体验，强调"心之理性"。法国近代著名的思想家帕斯卡尔说，人不仅有"脑之理性"，这是通常所言的理性，还有一种"心之理性"。他说这种"心之理性"是一种神秘的体验和感悟，他将之称为"优雅精神"，认为这种神秘的体验是一般的理性所不能解释的。人们在他死后，从他身上穿的棉袄夹缝里发现了他写的几排字，这里面就有他著名的警句，强调说"亚伯拉罕、以撒和雅各的上帝不是哲学家和学者的上帝"，所以靠哲学回答不了信仰的问题。现代有个神学家叫蒂利希，他的"终极关切"之说在中国社会上现在已被引用得非常多。他曾经对帕斯卡尔的断言做过分析，但认为"亚伯拉罕、以撒和雅各的上帝与哲学家的上帝是同一个上帝"。他认为神秘和理性并不矛盾。但在实际上，这种神秘的精神在西方传统中得以发展，并在 20 世纪下半叶又掀起一个新的高潮。如当代"灵恩"运动就代表着这样一种神秘思潮。其外文的表述 Charismatic 早已被马克斯·韦伯所常用，因这个词在中文中没有适当的翻译，所以就音译为"卡里斯玛"，它实际上是讲宗教领袖具有的超凡魅力，而这种超凡魅力在现代基督教看来则认为是来自于神秘的"灵恩"。所以对"灵恩"的突出、强调，在 20 世纪 70 年代以后就形成了"灵恩"运动。这在基督徒的发展中，尤其是在文化层次比较低的民众中间形成了很大的比例。所以，不少人信奉基督教不是从理性的角度，而是受"灵恩"运动的影响。这种思想对我们国家也有很大的影响，尤其是近十多年来，在基督教的基层发展中，我们会看到它的强大存在。与之相关联的，则是在神学上出现了"灵修神学"，在信众生活中出现了"灵修"活动及其结社，所强调的都是对一种"神秘体验"的把握。

（九）律法精神

基督教通过继承犹太教的文化精神遗产而有立约的传统。从人与神立约（契约）到"社会契约"，从"君权神授"到"君权民授"（委托权），由此形成西方社会观、人权观、律法观等。按照这种律法精神，现在政府的权力是老百姓根据律法、根据契约委托给执政者的。所以，在神圣维度的指导下，在现实中人们必须看到人及其机构的相对和有限，由此发展出了"三权分离"，以便对有限之人所掌管的权力加以控制、监督。从对神的绝对信仰到对人的相对体认，监督、制约很有必要。在看到西方律法比较发达的同时，我们也要认识到，在它背后有潜在的基督教的理念作为支撑，它从人的相对性和相应的对人的制约而形成了一系列的制度和体系。

概括而言，基督教大概有上述这些方面的精神因素，即体现出九个方面的精神。当然，这里还可以分解出其他的种种的因素。我们在此也是以一种简约、浓缩的方式来对基督教的文化精神加以概括。通过这些文化精神，我们对基督教本身会有比较客观的了解。我们也可进而看到这些精神对于中国当前的发展所具有的复杂影响，有的是正面的，但也有的是负面的影响。

三　基督教思想文化对当代中国的影响

上述这些信仰精神、这些宗教文化因素到底对中国文化会起什么作用？下面我们就结合中国的实际情况，谈谈第三个方面，即基督教思想文化对当代中国的影响。

（一）文化"认同"或"排拒"

从基督教方面来看，有着从西方文化传统及其文化自觉到"普世"教会发展的"普世"主义（普遍主义）的这种观念。从基督教自身来讲，它认为信仰无国界。基督教信仰自然也应该影响中国人、尤其是当代中国人的文化自知、自觉以及自立问题。为什么？因为基督教在一千四百年东传中国的经历中，自身一直也在进行着自我调试，即本土化，以能适应中国的文化。基督教与中国思想文化融合和对话，最典型的一次是在明末清初，如利玛窦等西方传教士认同中国文化之举，以及中国部分士大夫的积极回应。这样一种文化战略，在当时是非常有效的。后来由于"礼仪之争"，形成了双方的尖锐分歧和明显差异。此后，本色化的过程还在艰难地进行。而这个过程是非常复杂的。一方面，有中国人的参与，另一方面，在西方的差会中间也有部分传教士支持，但是很多传教差会机构是反对这种本色进程的。一直到 1949 年以后，中国天主教进行天主教爱国运动，中国基督教进行"三自"爱国运动，才开始形成真正的中国基督教的文化自知和自觉。但是在当时的情况下，中国的教会是孤立的，跟世界隔绝。我们知道有个实际的起因，即朝鲜战争爆发。战争爆发以后，世界基督教协进会，又叫做世界基督教教会联合会（简称"世基联"）发表了一个声明，谴责中国出兵朝鲜。当世基联于 1948 年成立的时候，中国基督教的领袖赵紫宸先生也是它的六主席之一，抗美援朝开始以后，赵紫宸因世基联的声明而宣布辞去其主席的职位，同时中国基督教教会亦退出了世基联。由于抗美援朝，西方国家开始对中国进行封锁，冻结了中国教会在西方各国的财产。中国的教会当时面临着生存的问题。当时教会的领导人跟周恩来总理探讨中国教会的发展。周恩来一方面对他们的爱国进行了鼓励，另一方面认为当时爱国爱教是不矛盾的，从而推动了教会领导人提出基督教"三自"爱国运动。其发起人包括吴耀宗等教会知名人士，这样就开始了中国基督教会自己的发展。但是这个发展是很艰辛的。在当时的氛围下，教会割断了跟西方差会的关联；而受中国社会政治的影响，教会的发展也一次次处于萎缩之中。1958 年，中国的新教教会进入了"后教派"时期，现在国际上常用 post- denominational period 来表达教会联合的新时期。但当时中国进行联合礼拜，各个教会合并，其实一个直接的原因是信徒减少，很多教堂空空的，没人去，没有办法不联合礼拜。这是当时的情况，并不表明教会有着生机勃勃的发展。后来中国教会又面临"文化大革命"的冲击，"文化大革命"时对基督教进行了全盘否定，教会的存在基本上是转入地下，几乎已奄奄一息。中国实行改革开放以后，对于"文革"中甚至"文革"前的有些方针政策进行了反省和反思。在这种情况下，中国的宗教开始恢复其正常活动。基督教也在这个时期开始恢复其发展。一方面，基督教继续其在 20 世纪四五十年代的本色化、本土化过程。另一方面，中国教会跟普世教会、基督教的普世主义的观念也发生了一些关系。比如，上个世纪 90 年代末，中国基督教会恢复和世界基督教教会联合会的关系，成为它的正式成员。因此，基督教在中国的存在处于一种非常复杂的状况：一方面，它跟基督教的传统有着密切的关联，它不能否认自己的传统；另一方面，基督教西方文化传统跟西方国家的政治理念有着密切的关联，而这些西方国家跟中国的政治方面的矛盾、摩擦和冲突并没有消减，还在继续存在。基督教会在中国因而有一个定位的问题，有一个文化自觉的问题。但在这方面，现在就出现了很多"盲区"或"空白"，形成了中国教会一种多元发展的态势。虽然我们现在按照宗教的建构性、体制性存在来理解基督教，可以看到中国基督教三自爱国会和中国基督教教务委员会，以及中国天主教爱国运动委员会和中国天主教主教团这样两大体系的建构和存在，但是它们现在也已经很难涵括复杂多元的发展。我认为，在思考文化"认同"和"排拒"的时候，中国社会对基督教应该持什么态度？中国教会本身应该持什么态度？都有很大的问号摆在大家的面前，需要得到较为明确的答案。

1. 中国文化"意识"

谈到文化自觉和自知，我们强调中华民族五千年文化的主体代表、其思想理论体系的代表性问题。西方文化两千多年，远古时代有古希腊、罗马，从古代经中世纪到近现代，有基督教文化体系。中国五千年文化文明，它的主体是什么？我们虽然为五千年文化感到很骄傲，但是现在颇感其思想代表的主体性不清。这里就会谈到儒家在当代中国的地位问题。我们知道，儒家是很复杂的现象。前不久，我们学术界有一个关于儒教是不是宗教的大讨论。很多人认为，儒教不是宗教。其实，儒教不是宗教这个表述方法，自16世纪以来从利玛窦起就在谈论，而最早提出来"儒教不是宗教"的正是利玛窦。因为当时宗教互有排斥性，在这种情况下，利玛窦看到中国儒家文化的强大，他知道如果把它作为宗教，那就有非此即彼的选择问题，不能二者兼得。利玛窦在中国的传教可谓是绞尽脑汁、惨淡经营，他刚来中国的时候，因受日本流行传自中国的佛教这一状况的影响，是剃了光头、刮了胡子、即作为和尚（"西僧"）来的。后来发现中国的文化主要是儒家思想文化，他又把头发留长了，把胡子也留起来，穿着儒家的服装，成为一个"西儒"。在儒家和基督教的关系上，他采取了权宜之计。他认为儒家不是宗教，说儒家的形态还不到宗教的形态，只是一种传统文化信仰。所以，中国天主教徒既可信仰天主教，又可以保留儒家传统。但是这个"儒教非宗教"的话题在20世纪初又被梁启超接过来了，但这时候的形势就不一样了，因为涉及五四运动前后的新文化运动。新文化运动以来最响亮的两个口号是从西方引进的，一个"德"先生，一个"赛"先生，即"民主"（democracy）与"科学"（science）。当时从西方引进的还有马克思主义、实用主义、实证主义，等等，在引进的同时出现了两大批判：对外是对基督教的批判，对宗教的批判；对内则是对儒家的批判，且是将它作为封建礼教的批判。这时，有些中国知识分子对于儒家思想有一种复杂的心态。儒家思想在很多人看来是一种哲学，它高于宗教，而不是宗教。梁启超、蔡元培等人就认为儒家思想不是宗教，中国没有宗教传统。中国的传统是哲学，而不是宗教。因为哲学贵"疑"，由怀疑而思考问题，解决问题。宗教则贵"信"，易陷入盲目。所以，他们说我们中国没有宗教还是值得骄傲的一件事情。这样，儒教不是宗教的说法，跟利玛窦时期就发生了非常大的变化，意义已经完全不一样了。虽然是同样的口号，意义却不同，态度也不一样。在这个过程中，也有其他方面的努力。因为看到基督教在西方国家的主导地位，有些改革家，如康有为等人，他们提出要把孔教作为国教这样的问题。其实，虽然他们看到了孔教的重要性，却是受了基督教的启迪；但他们知道，基督教在中国不可能成为国教，必须回归自己的传统文化，那么，就提出了儒家的思想。孔教虽然没有成为国教，但是这种认知保留下来，一直到现在在香港还有一个孔教协会，在相关地区还有孔教作为宗教的存在。前不久，我们世界宗教研究所成立了一个儒教研究中心，在社会上引起一些反响，各方的担心是意味深长的。一方面，我们现在已恢复有祭祖大典，还有像皇帝陵这样的场所，如黄帝、炎帝这种崇拜，尤其是台湾国、亲两党领导人上次回来访问，把这种具有民族特色的崇拜又推向了高潮。另外一个方面就是在曲阜祭孔敬孔活动的恢复，也使人们对儒家在中国文化中的地位重新考虑。有些人，尤其是新儒家，提出了恢复儒家的地位等要求，甚至有的人提出要培育它，使之形成为一个中国民族宗教，从而使中国的宗教在儒教复兴中能够达到一种"万流归宗"的状态。但是，我们若从学术研究的角度来冷静分析，则深感儒家作为一种思想体系现在在中国已经非常衰败，要想恢复起来谈何容易，除了少数知识分子在那里竭力呐喊以外，在整个社会它没有获得太大的回响，儒家在当代中国已起不到作为主体文化代表的作用。这样，中国五千年文化的主体代表，就是一个大的问号。为什么在这个过程中，基督教觉得在中国文化的重建中它可能有参与的机会？一是因为基督教思想文化体系自称具有的普世性和它的开放性，二是在于它也看到了目前中国文化自知上的茫然和摸索，认为有其发展空间。

2. 马克思主义思想体系在中国文化构建中的地位

中国社会主义强调以马克思主义为指导思想，这是中国当前主流意识形态毫不动摇的代表。当然，作为中国人来说，我们也会有一些文化上的深层次认知。因为马克思主义的思想体系的来源，包括它的三大基本因素都是源自西方传统，如果在中国文化体系中只有纯西方意义上的马克思主义，实际上也是一种"全盘西化"。这就是如果我们从深层次上考虑中国文化自知、自觉的话，不能不思考的问题。也就是说，马克思主义有一个中国化的问题，如何体现其中国的特色问题。从这个意义上来讲，马克思主义是不是能够在中国文化的主体中涵括一切？这仍是一个很大的问号。我们应该清醒地看到，经过"文化大革命"之后，已经出现了信仰、精神上的一些危机或空白。在对马克思主义观念的理解方面，也出现了一些多元的变化，因此，马克思主义本身在中国有一个重新构建的问题，也就是中国化的问题。马克思主义如何与中国文化相结合、与哪些中国文化因素来具体结合的问题，对其中国化极为关键。在结合的过程中，也涉及二者应该如何定位。

3. 中国文化重建中会有外来文化的影响

中国现在的文化形态，不是非常明确地有一个主体的思想，有一个大体上在方方面面能代表中国文化的东西。它处于重新构建之中，而中国又正处于开放改革的状态，因此，外来的思想文化，包括基督教思想文化肯定会输入或者流入。所以，堵并不是最佳的方法。比如，在信息高速公路上安"红绿灯"堵住不利信息，其效果有限。我们现在讲如何抵制渗透，如果要用"渗透"的概念来表述的话，那么可以说外来思想的渗透乃是一种全方位的渗透。从根本上讲，堵不住以各种方式、从各个方面、用各种途径（网络、媒体、交往、移民）所带来的影响。由于中国改革开放以后，新一代的移民在国外扎根。现在在海外的华人，有的人说是 3000 万人，有的人说是 5000 万人，他们保持着与中国的密切联系，自然会带来相应的影响。而西方的影响也肯定会不同程度地参与中国文化的重建。在这个过程中，就有一个如何进行引导和疏导的问题。因为，从历史上看，大家都知道大禹治水的故事，大禹的父亲鲧当时采取的方式就是堵，结果堵不住，洪水把大堤冲垮而泛滥成灾。大禹治水则采取疏导的方式，结果把洪水治好了。中国历史上就有"疏导"的智慧和传统。我觉得，在现代中国改革开放的时期下，也应该采取疏导、引导的方式。靠堵、抵制外来思想文化的方式是肯定不会成功的，包括对基督教思想文化。中国有着底蕴深厚的多元文化传统，在其文化重建中应有"海纳百川"的气魄和胸襟，兼收并蓄，对外来文化包括西方文化应取其精华、除其糟粕，为我所用。我们谈了西方文化的种种因素，对这些因素，靠堵的方式是没有什么太大的效果的。所以要进行疏导，疏导包括对它的认知和跟它进行对话，在这个过程中，我们可以争取朋友，孤立敌人。

（二）基督教思想文化体系对中国构建和谐社会的"参与"

这种表述实际上是一个比较积极的表述。据最新统计，基督教在世界上号称有 20 亿信徒，有的甚至说有 21 亿之多，世界人口是 60 多亿，基督教是世界上最大的宗教，分布在 200 多个国家和地区。跟我们进行交往的人中间，有多少是基督徒？这是一个非常大的现实。另外，我们看到，现在世界 60 多亿人口中间，信奉各种宗教的，大概是占了 48 亿，不信奉宗教的人或者无神论者是 12 亿。中国现在有 13 亿人口，据统计，信奉各种宗教的大概是 1 亿人，还有 12 亿人是不信宗教的。大家如果这样一看，会觉得世界上不信宗教的人都到中国来了。但是从这种统计来说，实际上并不是如此。因为按这类统计材料，中国道教和民间宗教信仰的人数就有 3 亿多将近 4 亿，海外华人最多是 3000 万到 5000 万人，没有那么多人信奉这类宗教，而外国人信奉这种中国传统宗教的人也是很少的。所以，这个统计实际上把中国大陆也包括在内了。这样一来，光民间宗教信仰者就从我们 12 亿不信者中间划掉一大块。虽然这种统计过于夸大，但也应该看到，各种宗教对中国人的影响所达到的涵括面至少也约有 2 亿到 3 亿人。所以，从这个角度来讲，说中国有 12 亿人不信宗教，估计过于乐观。我个人认为，现实情况没有那么简单。一方面基督教是世界上最大的宗教。另一方面，我们应看到宗教在中国会有双向互动。在中国境内信教者力量较弱，不信教者较强。而在世界范围内是信教者力量教强，不信教者相对较弱。这个互动是会带来变化的。我们对此应该做一些深层次的思考。这中间有交流，同样也有较量。在中国的智慧与西方的智慧较量中，到底谁能占上风？这还是一个未知数。

下面我们具体来看这种"参与"。

1. 价值观上的"参与"

由于价值观上的"参与"而与"主流意识形态"达到"融合"、"共构"，这有没有可能？罗素在谈到西方哲学史时，曾认为共产主义的理论体系是基督教的另外一种表述方式。罗素是一个非基督徒，他曾经写过一本书《为什么我不是基督徒》，这本书已翻译成中文，影响很大。从他的分析上来讲，我们现在所运用的、所熟悉的马克思主义的思想体系，跟基督教并不是无缘的，它们有一种间接的、复杂微妙的关联。我们中国的主流意识形态跟基督教思想文化是不是只有一种紧张的对峙，而没有一种可能的沟通？这是值得我们思考的问题。实际上，我们现在谈积极引导宗教与社会主义社会相适应，也提出要利用宗教教义的积极方面。中国的基督教爱国团体已经在向这个方面靠拢，争取跟主流意识形态达到某种程度的融合。价值观上基督教有没有可能参加我们现在这种社会的意识形态的构建？这是一个值得思考的方面。在西方，基督教跟马克思主义在沟通，这种沟通的方式，肯定会影响到我们国家。这是一种深层次上的对话，非常困难，但是若有这种可能，则有利于彼此和而不同的和平共处。大家都保持自己的不同的价值理念，和平共处。如果相互在理念上进而有了沟通，则会促进共识。我们谈到共产主义，共产主义不是一种宗教，但也是一种信仰。信仰涵括面很广，有政治信仰，有宗教信仰，基督教是一种宗教信仰，而共产主义则是一种政治信仰。两种信仰是有张力的；但既然二者都属于不同层面的信仰，那么这种张力会不会通过某种方式来化解？这仍然值得我们深思。

2. 伦理意义上的"参与"

伦理意义上的"参与"和我们讲宗教与社会主义社会相适应有着更直接的关系。宗教中最容易的一面是伦理道德在社会参与上的可行性，而且它有巨大的发展潜力。尤其我们刚才谈到基督教被认为是一种伦理的宗教，它的社会服务，社会慈善工作卓有成效，在这个方面体现其社会伦理的能力是非常强的。这种发展在中国有没有可能？或许有一种担心，认为基督教的这种发展可能会和我们争取群众，我们现在不希望它在这方面有所发展。但是实际上，我们中国社会服务的这种缺口很大，光靠政府的力量并不能完全解决，如果基督教有在这方面发挥积极作用的可能性的话，而我们的目前的政策或者政治理念却不允许它参加，那将会形成一个什么样的状况？如果基督教作为一种非政治化的社会中间机构，就可以在社会伦理方面对中国当前的发展有更多的参与。促成或促进这种参与也是值得我们深思的方面。

3. 政治意义上的"参与"

我个人认为，从 50 年代开始，中国的基督教因为强调爱国爱教，独立自办，实际上已经进入了一种政治意义上的参与。我们的教会有很多公开表态实际上都是政治的表态。随着改革开放的发展，中国的新教跟外面教会的联系恢复了，中国基督教协会不仅参加了世基联的各种活动，而且其与世界基督教各个不同教派的联系也恢复了。这样，中国教会自 1958 年以来的这种后教派时期实际上已经遇到了挑战，不少人担心，"后教派"模式还能走多久？其实，教会的这种联合礼拜只是相对而言的。像基督复临安息日会就是在星期六礼拜，因而一直不同于其他新教教会在星期日的联合礼拜。现在事实上还形成了各种各样的家庭教会，它们举行自己家庭或小范围的礼拜，显然有其独特之处。所以，我们在面对这种情况时，如果这些"教派"或聚会仅有宗教方面的需求，并没有政治上的需求或目的，我们应对之采取一种什么态度？是不管？是禁止还是纳入正常管理范围？从这三种选择方式，会出现各不相同的后果。从天主教来讲，由于梵蒂冈和我们没有外交关系，政治与宗教因素更是复杂地交织在一起。中国天主教在 20 世纪 50 年代曾提到中国天主教在政治上独立自主，但是在信仰方面，仍表示要服从教宗。不过，天主教的特殊体制导致在什么是政治服从、什么是信仰服从上的概念也是很模糊的，这样就形成了现在世界天主教政教合一机构梵蒂冈国或罗马教廷与我国天主教的复杂关联，或者其在政治、宗教两方面向我们"渗透"的危险性。天主教教阶体制有一个特点，就是它在世界范围有一个大一统的政、教网络，其最高的统治机构正是在梵蒂冈，以教宗为最高的教会领袖。这样，中国天主教会如果还承认自己是属于罗马天主教会，就在根本上回避不了跟梵蒂冈的关系问题。在这种情况下，如果说梵蒂冈联系中国天主教会之举是"渗透"或"干涉"，它自然就占据了主动"进攻"的地位，而我们则可能会处于劣势，处于一种防守地位。因此，改善中梵关系或促成中梵建交可能会给我们带来新的机遇和发展空间。

在当前宗教发展及其与政治的关系上，究竟应是政教分离还是政教合一？这看似简单，却仍有其现实存在上的复杂性。政教分离是现代政治文明的一种标志。尽管西方宗教对社会、对政治的影响那么大，它仍然是走政教分离的道路。在我们国家，由于 20 世纪 50 年代我们谈的那种复杂情况，所以中国的基督教若没有政府的支持是很难在当时的情况下维系下去的。因为这一历史沿袭和相应关系，基督教会肯定会在中国社会政治中有些参与，那么这种参与应怎么样理解和把握，也是我们现实中的一个问题。我们从政治的角度，往往更多看到宗教的政治层面，看到宗教作为政治的存在，但是宗教不仅仅是政治存在，它也是一种社会的存在，是一种文化的存在，更是一种精神信仰和灵性追求的存在。其本质并非政治参与性的，也不是将政治作为自己主要的社会存在和参与方式。所以，把宗教的政治存在、社会文化存在与其精神信仰的存在分离开来对我们到底是有好处还是不利，这也是值得我们反省的。目前基督教会在中国的发展和表现，从社会上能够看到，能够认识的，更多是一种政治的存在，其社会和文化的存在却不突出。这不是它最本来的面目。如果要回到它本来的宗教面目，对中国社会发展到底更好还是更差？这也是值得我们研究和商量的方面。

4. 文化意义上的"参与"

宗教在文化意义上的"参与"形成了一种多元辐射的局面。我们这里可论及三个方面：第一，信仰、信念、理想的改变。佛教在中国现在已成为影响最大的宗教。但在过去的 20 年，基督教发展则可以说是最快的。发展快自然影响就会大。它势必带来其信仰者在信仰、信念和理想等方面的改变。这是带根本性的改变，会影响到相关民族或民众文化之魂的塑造或嬗变。第二，社会活动的意向及其方式发生了改变。基督教在当代中国的传播显然也带来了中国社会文化活动及其意义的变化。教会的传统、文化习俗和信仰生活的大众形式正对我国社会产生影响、构成辐射。有些西方评论员认为，现在中国基督教发展很快，再过五到十年，基督徒可能达到中国人口的三成甚至四成，这样对西方有基督教文化体系的国家也就不再会构成任何威胁。以前西方对中国的"基督教化"是企图以西方文化来"占领"中华，而现在他们希望中国"基督教化"却是为了西方自身的安全，这种转变及其心态意味深长。我们由此可以感觉到其中颇有某种文化战略的考量。因为西方社会现在讨论所谓"中国威胁论"，不少人对中国对于西方到底存在不存在威胁没有把握。最近有个西方国家关于中国的报告提到所谓这种"威胁",引起我们外交部的抗议。但有些人认为中国不构成威胁,特别是如果中国基督教发展了,对西方就不构成威胁了,因为这样大家就都是主内兄弟姐妹、都是朋友了。谈到基督教在中国的人数发展,我们也不得不看到,现在农村基督教发展非常快。以前基层干部有句话,"基层不牢,地动天摇"。在社会体制没有改变以前,中国农村社会是由公社、大队、生产队这种一直到基层的社会管理网络系统所构成,而现在的乡区建构,相对而言离基层就远了。有时候在很大的地方,在农村最基层,没有我们政治建构的力量,出现了政权"虚己"或权力"真空"的现象。但人的社会性要求人群必须有社会建构、社会组织。于是,在这些政府权力薄弱或"真空"地带,教会就有可能发展,而这种发展不全是中国当前政府所承认的建构性的教会,而多由自由传道人所传,其中亦有从外面渗透过来的力量在发展。第三,在文化兴趣、品位方面也发生了巨大的改变。我举一个具体的例子:几年前曾经有一个讨论,中国人到底应该过春节还是过圣诞节?现在是春节越来越家庭化,成了私人的节日,家庭的节日。人们只有在电视机前欣赏春节文艺节目时的"共在",或零散的、小规模、小范围的走亲访友。而圣诞节倒是成了一种群体的节日,商业的节日,在每年12月25日之前,中国许多商场里的圣诞树、装饰圣诞的礼品非常多。到了圣诞夜,各个高校、企业、宾馆等,圣诞联欢活动也很多,许多商店、宾馆都会推出圣诞聚会或聚餐活动,形成一种市场潜力巨大的圣诞节"商机"。这样在无形中就形成了一种新的文化兴趣、文化品位,而这种文化兴趣、文化品位显然受到基督教的影响。这种影响是非常大的,它正改变我们的城市文化、企业文化和校园文化等社会文化形态。

(三) 基督教思想文化在当代中外关系中的作用

1. 中美关系

在中美关系中间,宗教问题尤其是基督教是一个非常敏感的问题。美国有宗教人权委员会等机构,几乎每年都要搞一个中国人权在宗教自由方面的缺陷问题的报告。我们已开始抗议,并以其人之道还治其人之身,也公布美国的人权状况,对之揭短、曝光。在以前日内瓦国际人权会上,美国曾多次提出反华提案，其中很大的原因是指责我们在基督教信教上不自由，受到迫害。所以，基督教问题是作为美国制约或指责中国的一张重要的牌。这张牌，它已经打出来了，我们如何回应，则直接影响到中美关系。实际上，美国的基督教方面对中国的态度是很复杂和微妙的。在这里，我可以举一个例子：美国福音派是传教意识最强的教会类型之一，其当代传教影响了世界许多国家。福音派中有一个重要的人物葛培理，曾到世界各国传教，当然也曾多次到中国。福音派在信仰上比较保守，在宗教教义等方面与现代派差异很大，故而在其政治态度上也会给人保守之感。但是葛培理对中国有非常友好的情结，当美国有人反对给中国最惠国待遇的时候，他努力地为中国争取。美国有人阻挠中国进入 WTO 的时候，他极力说服美国要吸纳中国，帮助中国进入 WTO。所以，葛培理被看作是中国人的好朋友。这可能给我们、给基督教都会带来启迪。如果西方教会在政治上对中国友好，有支持中国的态度，那么可能会带来我们对宗教方面有更全面、更准确的认知，这是一个双向互动的关系。尤其是美国教会的对华态度在中美关系的发展上起着重要作用。如果美国教会以友好、积极的态度促进中美关系的良好发展，自然也会引起中国对美国教会乃至整个基督教会的重新评价和积极肯定。小布什当选美国总统以后，美国教会主流派的人很沮丧，他们讲，现在美国发生了很大的变化，因为从选举区域看来，知识分子比较集中在东海岸西海岸，反对布什的比较多，中部地区拥护布什的比较多。东西海岸加上加拿大，可以形成北美教会主流派或现代派的区域，有人戏称为"加拿大合众国"（United States of Canada），而不是美利坚合众国。这些人中甚至有很多都愿意移民去加拿大，以回避美国社会及教会的保守势力。而美国中间这个地方加上南部就成了"耶稣之国"（Jesus Land），被视为保守的南边。起初，大家以为布什在舆论媒体方面不占优势，因为当时很多主流媒体并不看好布什，但是布什仍然成功了。为什么呢？这是因为选民中有许多是比较保守的基督徒，而且在基层民众中占的比重比较大。这些保守的基督徒对中国的态度也会影响中美关系，这是我们今后在中美关系的发展上一定要注意的。目前，一些保守派基督教会的领袖人物多次访问中国，与中国政界高层展开对话，故给人一种中美关系良性发展的希望。

2. 中欧关系

我们刚才谈了，西方传统主要是体现在欧洲，欧洲的统一，欧洲的一元化。它的精神理念从哪里来？主要是从基督教来的。中世纪欧洲达到真正的统一，是天主教的统一。当时的国家是分散的，各个王国没有统一的系统，真正能够统一的是当时基督教教会及其影响下的中世纪帝国，他们称为神圣罗马帝国。现在欧洲发达以后，要形成欧洲的统一，它的精神理念、它的文化，都与中世纪的传统有关联。欧洲对于基督教乃有着某种意义上的精神依存和文化依存，教会的社会影响很大，亦非常关注中国的宗教问题，所以与欧洲教会的对话也是非常重要的。欧洲教会关注人权和宗教问题，也试图对中国这些方面有更多的了解。我们对这类话题比较敏感，觉得对方有找茬之嫌，是不太友好的举动。其实，若弄清其这类关注的文化背景而与之平等、真诚对话，是有益于中欧关系的改进和改善的。由于强大的基督教文化的积淀，欧洲和中国的关系，不可能回避基督教的参与，而应与之展开广泛、深入的对话。

3. 中梵关系

梵蒂冈在欧洲是一个非常特殊的国家。它只有 0.44 平方公里，虽然很小，却是世界上十几亿天主教徒的领袖所在地，也是全球天主教会最高的指挥机构。梵蒂冈与中国的关系是非常敏感、微妙和有着重要影响的，它目前是欧洲唯一跟中国没有建交的国家。而南美 20 个左右没跟中国建交的国家，也绝大部分是天主教背景的国家，梵蒂冈的对华态度对它们来说也会有很大的影响。无论是出于宗教还是政治原因，梵蒂冈都非常想在中国重新恢复其影响，所以中梵关系也是目前一个热点的话题。最近罗马教廷老教宗约翰·保罗二世去世，新教宗本笃十六世当选，此间我们看到一个非常有趣的现象。一方面，罗马教廷方面向我们伸出了橄榄枝，表示出愿意改善彼此关系的意向；另一方面，中国外交部发言人在老教宗去世之际曾经做出了一个积极的回应，对约翰·保罗二世说不要影响中国人民的利益之表态有正面的评价，认为这样的言论对改善双方关系有一定的诚意。中国政府对如何解决中梵关系的意见是先外交关系，即国与国之间的关系，其次才是宗教关系，即教会跟教会的关系，态度很明确。目前双方正在试探其关系的改善或根本突破，有着各种途径的接触和对话。

4. 中国与亚非拉美的关系

基督教自 20 世纪下半叶以来在属于第三世界的这些国家和地区有着较快的发展，其传统影响也仍然在发挥作用。比如在亚洲，我们的近邻菲律宾就是天主教徒占其人口总数约 90% 的天主教国家。还有附近许多国家，如韩国等，基督教的影响也很大。我们在与这些国家进行交往的时候，多少也会感受到基督教对这种国与国之间关系的影响。

5. 中国的台湾问题

港澳地区在"一国两制"后在中外关系中的地位以及影响。随着港澳的回归，西方的政治理念、价值体系、宗教信仰已鲜活地在我们的内部存在。在台湾，"台独"是我们现在最担心的问题，而"台独"的发展取决于方方面面的因素。一方面它会看美国的态度，受到美国对华政策的影响，另一方面它跟基督教也有关联，如台湾长老会中有不少人在强调本土化的同时亦强调"台独"，由此使基督教对这一问题的态度复杂化。从这个角度来讲，台湾问题在国内涉及到基督教长老会的影响，故而有必要对其政治定位和信仰理念加以研究。基督教会的态度显然对我们解决台湾问题是否顺利也有着非常关键的作用。而处理好与香港、澳门基督教会的关系，亦有利于我们"一国两制"的顺利实施。

总之，我们应看到基督教思想文化对我们国家的方方面面都会有影响，我们应对这些影响进行客观准确的分析，这样，争取这些问题的解决能对我们的国家构建和谐社会、得以安定发展起到有益、积极的作用。谢谢大家！

问题：

1. 宗教属于先进文化还是落后文化，如果是先进的，我们却一直在堵防，如果是落后的，为什么延续了两千年却未有可比肩者？

这个问题提得比较尖锐。因为对此很难做出一种直接的回答。学术界谈先进文化和落后文化，有一种不同的看法。文化有着不同的类型，它自身有一个发展演变的过程，我们在分析宗教文化的时候，认为宗教文化肯定保留了人类精神文明的精华，所以得以延续。但是宗教本身，有一个自我扬弃的过程，它也要去其糟粕。因此，它总是处于一种传承与扬弃、先进与落后的张力之中。我们现在对宗教的态度是要弘扬宗教文化中一些积极有益的因素，防范它一些不利的因素。坦率地讲，这个问题很难从学理方面做答，不好对它进行先进还是落后的定位，仅选择这两种定位中的任何一种都是不准确的，应该说它有一个弘扬精华，去除糟粕的任务，只要是文化，都有这个任务。

2. 基督教文化与中国宗教文化有无冲突？冲突的焦点是什么？

基督教文化与中国宗教文化肯定是有冲突的。冲突的焦点在于基督教认为它是绝对宗教，教会之外无拯救，这种对于绝对性的强调有排他性。其他的宗教就不会接受。在近现代宗教对话的氛围中，有些基督教的教派，尤其是主流派，表示对基督教的"绝对性"宣称可以重新考虑。这样就展开了对佛教、道教、伊斯兰教等等的对话。但是还有一些教派强调，对话但不妥协，因为如不承认自己所追求的信仰具有优越性、高于其他信仰，则会失去其信仰的理由和动力。从这个方面来讲，宗教中的"神圣性"宣称应该是一个大的焦点。不同宗教在这种信仰意识上是有冲突的。比如，中国历史上尤其是明清之际，曾有基督教和佛教的冲突。当时很多佛教的知识分子和儒家认同基督教的态度大不一样，而是对基督教一通猛批，以回应基督教补儒易佛的策略。这个冲突在现代氛围中已有所缓解。但是应该看到，基督教在现代发展中仍然与其他一些宗教发生过冲突。可以说，这也是宗教所代表的一些文化方面出现的冲突，我们不应该回避。这是一种现实。只能说在如何化解冲突上，我们应该想一些宗教内的因素，以及宗教外的因素，对之综合起来看，找出较为理想的解决办法。

3. 基督教观念与中国政治冲突的焦点是什么？

基督教中有一种超越的维度，它认为它的精神理念是超越政治的，政府管不了基督教的信仰思想和精神。政府可以管社会行政的方面，如教会社会存在、信徒社会行为等是否合法，但是政府管不到宗教的理念方面，所以这一点跟中国的政治会有较大的冲突。比如，天主教对其精神领袖的服从在政治层面就是一个非常关键的问题。我们知道，康熙禁教以后，雍正曾经和宫廷中服务的传教士谈到了中国官方禁教的理由，他说，传教士希望中国人都成为其教友。但是传教士也要想一想，如果这些中国人成了天主教徒，都听教宗的，那么一旦中国边关、边境有事，与西方势力发生冲突，而这些中国人因成了信徒又都听亲西方的教宗的，那中国该怎么办？这种从政治方面的考虑是很明显的。正是基于这一考虑，当代中国政府才提出"政治上相互合作，信仰上相互尊重"的政教关系原则。

4. 一种文化主要应包括哪几个方面？

文化包括三个层面。一是它的核心层面，理念、思想观念，这个层面的对话是最困难的。二是它的建构的层面，即它的组织体系，这是中间的层面。三是对外的层面，它的物化、物质性的层面，这个层面的对话是最容易的。而中间的层面，如政治建构的层面，我觉得是对话能否成功、是否有效的最关键的层面。我曾经概括说，物质层面的文化对话最容易，结构层面的政治对话最关键，思想理念层面的对话最困难。

5. 介绍一下"灵恩"运动对中国的影响？

现在"灵恩"运动在中国发展、影响比较大。从其传统上来看，它在20世纪40年代，甚至50年代初就曾经有过，中国教会中亦有其代表，因为当时中国的新教发展实际上有三个流向。一是强调"灵恩"运动，其代表人物强调"属灵"，对社会现代发展持抵触、甚至反对态度，在理论上则主要宣讲他们的灵恩、灵修神学等。二是强调积极的社会参与，就是我们现在的"三自"爱国教会所代表的发展方向。还有一个中间层，强调不要直接参与政治，而要通过信仰来间接影响人心，达到社会的改进。所以，应该说在基督教发展过程中，影响最大的是主流的积极参加，关注社会，爱国爱教。另外也应该承认，对中国基层影响比较大的是"灵恩"派思潮。而中间思潮主要是对知识分子有影响，涵盖面不是很大。那么在20世纪50年代占主流的，是强调与社会适应的流向。随着改革开放以后的多元发展，这种在基层的强调个人"灵恩"、灵修的思潮也开始复活。当然，其在基层的发展，颇受中国传统民间习俗的影响，也有海外渗透的因素。这种"灵恩"运动在全世界范围的发展都非常大。由于它在中国有与中国民间信仰相结合的特点，因此值得我们特别关注和研究。

6. 新教有没有世界性教会？

基督教有一个世界性组织，叫做世界基督教协进会，缩写为WCC（World Consul of Churches），亦翻译成世界基督教教会联合会，简称"世基联"。其成员以各新教教会为主，也包括东正教。但是它没有一种教阶上的权威地位，它的总部设在日内瓦，主要办事机构由秘书长负责。它有六个主席，是从各个国家的教会中选举出来的，所以没有像天主教的大一统，也没有像罗马教廷那样对全世界的信徒都有着宗教权威的世界性组织。

7. "打倒孔家店"，让儒家在中国一蹶不振；"文革"大概又降低了马克思主义在中国的影响力。那么西方发达社会中的基督教思想体系，是否在中国文化重建中更有用？

我个人认为，基督教思想文化在中国文化重构中不见得有优势。但是，它可能会参与这种重建。这样的优势从目前来看，还主要是在中国的马克思主义的指导思想体系。因为我们这50多年来已经在这一体系的发展上有了很好的基础。再一个就是中国的传统思想理念，经历了五千年的积淀，走过了不少风风雨雨，这个形态虽然现在不是很明晰，却仍有进一步打磨的基础。另外一方面则是基督教和西方的一些思想观念，我个人认为，它会直接或间接、潜在或公开地参与中国文化的当代重建。完全排除这方面的因素，可能只是我们在主观上想要这么做，但在实际中不一定能够做到。不过，基督教在中国是不是会像西方认为的那样占优势，那么乐观？我觉得，我们可以对台湾和香港的基督教发展加以比较、对照。台湾、香港在对基督教的态度上并没有这种意识形态方面的张力，可以让它自由发展。但是它也是极少数。所以，从中国对基督教的态度来讲，中国文化仍保持着一种强势文化的姿态，基督教也不愿意低下它在文化认识上那高昂的头。如果"不低头"，基督教就达不到佛教来中国后与中国文化融为一体的状态。这种结合、融入中国文化是基督教影响要想占优势的前提。但是目前尚看不到它有这个方面的迹象。从基督教在中国的转型来看，它必须向中国文化让步，现在也必须向中国的政治方面有相应的让步，至少应做出一个积极的融入中国的姿态。如果没有这种姿态，它在中国就不会有优势。

第七讲　全球化与中国宗教

一　导论："全球化"的社会、文化意义

"全球化"本是指经济全球化而言，始自 20 世纪 80 年代，其时代背景是当代航空航天科技的发展，计算机技术的普及与网络信息的畅通，由此所实现的交通便捷、信息同步、知识经济的迅猛发展，以及产生出的全球性的生态意识等。所谓经济全球化以"跨国商品与服务交易及国际资产流动规模和形式的增加，以及技术的广泛迅速传播使世界各国经济的相互依赖性增强"[①] 为特征，于是出现了世界范围产业结构大调整、逐渐形成世界统一大市场这种世界经济发展的新趋势。人们前所未有地感觉到"全球化"的来临，以及作为"地球村"村民的相互依存、不可分开。其结果，无论是主动还是被动，各国经济都正在相互开放、国际贸易壁垒被不断打破，贸易保护主义受到批评和指责，经济资源自由流动和配置的规模及速度在日益增大，各国间经济相互依存、影响和制约的程度乃愈益加深，维系全球统一市场并规范其经济运行所必需的全球机制和秩序也在建立健全，传统经济的格局被打破、遭肢解，新的"网络经济"、"知识经济"、"跨国公司"、"国际融资"等恰似洪水激浪而正在无情地冲刷、摧毁传统封闭社会的壁垒、樊篱。经济全球化这一洪流大有"顺我者昌、逆我者亡"的气势，它使以往经济发展可自给、自足、自立、自存的田园风光荡然无存。人们不得不在这股洪流面前低头，也必须随其态势顺势而流，努力争取加入相关的国际经济共同体，设法能参与相关经济运作"游

[①]　参见国际货币基金组织 1997 年 5 月发表的《世界经济展望》。

戏规则"的制定，在"绑在一起"的前提下谋取自身的最大利益。

不过，我们不应将经济全球化视为一种孤立、独立的经济现象，而必须看到它在人类社会各层面的复杂关联及交织共构。如果说它是随技术全球化、信息全球化的世风而来，那么这种全球化的经济就势必以"开放"为特征，而这种"经济"的开放自然会带来"社会"的开放，甚至可以反过来说它就是开放社会的结果或表现，"开放经济"乃"开放社会"的重要标志和象征。由此而论，经济全球化的水到渠成显然有经济之外的原因，而其全球化的影响当然会远远超出其经济本身的范围。我们必须看到并承认，"全球化"不只是一种经济现象，不能指望其仅仅停留在经济范围，而应深刻地洞见到，它的出现实际上有着更加深远的社会、文化蕴涵，必须对之有着综合、系统的思考。

（一）"全球化"的思想寻根

"全球化"作为一种社会现象会曲折地反映出一种思想观念，相对而言也会折射出一种价值取向。当今世界兴起的经济全球化高潮显然是以西方发达国家为主导，美国和欧盟在其中发挥着关键作用。我们看到，以美国和欧盟为代表的发达国家及其跨国公司在全力控制世界经济舞台的同时，有着思想的同步；也就是说，西方的思维方式、价值标准、世界观念、宗教信仰、道德判断、文化模式等亦正在形成其在全球范围的辐射、扩散及渗透，已有广远的影响。所谓"开放社会"之"开放经济"的"公平"竞争其实是相对的，不可能有绝对的公平，发达国家有其前期发展的先机、优势和积淀，它们与发展中国家相比在经济和科技水平发展程度上占据明显的优势，在所谓全球化经济的起点上就已经很不公平。这种长期形成的差距构成了对发展中国家的巨大压力，并在对其国家主权和经济安全形成挑战的同时也对其持守的世界观、价值观、信仰观和文化观等形成挑战。经济的竞争和较量并没有排除政治、文化竞争和较量的因素。经济战略实际上乃与文化战略共舞。因此，我们必须对"全球化"加以整体、系统、全面的审视，看清其中的联系和利害关系。

人类社会的共同相处是人作为其同类而具有的思维天性，反映出人的社会及群在本质。在西方思想文化传统中，这种"全球化"的观念乃起因于西方文化价值观及其政治文明中的"世界大同"梦。欧洲的统一，西方的统一，均以其思想文化价值及其信仰理念的统一为基础。古罗马帝国因形成了地域宽广、幅员辽阔的"帝国"而有了"罗马即世界"的夸张想象及诉求。而帝国后期乃至整个中世纪基督宗教在欧洲的一统天下，又使这种"帝国梦"附上了神圣的灵光圈。从古罗马帝国经神圣罗马帝国到现代"第三帝国"，其政治与信仰理念有着复杂的缠绕、纠葛。这种世界一体或主宰世界的意识已成为当代西方主流社会对往昔魂牵梦萦的追忆，亦是欧洲今日力争实现其政治、经济、军事、文化之统一的强大精神动力和心理依凭，而美国更是有着争当"世界警察"、维系"世界秩序"的情怀和抱负。所以说，"全球化"有其文化底蕴和思想渊源，是其社会、经济、政治理念的共构。这一观念本身的提出，也与西方精神传统及其历史发展有着不解之缘，是其传统理想、追求的延续，以及由此而来的现代表述和表演。当然，"全球化"就其思想渊源而言也并不仅仅为西方所独有，"世界大同"的观念在中、西方文化传统中都是相通的。但中国古代的"大同"观更多追求世界的平安、社会的融和，讲究的是一种"使老有所终，壮有所用，幼有所长，鳏寡孤独废疾者皆有所养"的境界，向往的是"大道之行，天下为公"的理想社会，从而少了许多今天全球共在时的竞争、矛盾和摩擦。此外，在政治历史上曾有近代国际共运所追求的"国际化"，一曲"英特纳雄奈尔就一定要实现"的《国际歌》即把人带入了对这种政治抱负及奋斗的理解。而从社会生态、人类共存来考虑的"地球村"观念也是全球化认知的生态版本。

就是从这一观念的现代版本来看，"全球性"或"全球化"也并不是仅仅作为经济概念而提出来的。与今天的发展有所不同的是，其更为突出的主题或更为醒目的主旨却是社会、政治和人文意义的，并不是刻意强调或突出经济。西方学者雷塞尔（Oliven Leslie Reiser）和戴维斯（Blodwen Davies）于 1944 年推出其合著《全球民主：科学人文主义与应用语义哲学导论》，由此开始"全球化"一词在现代世界的普遍运用，引起学界和舆论界的关注及重视。若剖析其原创构思，我们则可以清楚地看到他们最初乃更明确、更主动地将民主、人文、哲学等思想、文化概念与"全球"问题及意义相关联。在此,"全球化"尚不是一种经济网络、共同责任的思想构设,而主要是从"民主"的视域来考虑和建构的。其与"人文主义"的联系,进而提醒我们西方人文精神的核心乃"自由",这与当今因全球化而感受到的束缚、捆绑仍有一定区别。此外,西方价值观中还有着其源远流长、根深蒂固的那种超越时空、超越国度的"上帝面前人人平等"的"平等"信念。不过,正是与西方政治、文化传统关系密切的"民主"、"自由"、"平等"构成了其推行"全球化"的西方价值或信念之三原则。由此可见,这种以西方文化为底蕴、以西方理念为信条的"全球化"并不仅以经济为旨归,它作为一个系统、整体的历史工程,对我国及整个世界的波及和影响都会是多层次、全方位的。它的提出和兴起有其必然、内在的逻辑关联和明确、清楚的历史延续。正是在这一意义上,才使不少人担心"全球化"实质上反映了一种"西化"的诉求和尝试。

(二)"全球化"的扩展及其波及的层面

如前所述,"全球化"不可能限定在经济范围之内,它不只是一个经济范畴,而与之相关的国际交往也早就突破了这一"经济"底线。"经济全球化"并不仅仅是经济问题,而经济问题本身亦不可能涵盖整个"全球化"所涉及的各个领域。所谓"经济全球化"只不过是以相关文化价值观为核心而荡漾、扩散出圈圈波纹中的最外围、最直接者,反映出精神对物质的作用。这种经济层面的全球化让人看得见、摸得着,能够直接感觉到其起伏变化,感受到其带来的后果。正是在这一意义上,我们可以说"经济全球化"不过是"全球化"综合体最为直观、直接的表层而已,仅仅代表着"全球化"这一巨大"海中冰山"露出水面的部分。但从这一冰山之尖,可让我们意识到整个冰山的存在及其的巨大复杂。由经济的交往,则直接或间接地带动了各个领域的交流,其中既有碰撞、冲突,亦有磨合、交融。在以不同价值观为核心的不同文化体系的接触、对话和交流中,其参与者和观察者一般都会认为,这些文化体系大致包含物质的、制度的和精神的(即心理的)三个层面,其中"文化的物质层,是最活跃的因素,它变动不居,交流方便;而理论、制度层,是最权威的因素,它规定着文化整体的性质；心理的层面，则最为保守，它是文化成为类型的灵魂"。①
以此来分析"全球化"，则可看到它作为一种文化现象，同样包含着不同
层面：其物质层即经济、科学、技术范围的"全球化"趋势，这是最易为
人接受、操作性最强的层面，也是我们目前直接面对的"全球化"态势；
其制度层即法律、政治范围的"全球化"诉求及实施，这一层面的发展态
势则部分被人所正视、部分为人所回避；而其精神层面即思想、心理、信
仰范围的"全球化"意向，这一层面虽为非常困难的理想梦寻，但其企
图、试探、努力和实践却已始见端倪。由此而论，"全球化"实际上已经
先后在技术、经济、法律、政治、文化等领域全面展开，如最初、且作为
基础和条件的科技全球化引领了经济全球化的出现；而经济全球化则需要
法律全球化来提供保障、维系其秩序，这使国际法、知识产权得到迅速发
展，"海牙国际法庭"的作用亦不断扩展；这种全球执法又势必导致政治
全球化，联合国的职能及任务也不断扩大；这种政治层面的全球交往则不
可避免地带来了思想文化的全球流动。尽管有不少人反对有着"普世价
值"蕴涵的"文化全球化"这一提法，却挡不住其悄然迈进的脚步。我们
看在体育、教育、艺术、音乐各领域的文化交流，剖析全球哲学、全球文
艺、全球社会学的说法，都感受到文化全球化的顽强挺进，而2008年北京
奥运会实际上就是文化全球化在中国的一次大聚会，接着而来的还有博鳌
论坛、世博会、太湖文化论坛，等等。若不用文化全球化，这些事件及现
象则无法表述或说明。尽管在世界局部地区也出现了"全球地域化"的实
验和理论，有着亚洲经济区、南美或拉美经济合作，以及欧盟的联合与排
外，但这些毕竟也都是全球化的副产品，而不论是采取顺从还是反抗的态
度及模式。所以说，全球化已经涉及上述所有三个层面。其物质层面虽有
利益的摩擦和博弈而产生种种障碍和阻隔，却仍是"全球化"之中最为容
易实现，最易达到普遍共识的层面；其制度层面的"全球化"则最为重
要，且最为关键，它会有着激烈的交锋、较量，会面临漫长的发展过程，
但其实现则会带来质的变化；而其精神层面的"全球化"则最为困难和艰
巨，人们在意识上、价值观上很难多元求同。所谓"文明的冲突"正是在

① 庞朴：《文化结构与近代中国》，《中国社会科学》1986年第5期，第84页。

这一核心层面上真正发生，任何一种精神理念或文化价值体系都难以在这一过程中达到"大一统"的境界。但不可否认，某种文化思想体系在这种文化多元并存的比较、竞争，甚至"冲突"中有可能成为其"主流"，扮演在"全球化"进程这一宏大交响曲中演奏"主旋律"的重要角色。为此，在争夺经济利益的同时，我们可以察觉到，争夺文化话语权、价值引领权的较量也在悄然进行，甚至已激烈到白热化的程度。透过全球化的复杂多层，我们可以发现其核心乃是追求一种人类共在所需要的"单一"、"普遍"和"普及化"，正如帕斯卡尔·卡萨诺瓦在谈到"全球化"的政治、经济意义时所指出的，全球化"意指世界政治及经济制度可以被想象为一种单一而能普遍应用模式的普及化"。①

二 全球范围的宗教及对中国的影响

宗教在全球范围内的大规模流动可以追溯到 15 世纪以来的所谓"大航海"时期。西方意大利航海家哥仑布为了探索到东方印度和中国的海上航路而于 1492 年率领船队、携带西班牙统治者致中国皇帝的国书探险，横渡大西洋，在抵达美洲大陆后误以为到了印度，称当地原住民为"印第安人"，由此开始把天主教传向大洋彼岸。当西方人弄清其所到之地是"发现"的"新大陆"后，仍不放弃寻找印度的努力。尤其是欧洲宗教改革后，天主教深感在欧洲损失太大而决心海外传教，当时曾有一句流行的口号："在欧洲失去的，要在海外夺回。"而此时新成立的耶稣会更是充当了其海外传教的急先锋，从 16 世纪开始在海外全面传教，其足迹达到亚洲、非洲和美洲，是最先走出欧洲的传教团队。从其亚洲之行来看，耶稣会先抵印度果阿，再达日本各地，随之又来到中国。这样，耶稣会在中外交通史和海外汉学史上都占有重要位置。耶稣会在中国取得传教成功始于利玛窦，他于 1583 年与罗明坚入广东，1601 年到北京定居，直到 1610 年在北京逝世，颇有成果。但其后传教士内部对其传教方法产生分歧，最终导致

---

① 帕斯卡尔·卡萨诺瓦：《文学的世界共和国：当代的会聚及概述》，剑桥：哈佛大学出版社 2005 年版，第 40 页。

天主教教皇和中国皇帝在政治、文化层面的抗衡、较量，以"中国礼仪之争"后的西方禁令、中国禁教而终结了这段意味深长的中西思想文化交流史。2010 年乃利玛窦在京逝世 400 周年纪念，这应该是双方认真反省这段历史的一个极好机遇。继天主教之后，东正教于 1685 年传入北京，荷兰新教也于 17 世纪到中国台湾传教，而 1807 年以来，马礼逊等新教传教士也先后到中国内地传教。但这些传教在参与中西文化交流的同时也卷入了中西政治、文化的冲突。这些历史上的冲突、阴影，对今天的中国发展和中西交流仍在产生着复杂影响。

19、20 世纪是宗教全球范围发展的主要时期。在进入 20 世纪下半叶之后，基督教单向性传播的强势减弱，"福音"东进、南下不再"风景这边独好"。就基督教本身的发展走向来看，其作为传统上的"西方"或"北方"宗教正处于从北到南、从西往东的转移、过渡。为此，西方学者菲利普·詹金斯在其新著《下一个"基督王国"》中指出，世界南部基督徒的人数正在超过北部，东方的基督教开始比西方的基督教更有活力；因此，下一个"基督王国"应该是在世界的"南方"，教会发展的希望乃寄托在非洲、亚洲、南美、大洋洲的基督教复兴上。与之相对照，伊斯兰教则从东方再次挺进西方，在欧美原来基督教的大本营获得深入发展。这样，按照奥利维尔·罗伊的观点，伊斯兰教不再只是作为传统上的"阿拉伯宗教"，而已成为"全球化的伊斯兰教"。此外，一些传统东方宗教如佛教、印度教、锡克教等正大举"西移"，在西方国家获得生存、发展。16世纪天主教传教士利玛窦曾装扮成"西僧"来到中国，如今我们却可以在许多西方国家看到不少真正的佛教"东僧"、"西僧"。但与此同时，原来在中国罕见的海外宗教也开始在华出现或重新活跃，如犹太教、巴哈伊教、摩门教等。不过，自 20 世纪以来，在深度和广度上对中国真正产生影响的不可忽视的宗教，则还应该是基督教的三大教派。下面我们可以对之加以进一步的具体分析。

（一）新教对中国的影响

新教自从其传入中国，就直接参与了西方国家对中国的政治、外交影响。例如，第一个来到中国内地传教的新教传教士马礼逊就曾担任过英国驻华商务监督的秘书及翻译，并到北京参加过英国对华谈判。这种宗教与政治的交织尤其典型地体现在美国新教来华传教士的双重身份上。1830年，裨治文和雅裨理到澳门、广州传教，标志着美国对华传教的开始。1834年，美国医生传教士伯驾到广州传教，随之于1847年任美国驻华代办，1855年升任美国驻华全权委员，成为第一位受美国政府任命为驻华首要外交官的传教士。1833年来华的美国传教士卫三畏也于1855—1876年期间任美国驻华公使馆参赞和代办，曾直接参与了1858年中美《天津条约》的订立。1839年，美国传教士布朗来华传教，1847年他回国时将容闳、黄宽和黄胜带到美国留学，使他们成为中国近代第一批留学生，由此开始了中美之间的文化、教育交流。在这种传教与政治交织中最具有戏剧性的人物则是司徒雷登。他生于在杭州的美国传教士家庭，自称"籍贯浙江，生长杭州，祖墓在西湖"，回美上学后重返中国，先后当过传教士、南京金陵神学院教授、燕京大学校长、美国驻华大使，从而与美国那时的"扶蒋反共"政策有着直接关联。1949年南京解放后，据说司徒雷登曾想改变自己的角色和处境，留在南京而不愿随国民党政权南迁广州。在燕京大学校友、时任解放军在南京的外办负责人黄华先生的联系下，他甚至已经准备北上面见毛泽东和周恩来，但因遭到美国政府的反对而不得不离开中国。为此毛主席写了《别了，司徒雷登》一文，宣告了这段历史的结束。司徒雷登回美后的晚年生活很是孤寂，幸亏得到中国人傅泾波一家的照顾。2002年，傅泾波的子女开始将司徒雷登的遗物捐赠给杭州。2005年，杭州司徒雷登故居以纪念馆的形式对外开放，在其出生地杭州耶稣堂弄竖起了司徒雷登的雕像。2008年11月17日，司徒雷登的骨灰从美国运来安放在杭州半山安贤陵园文星园，算是一种意味深长的"落叶归根"吧。

与西方对华政治及其基督教关联相呼应，国民党上层也表现出浓厚的基督教情结。这种关系可以追溯到孙中山时期。1883年，美国新教传教士喜嘉理来到广州行医传教，此后，刚从美国檀香山回到香港的孙中山经中国教徒介绍而认识了喜嘉理，不久就由喜嘉理施洗入教。孙中山后来成为国民党的创始人和中华民国的缔造者，基督教从此与国民党及其国民政府结下缘分。孙中山的手下大员、曾任南京临时政府外交总长（1912）、后又任司法部长（1927）和外交部长（1937）的王宠惠就出生于基督教世家，他的祖父王元深为新教最早的华籍传教士，其父王煜初也是当时中国新教的著名牧师。值得一提的是，蒋介石也是基督徒。不过，他成为基督徒与追求宋美龄有关联。蒋介石在认识宋美龄之前已先后结过三次婚，有原配毛福梅、侧室姚冶诚、妾陈洁如，而且当时他与陈洁如结婚才一年多。在求婚过程中，蒋介石说服了宋美龄本人，以及她的姐姐宋霭龄和哥哥宋子文，但她的母亲倪桂珍开始并不同意，而且还带着宋美龄到日本长崎回避。当倪桂珍听到蒋介石求婚追到日本长崎的消息后，又只身一人从西部的长崎转到东部的神户，拒绝与蒋介石见面。但蒋介石紧追不舍又来到神户。倪桂珍在宋子文的劝说下终于同意与蒋介石见面，并向蒋介石提出要求说："我们宋家是一个基督教徒之家，你既愿意同我的女儿结婚，你愿意成为一个基督教徒吗？"宋母是想用基督教教规来约束蒋介石，以防止他跟自己的女儿结婚后又去寻花问柳、拈花惹草。没想到蒋介石非常高兴、满口答应，并表示要学习《圣经》，婚礼也愿意安排在教堂里举行。这样，1927年12月1日，蒋介石与宋美龄在上海正式结婚，婚礼安排了两次，一次在宋家宅邸举行基督教式的婚礼，另一次则在大华饭店举行中国传统的婚礼。本来，宋母希望女儿的婚礼能在宋耀如的教堂举行，由卫理公会教堂牧师江长川主持，但因为卫理公会禁止牧师主持离婚者的结婚仪式，江长川拒绝了宋家的请求。为此，宋家只好请来中华基督教青年会全国总干事余日章主持婚礼。而其中国传统的婚礼则是由蔡元培主持的。婚后，蒋介石信守诺言，于1930年受洗入教，正式成为基督徒。此外，在国民党的大员中，还有不少重要人物也是基督徒，如冯玉祥就被称为"基督徒将军"，其部队里还安排有随军牧师。而"西安事变"的发起人之一的张学良最终也成为基督徒。据说张学良被软禁后情绪低落，准备信佛，宋美龄知道后批评他不要"第二次犯错误"，并派基督教牧师来"开导"他，这终于导致了张学良皈依基督教，其晚年与台湾基督教著名牧师周联华成为至交好友。

来华传教士虽然也有同情中国共产党的，但如凤毛麟角，实在太少，如加拿大传教士文幼章、美国长老会传教士谢仁德等，就曾被中共领导人称为"中国人民的朋友"。中华人民共和国成立后，中国基督教走上了

"三自爱国"的道路，割断了与西方基督教会的联系。但西方教会并没有
忘记中国，在其国内国际问题的处理和建言上也多有对中国的关注。如美
国新教著名公共神学家莱因霍尔德·尼布尔很早就主张美国在外交上承认
中国，他认为那些为美国拒绝承认中国、拒绝接纳中国进联合国进行辩护
的种种理由都是非常唐突的，在其看来，承认中国本来可以促进中苏利益
的自然冲突，二者矛盾的公开和激化势必会有利于美国从中得到相关好
处。在这种舆论的影响下，美国总统尼克松终于在 1972 年访华，其"破
冰之旅"使中美关系开始解冻。此后，老布什担任美国驻中国联络办首任
主任，重新开始美国基督教与中国基督教的交往。在北京期间，老布什一
家常去崇文门教堂参加礼拜等宗教活动，从而与中国教会人士建立了联
系。老布什担任美国总统后仍不忘这段经历，第一次海湾战争期间，中国
基督教代表团访美，老布什听说有北京崇文门教堂的老朋友，破例接待了
中国教会代表团。随着中美关系的发展，北京的崇文门教堂、上海的国际
礼拜堂成为西方政治家们青睐的知名教堂。克林顿任职美国总统期间，曾
于访华时在 1998 年 6 月 28 日专门在北京崇文门教堂参加礼拜活动，发表
讲演。他还鼓励美国宗教界与中国交往，促成了 1998 年美国宗教领袖访华
团之行。1998 年 2 月 12 日，江泽民会见了美国宗教领袖访华团的主要成
员犹太教大拉比亚瑟·施奈尔、天主教总主教麦卡里克（现已升任枢机）
和全美福音教派协会时任主席唐·阿格。随后，其他美国宗教领袖接踵而
至，如美国基督教广播网主席帕特·罗伯逊等人先后访华，分别获得朱镕
基、李瑞环等中国领导人的会见。小布什任职美国总统以来继续主张美国
宗教界对华接触，在中国产生相应的影响。但"9·11"事件发生后，美
国国内趋于保守，排外势力加强，对中国也多有排斥和抵制。但美国基督
教保守派内部仍有保持与中国友好关系的发展，特别是美国福音派领袖葛
培理一家就表现得非常突出，葛培理及其子葛福临等人曾多次访华，他们
在美国国内也积极呼吁美国政府给予中国"最惠国"待遇，支持中国加入
世界贸易组织。为此，江泽民在 1997 年访美期间曾在洛杉矶会见了葛培理
父子，希望他们继续推进中美友好。在葛培理及相关教会的支持下，中国
教会"《圣经》事工展"在美国洛杉矶、亚特兰大、纽约三地成功举行。
葛培理在这一展览筹备期间就表示要为其成功举行祈祷，并提供了种种方

便。美国前总统卡特出席了在亚特兰大的《圣经》展开幕式，并在致辞中回忆起他在任总统期间会见邓小平时的情景。他说曾向邓小平提了三个请求：一是开放教堂，二是印刷《圣经》，三是让传教士回中国。邓小平同意了前两个请求，拒绝了第三个请求。现在教堂已普遍开放，《圣经》在中国印刷已经超过 5000 万册。虽然仍不允许传教士来中国，他们却已不请自来，悄悄地在中国地下传教，形成了新的负面影响。不过，最近司徒雷登"魂归故里"显然有着独特的意义，其"回归"应该是得到中国政府的同意的，杭州市的副市长也出席了其骨灰安放仪式。这说明中国政府鼓励中美、中西之间的积极对话，坦诚相见，包括宗教问题在内。最近中国官员叶小文、赵启正等人与美国宗教界尤其是基督教界高层人士的对话，就表明了这种姿态和努力。

（二）天主教对中国的影响

天主教的体制是另一种意义上的"大一统"，即信仰上的一统，位于梵蒂冈的罗马教廷起着统摄作用。这样，天主教徒生活在"两种权威"之下，中国的天主教徒亦不例外。在许多情况下，这种"政治的权威"和"信仰的权威"并不是统一的，由此使现实中的天主教徒往往处于二者的张力之中，若处理不好则既可能造成其社会存在意义上的分裂，也可能造成其人格精神意义上的分裂。在"两种忠诚"不能并行不悖、必须分出先后时，问题就出现了。教徒的选择实际上只能有一种忠诚，对另一种忠诚的失去，自然会有其社会存在或心理精神上的痛苦与磨难。梵蒂冈不仅是一个宗教实体，也是一个政治实体，而中梵迄今还没有恢复正常的外交关系，这就更是增加了中国天主教身份及其存在的复杂性。

1950 年，中国天主教内部形成自立革新运动，号召推进"天主教在中国自养自治自传三大原则"。1957 年，中国天主教友爱国会成立，开始其自立自办的发展里程。在中国政局 1949 年发生巨大变化后，罗马教廷站在西方反华势力一边，对中国新政府加以谴责，忠于教皇的部分天主教神职人员也公开与新政府对抗。其结果，上海主教龚品梅被捕。中国天主教开始在政治上与罗马教廷划清界限，但在当信当行的教义教规上表示仍服从教皇。1957 年、1958 年中国天主教开始自选主教，1958 年汉口和武昌选出董光清、袁文华为主教候选人后呈报罗马教廷，请求批准，但遭拒绝，于是中国天主教会开始选择自选自的圣主教的道路。当自选自的圣主教遭到罗马教廷开除教籍的绝罚之后，中国天主教与罗马教廷的教务关系也因而中断。这种状况直到中国实行改革开放之后才发生了戏剧性的微妙变化。

1980 年春，两位枢机主教柯尼希和埃特凯加雷"非正式"访华，此乃中华人民共和国成立以来罗马教廷人士的首次访华，标志着中梵双方的直接接触。但罗马教廷对华态度上的"双管齐下"却使这一进程从一开始就曲折复杂、走得很慢。时任教皇约翰·保罗二世在 1981 年，一方面在访问菲律宾时在马尼拉发表讲话，高度赞赏中国人民及其文化，向中国大陆天主教致意，表示希望对话；另一方面却在罗马接见私自出境的原天主教广州教区主教邓以明，不久又将之提升为广州总主教，引起中方反感和谴责。但罗马教廷方面仍没有放弃设法接触中国的努力。这些尝试包括菲律宾天主教枢机海梅·辛 1985 年、1987 年的两次访华，1986 年香港天主教主教胡振中访问大陆和美国天主教枢机奥康纳尔访华等。1988 年，台湾天主教成立"关怀大陆教育委员会"，后在教皇的建议下改名为"桥梁教会服务委员会"。同年，教皇还提升胡振中为枢机，以表明对中国教会的重视。1993 年，约翰·保罗二世利用访问利玛窦故乡马切拉塔的机会，公开表示渴望访问中国大陆。这一时期他还托意中友好协会的科隆布带信给邓小平，做出示好的姿态。1993 年埃特凯加雷二次访华，与中国官方和天主教教会人士会谈，被视为"中华人民共和国与教廷对话的标志"。此间公开或秘密访华的天主教人士还包括诺贝尔和平奖得主德雷萨修女、教廷外交官员契利等。2000 年，埃特凯加雷三次访华，参加我所主办的国际学术会议，其间与中国有关部门就梵蒂冈行将"封圣"等事宜进行了非正式讨论。2000 年 10 月 1 日，梵蒂冈不顾中国反对，执意将关涉中国近代历史问题的 120 人"封圣"，中梵接触、沟通的关系重新受阻。"封圣"事件发生后的第二年即 2001 年为利玛窦进京四百周年纪念，这一纪念遂成为敏感话题，在中国大陆很少有以此为主题的研讨会。但北京市却在利玛窦墓所在地北京行政学院专门召开了一次意味深长的纪念利玛窦研讨会，而且特别邀请各国外交官和驻京记者与会。为此外界猜测这是与北京市申奥活动有关，因为据说奥组委的大部分成员都是天主教徒，这种类型的研讨会对天主教界自然是一种友好的表示，能争取到天主教徒的好感。后来北京申奥成功，人们在谈论其努力时，这一研讨会亦成为其中一个有趣而不必多言，但能让人会心一笑的花絮。

在认识到"封圣"后果的严重性后，约翰·保罗二世借 2001 年 10 月下旬在罗马召开的纪念利玛窦抵北京四百周年国际学术研讨会之机发表讲话，明确表示"教会成员在中国的行为并非绝无过失。……在近代历史的某些阶段出现的一种倚仗欧洲列强势力的'保教权'……损害了教会在中国人民心中的形象；因此，不期而然地阻碍了教会在中国的进展，使教会不能为中国人民的益处一心一意地执行其创立者耶稣基督所赋予的使命"；"因为这些过去的过错和缺陷，我深感愧惜，我很遗憾这些不幸的事情竟在有些人的心里造成了天主教会对中国人民缺乏尊敬和重视的印象，使他们以为天主教会对中国怀有敌意。因为这一切，我向所有或多或少自觉被天主教徒的这类行为所伤害的人们，请求宽恕和原谅"。① 鉴于这种积极姿态，中国外交部新闻发言人刘建超在约翰·保罗二世于 2005 年 4 月 2 日去世后曾有如此评价："教皇约翰·保罗二世曾对历史上教会某些人对中国人民所犯的错误表示歉意，并表示教廷与中国天主教徒之间'具有宗教性质的纽带，不能损害中华民族的团结，哪怕损害只是微乎其微，也不能以任何形式削弱中国的独立和主权'，这些提法对改善中梵关系是有益的"；他为此说"我们对教皇约翰·保罗二世因病去世表示哀悼"，并且"希望罗马教廷在新教皇领导下，能为中梵关系的改善创造有利条件"。② 据传中方曾考虑派团参加约翰·保罗二世的葬礼，但后因陈水扁跑到罗马而搅了局，梵蒂冈方面有人不无遗憾地感慨当时罗马教廷"群龙无首"，老教皇刚死，新教皇又没有选出来，让陈水扁钻了空子。此后中梵关系再度冷了下来。

新当选教皇本笃十六世同样对中国问题有着特别的关注。他上任后委托教廷乌尔班大学建立中国研究中心，于 2006 年任命香港主教陈日君为枢

---

① 转引自《天主教海外动态资料》2001 年第 23 期，第 16 页。
② 转引自"中国外交部网站"。

机，又派契利总主教和格拉兹沃西主教秘密访华，但让陈日君向外界披露。本笃十六世对华政策同样是两手，一方面他表示希望改善、促进中梵之间的官方关系、外交关系，另一方面又认为不能坐等这种政治关系的改善而无所作为，有必要同时加强对中国天主教会的宗教联系、"管理"。于是，他在2007年5月27日专门发出《致中华人民共和国内天主教主教、司铎、度奉献生活者、教友牧函》，虽然他在其"目的"中表明"这封信无意处理涉及你们所熟知的复杂问题的每一细节"，却以此来表达对"有时需要付出痛苦的代价的忠诚"的中国教会"亲切的关怀"，并进而则"旨在就中国教会生活和福传事业提出一些指导"。这一"牧函"在中国天主教会的现代生活中引起了波澜，使其局面更为复杂。

当然，在中梵关系的目前僵局中双方都没有放弃，并有着一些戏剧般的最新发展。2008年5月7日，中国爱乐乐团、上海歌剧院合唱团在梵蒂冈内保禄六世大厅举行前所未有的独特音乐会，演奏了莫扎特的"安魂曲"和中国民歌"茉莉花"。本笃十六世出席了音乐会。在参加音乐会的各界人士中有中方代表团团长、中国爱乐乐团高级顾问、中国国际友好联络会副会长、邓小平的女儿邓榕，中国驻意大利大使孙玉玺、中国外交部欧洲司副司长刘海星，凤凰卫视董事局主席刘长乐等人。中国爱乐乐团艺术总监、指挥余隆在音乐会上致辞。本笃十六世在音乐会现场"巧遇"中国官员，并与邓榕、孙玉玺等人握手致意。虽然罗马教廷发言人隆巴帝神甫称"这是一场纯文化活动，不能赋予更多的含意"，而本笃十六世在音乐会后发表的讲话却意味深长，让人联想。他说："对我、对我们全体来说，这场音乐会具有十分重要的价值和意义：事实上，这场音乐会是由中国爱乐乐团和上海歌剧院合唱团演出的；这场音乐会，使我们从某种方式上接触到了中国那活生生的现实世界。……从如此出色的艺术家组成的乐团中，我们可以充分领略他们所代表的中国文化及音乐传统的伟大。他们的演奏，帮助我们更好地了解一个民族的历史，其价值观以及崇高的抱负。……除向组织本次活动的人士及艺术家们表示感谢外，我还要向那些通过各种方式为这次演出成功而努力配合的人们表示最诚挚的谢意。其中的某些方面，的确是独一无二的。""此外，我还想再强调一点，我非常高兴地注意到了你们的乐团和你们的合唱团对欧洲宗教音乐的兴趣。由此充分表明，不同的文化世界可以领略和欣赏精神境界的最高表现，这也正是刚刚演出的莫扎特的《安魂曲》所体现的。因为，音乐诠释了人类灵魂的普遍情感，这其中包括超越了各种文化疆界的宗教情感。""最后，我愿意就今晚我们相聚在一起的这座大厅说一句话。这间大厅是教宗接待客人、与那些前来拜访他的人见面的地方。这是一扇向世界敞开的窗口，来自地球每一个角落的人都经常在这里相遇，他们每个人都拥有各自的历史、各自的文化；每个人都得到了充满敬意和情谊的款待。今晚，在接纳你们——亲爱的中国艺术家们的同时，教宗愿意象征性地接纳你们整个民族，特别是你们那些分享在耶稣内信仰、并因着灵性的特殊联系与伯多禄继承人结合在一起的同胞们。《安魂曲》来自于这一信仰，就像是向公义而仁慈的判官天主祈祷。为此，它触及了所有人的心灵，体现了一种普世性的人文主义。最后，我再次为这一深受悦纳的礼物感谢你们的同时，通过你们向所有中国人民致意，随着奥运会的召开，他们将迎来对全人类都具有巨大价值的盛事。"[1] 同样，孙玉玺大使在与教皇本笃十六世握手时用英文所说"十多亿中国人都期盼着与教廷发展友好的关系"也引起了媒体舆论的关注和评论。对于这次活动的性质，余隆在接受《中国日报》的采访时曾话中有话地表示："正如七十年代中美之间的乒乓外交，以及上个月纽约爱乐访问平壤，这次我们在梵蒂冈的演出也是历史性的文化交流活动。"所以说，它给人们带来的猜想是久远的、复杂的，亦是有着希望和期盼的，并从一个侧面预示了中梵关系的前景。

（三）东正教对中国的影响

自 1685 年清军将被俘的俄军遣送来京、这些"阿尔巴津人"在东直门内以一座关帝庙改建东正教堂，就形成了东正教在中国的传播。俄罗斯东正教最初在华也是政教合一，18 世纪来华的前十届俄罗斯驻北京传教士团亦为其外交使团。直至 1860 年中俄签订《北京条约》，驻北京传教士团的外交职能才转给新设立的俄国驻华外交公使馆。中国的东正教基本上为俄罗斯东正教所传。1955 年，中国东正教会决定独立自办，1956 年改称中

---

[1]　转引自"信仰通讯社"网站的中文翻译。

华东正教会。

1988 年"罗斯受洗"千年纪念使东正教开始复兴,被称为"俄罗斯人民的第二次受洗"。东正教会在其社会政治中重新活跃,在 1991 年"8·19"事件时,牧首阿列克西二世公开呼吁反对动武,提出"让戈尔巴乔夫总统出来讲话",组织东正教徒示威游行,以"人墙"阻止军队的行动。苏联解体后,东正教的社会、精神作用更加突出。1993 年,在叶利钦与原议会对抗中,东正教就起了重要的调解作用,双方的谈判乃是在莫斯科圣丹尼尔修道院进行。此后俄罗斯的重大政治活动也多能看到东正教的身影,如叶利钦总统的就职宣誓仪式,乃让牧首祝福;叶利钦向普京在办公室办理总统交接活动,也让牧首在旁边作见证。俄罗斯政府加强了与东正教的联系,将之作为俄罗斯民族发展的"软实力"和重要凝聚力。在当代中俄关系的发展中,俄方也特别注意与中国东正教的关系问题,曾专门派人来华进行磋商。前些年中国东正教最后一位原有的神职人员去世,俄罗斯东正教表示了特别的关切,试图在培养神职人员上重新与中国东正教建立教务联系。原俄罗斯东正教外联部主任基里尔于 1999 年访华,开始了与中国的密切联系。我在 1999 年访问俄罗斯时正值基里尔刚从科索沃斡旋回来,他仍坚持与我座谈约两个小时。2007 年,他参加了"俄中友好年"组委会的工作。2009 年 2 月,基里尔当选为俄罗斯东正教的新牧首,在祝圣典礼期间与专程来莫斯科出席典礼的原中国宗教事务局局长长谈一个多小时,充分表明其对中国的关注、重视。

除了基督教各派在"全球化"时代对中国的复杂影响之外,伊斯兰教、佛教等的境外影响也开始在中国内地逐渐显现。它们形成了对中国社会、政治、文化、精神、宗教的各种形式、变动不居的外来影响,并有着与国内宗教传统颇为独特的对照和不同程度的呼应。

三 中国宗教的历史理解及与中国社会、政治的关系

目前引起当代中国社会特别关注的一个方面,就是宗教在中国的复兴与发展。这样,对于中国社会究竟是一个早已"世俗化"了、或根本就没

有宗教的社会，还是一个充满了"宗教性"或正在恢复其本有的"宗教性"的社会，人们一下子有了众多谈论和评说。在中国的信仰历史上，宗教信仰的有无、其社会政治影响的大小，一直就存有争议。尽管有不少外来宗教在历史上先后传入中国，但中国的宗教基本上是一种"内涵式"、"封闭式"存在，与外来宗教保持了距离和张力，只有佛教比较成功地融入了这一宗教传统，从而共构了中国宗教"入世性"、"相对性"、"包容性"和"温和性"的特点。这种传统中国宗教创造的"天上"、"人间"两极相通的氛围，也使其"宗教性"不如那种强调其"出世性"、"绝对性"，以及"排他性"的宗教鲜明、突出，因而在"人道"、"人文"、"人间"的处境中被遮蔽、淡化。在中国知识阶层中，有不少人由此根本不承认中国人及其社会具有"宗教性"，认为中国是一个"无宗教"的国度和民族！然而，当今天"全球化"的时代大潮冲击到中国时，中国在从"封闭"走向"开放"过程中的一大特色，却是宗教的迅速崛起和引人注目。值得品味的，则是不少人从原来世俗意义上对宗教的无视和否认一下子转变为对宗教与社会、与政治关系的"关心"和"担心"。于是，关于宗教社会存在所反映的种种关系问题就成为当代中国回顾、反思、前瞻和预测的热门话题。

对于宗教在中国的处境及对中国宗教的历史理解，"政教关系"在这种历史传统中和社会结构中是最根本的关系，它在很大程度上决定着宗教在中国的生存与发展，在当代中国亦不例外。与其他国度中"政教合一"、"政教分离"、"政教协约"等关系不同，从古到今，中国的社会政治结构及其与宗教的关系一直就是"政主教从"、"以政统教"的形态，这一态势并无根本性改变。我并不主张这种"政主教从"的政教关系状况，在此只是想指出中国历史上和目前仍保持的这一存在事实。不过，在认识中国历史中的政教关系问题上，中国政界和学界中至今仍存在很大的分歧，由此对宗教究竟处于什么地位、发挥着什么作用，出现了两种不同的认识。但值得思索的是，所谓两种认识却通常是对同一现象的两种不同解说。

一种认识强调中国历史有着政教结合的悠久传统，这种结合可以追溯到远古时代出现的"绝地天通"事件。在蛮荒状态中，人们的宗教信仰处于天地不分、神我一体的混沌、朦胧的整合认知，出现了"民神杂糅、民神同位"的混乱发展。百姓的宗教理解即神可下凡到人间、与人混杂,而人也可作天地游、窥探神界。于是,古代帝王颛顼发动宗教改革,以"绝地天通"来终止"民神同位"、"家为巫史"的混乱局面,由他自己来"依鬼神以制义"、"洁诚以祭祀"。这样,一方面可以说"这一过程的最终结果是实现了事神权力的集中和垄断"①,由此遂有了源远流长的中国"国教"体系;另一方面则导致只有统治者才能享受"神化"的"专利","天人合一"、帝王为神,故有"天子"之说,"国王们断绝了天人的交通,垄断了交通上帝的大权,他就是神,没有不是神的国王"②。随着文明昌盛、文化发达,这种具有统治地位、官方色彩的宗教则终于由"儒教"来代表,"儒"的原初意义与"水"相关,本与远古"求雨"、"沐浴"等活动有直接联系。"儒"在甲骨文中乃"象以水冲洗沐浴濡身之形",章太炎为此曾在其《原儒》中宣称"儒从需,本求雨之师"。早在孔子之前,"儒"已有了从"沐浴"之意到"德化"理解的引申,从而体现出礼仪与教诲之结合。这样,从"儒有澡身而浴德"③ 这种因诚敬鬼神而有的沐浴、斋戒之举就发展到"儒"乃"以道教民"、"以道德民"④ 的理论、精神升华。从殷周时期巫、卜、史、儒为文化之人到春秋年代"儒"为教师,"儒"遂有了与孔子及其学派的密切关联,并最终成为孔子一派的专称。到董仲舒向汉武帝倡导"罢黜百家、独尊儒术",从此"儒"被认为是宗教,"儒教"也就成为中国古代历史上中华民族的主体宗教或代表性宗教,并以其"独尊"的地位和与封建王朝的密切合作而形成了"政教合一"的体制。在这种意义上,"儒教"亦为"国教"。对此,任继愈先生指出:"儒教是在中国这块土地上生存了几千年的土生土长的宗教。在秦汉以前,已经提出'敬天、法祖'的信仰核心。秦汉以后,国家形态日趋完备,天帝的形象正是地上王国的神光曲折的反射。"与这种统摄性宗教相一致的,则是中国政治上"大一统的国家制度",而"中国人民接受、支持、维护这个大一统的国家制度",使"大一统"成为两千多年来中国政治形态的

---

① 参见陈来《古代宗教与伦理——儒家思想的根源》,北京三联书店 1996 年版,第 27 页。
② 杨向奎:《中国古代社会与古代思想研究》,上海人民出版社 1962 年版,第 164 页。
③ 《礼记·儒行》。
④ 《周礼·大宰》,《周礼·天官》。

主流，并且成为广大人民的共识；在此，"儒教在古代曾有过功劳，因为它为巩固大一统的封建王朝起过积极作用"；"儒教以教化力量巩固了中央集权，使它更趋稳定"；这种相互关系构成了中国古代社会的基本政治形态及其政教之间的呼应与适应，"古代封建大一统的成就已经证明是符合中国古代社会的实际需要。为这个制度服务的儒教的功绩要给予足够的肯定"。封建政治对儒教的推崇，以及与之相关的政教结合，也使得儒教在古代中国宗教中有着至高无上的"国教"地位。"中国的儒教还有一个显著的特点，即高度的政教合一，政教不分，政教一体。皇帝兼任教皇，或称教皇兼皇帝。神权、政权融为一体。儒教的教义得以政府政令的方式下达。朝廷的'圣谕广训'是圣旨，等同于教皇的敕书。中世纪欧洲的国王即位，要教皇加冕，才算取得上帝的认可。中国的皇帝即位，只要自己向天下发布诏书就行了。诏书开首必以'奉天承运，皇帝诏曰'开始，皇帝的诏书同时具有教皇敕令的权威。"① 从这种理解上，显然可以承认中国自古至今乃有着以政治为主导和权威的"国教"体制。"国教"的形式随着辛亥革命的成功而终结，但"国家宗教"的意识却得以保留，并在此后的政治实践中不时会浮现出来。

　　另一种认识则不承认中国有过"国教"的传统，甚至认为中国历史根本就没有产生过"宗教"，"儒"不是宗教，因此中国古代历史上也就不存在作为"宗教"的儒教，从而谈不上有"政教合一"的政体和与之关联的拥有"国教"的政教关系。按照这种观点，中国从其内涵式发展来看只有"政治史"而无"宗教史"，所谓中国的宗教则只能从"中外关系史"的角度来理解。顺着这一思路，如果断定中国自古以来并无作为"国教"的"国家宗教"存在，甚至就没有土生土长的"中国宗教"，那么，古代颛顼以及后来董仲舒等人的改革也就不是什么"宗教"改革，而是"政治"性的。也就是说，这种逻辑坚持中国只有"王道政治"而没有"神道宗教"！中国称为"礼仪之邦"，其礼仪乃社会政治礼仪而与宗教信仰无关。在其看来，孔子的"克己复礼"所要恢复的"礼"指的是一种"政治秩序"，

_____

　　① 转引自李申《中国儒教史》（上卷），上海人民出版社1999年版，任继愈"序"，第3—5页。

而与"宗教秩序"毫无关联。这样,中国早在颛顼"绝地天通"时就已实现了"世俗化",消除了原始民众"民神杂糅、民神同位"的朦胧宗教意识和盲目宗教实践,中国也因此早就是一个"世俗国家"了。这种看法在中国政治界和知识阶层中颇有市场,并不同程度地影响到许多中国民众对宗教的认识和态度。但如果按照宗教学的意义和理论来观察和评说,上述观点则显然站不住脚。因为它既不符合宗教学对人类"宗教性"的常识性理解,使中国和中国人被误解为人类宗教史上的"另类",也很难解释中国宗教种种实践现象的客观现实,以往的各种说明都非常牵强、不足为凭。且不说中国宗教在以往历史上的波澜壮阔、丰富多彩,仅从中国改革开放以来30年的历程来看,宗教的发展就非常壮观、惊人。对不少宗教而言,它们在这短暂的时间中甚至已完成了好几个时代的跨越,达到了空前的繁荣。这种崛起或突破绝不是无本之木、无源之水,而只能回到承认中国过去曾存有宗教的思考。

不过,在承认中国以往有着宗教存在的人群中,对于中国历史上的政教关系也有着不同看法。但无论是接近政治,还是远离政治,都改变不了"政主教从"的格局。从理想的政教关系来看,政教分离乃为大多数人所提倡,我本人也赞成这种理想发展。我并不主张政主教从,也不认为它乃中国政教关系的理想模式;不过,我在此想提醒大家的,只是要看到中国历史上政主教从、以政统教这一事实,并由此启发人们对今天中国社会中的政教关系加以客观、正确的观察、研究,找出其传承、延续及其特点和内在规律。

首先,有人认为没有作为"宗教"存在的"儒教",但中国古代仍存在"一个为社会上下接受并绵延数千年而不绝的正统宗教",这就是牟钟鉴所认为的"宗法性传统宗教"。在他看来,这种中国宗教具有"宗法性强烈、皇权支配教权、多样性与包容性、注重宗教社会道德功能的人本主义精神"等特点,因此仍与政治发生关系。所谓"宗法性传统宗教","是指从夏商周三代开始,后来不断得到强化的以天神崇拜和祖先崇拜为核心而建立起来的传统宗教,它有着一般宗教的基本属性,即宗教的观念、感情及祭祀活动,唯独没有单立的教团,而以宗法等级组织兼任种种宗教职能。皇室的代表天子主祭天神,宗族和家族祭祖由族长、家长主祭。敬天法祖、慎宗追远是观念和感情上的基本要求。这种宗教与封建宗法等级制度及思想体系紧密结合在一起，又直接为巩固宗法制度服务，故称之为宗法性传统宗教，它从未间断地一直延续到清末"。① 显然，这里所展示的政教关系也是一种"政主教从"的关系，没有"神权"压倒"王权"的现象。政治的统治者既对政治、也对宗教起着主宰作用。在很大程度上，中国宗教中的"神圣性"在个人思想、精神层面可达其超越性，但在其社会层面却不可能"超出"或"超越"当时的具体政治威权。若从上描述来分析，以及从其时代分期来观察，其实这种"宗法性传统宗教"与被理解为宗教的"儒教"颇为相似；对照彼此对立的观点来看，好似"儒教"无其"实"，而"宗法性传统宗教"则无其"名"，如果二者可以结合起来认识、研究，或许会发现"它们"乃同一实体。这样，对其相应的政教关系也就可以得到较为透彻的体认。

其次，有人认为儒教并不是如人们所想象的那样与政治有着密切关系。如果儒教是宗教或有其宗教性，也主要为一种"在野"的、类似宗教的文化整合机制，是"礼失求诸野"的产物，因而与官方政权并无本质关系，不是"帝王家'神道设教'的作品"。② 尽管如此，儒教在政治上非"朝"而"野"，在文化上却仍有"宗主"、"正本"之作用，所强调的还是对政治主流的服从或迎合，这样故使"儒"被看作"天下常道"而"不可谓之教"。从这一意义上讲，在质疑其"宗教性"、"官方性"时，仍不可否认儒教在"野"与"朝"、"野"与"文"之间的消除张力、文化整合的作用。儒教在民间的"文治"、对底层社会的调适，并不离其政治之维，也没有动摇"政主教从"的基本局面。

再次，在比较"儒教是教"、"儒教非教"这两种截然对立的观点时，则会发现其对儒教（儒家）与政治的紧密结合都有着一致的认同。肯定儒教是宗教的观点强调，中国古代政治特点是"政教合一"，儒教作为"国教"而与封建皇权共构"神权政治"的统治；否定儒教是宗教的观点则认

---

① 牟钟鉴：《中国宗教与文化》，巴蜀书社 1989 年版，"前言"，第 6、7 页。

② 卢国龙：《"礼失求诸野"义疏》，转引自金泽、邱永辉主编《中国宗教报告（2008）》，社会科学文献出版社 2008 年版，第 86 页。

为，中国古代政治以"政教分离"为特色，但它还是以"儒家"作为统一的、唯一的思想意识和精神价值体系来排斥、禁止其他思想信仰，即以"儒家"来排斥、取代任何宗教，以体现王权政治的至高权威和独一无二。这里，儒教或是政治的宗教意识，或是政治的思想理论，无论"神"、"俗"都是为政治服务。

　　最后，从佛教、道教作为主流宗教或主流意识形态之外的宗教来看古代的中国政教关系，仍会找到其"政主教从"的定式。在强大的中国政治面前，这些宗教在处理与政治的关系上会出现"遁世以求其志，变俗以达其道"的两种分化。从"求其志"而言，僧人慧远（334—416）提出"沙门不敬王者"，为坚持"佛法"为最高、最大之法，一些宗教界人士强调"出家入法，不向国王礼拜"，采取了"远公之足，不出虎溪"这种远离政治的态度，当时的策略则是"隐居山林、不染红尘"。这种对政治的躲避并不能改变"政主教从"的现实，反而会遭到政治的排挤或打压。中国历史上的多次"灭佛"，基本上是政治、政权一方占有主动。而从"达其道"来看，僧人道安（314—385）则意识到"不依国主、则法事难立"，因此亦有不少宗教界人士走向"变俗"之道，从而由"沙门不敬王者"转为"沙门崇敬王者"。但这种宗教依附政治之努力尽管曾出现由"变俗"而到"攀龙附凤"的"媚俗"，在中国"普天之下莫非王土，率土之滨莫非王臣"的王权政治下仍然效果甚微。"在古代中国文化的核心——政治层面上，宗教从来没有取得过统治地位"，中国古代社会的"政治人伦和权术，绝对是非宗教的。所以古代中国政治层面的'天'、'神'也是非宗教化的"。① 不过，统治者对某一宗教的青睐或崇敬，会在不动摇或不影响其政治的前提下给相关宗教更大的发展空间，使之获得明显的发展。对外来宗教的态度同样如此。例如，当天主教服从中国政治及其皇权时，就会得到政治的扶持和保护，元朝皇帝曾对天主教传教士有"钦赐薪俸"（阿拉发）和免役免税之优惠；明清皇帝也曾对来华天主教传教士有着礼遇，"假馆授粲，给赐优厚"，只是因"礼仪之争"挑战中国政治权威，康熙皇

_____

　　① 顾伟康：《宗教协调论——中国宗教的过去、现在和未来》，学林出版社 1992 年版，第 94 页。

帝及其继任者才全面禁教、令传教士离境。雍正曾对皇宫中任职的传教士说明清廷禁教的政治理由："尔等欲我中国人民尽为教友，此乃尔教之所要求，朕亦知之；但试思一旦如此，则我等为如何之人，岂不成为尔等皇帝之百姓乎？教友惟认识尔等，一旦边境有事，百姓惟尔等之命是从"，若成此局面"则祸患大矣"。

中国当代自20世纪70年代末出现的改革开放，也带来了中国政治体制的探索和革新。与以往历史相比，应该说中国的政治制度发生了天翻地覆的根本变化。但中国政治的"大一统"格局却没有发生任何变动，而且还在不断得到巩固和加强。在中国当代政治改革的讨论中，曾出现关于构建一个"强中央"还是"弱中央"的讨论。其中主张"强中央"的观点认为"统一"乃中华民族的"核心"理念，这种传统要求"集中"和"整合"，"聚"则坚如磐石、有其强大的凝聚力和创造力，可以"集中力量办大事"，形成明显的优势；如果"分"则会权力旁落、力量分散，从整体削弱到四分五裂。而提出"弱中央"的见解则希望由此调动地方的积极性、优势互补，以"分权"的方式来走向"小政府"、"大社会"的发展模式，为社会各方提供更大的活动空间和创造能力。显然，这种"弱中央"的考量很容易会出现所谓"联邦制"或"邦联"组合的嬗变。从中国国情出发，所谓"弱中央"的观点基本被否定，而"强中央"的见解则成为大多数人的共识。

这样，当代中国社会在政治制度改变后仍继续保留着其"大一统的国家制度"，且仍然得到中国人民的接受和支持。尽管当前的国际环境有了巨大变化，外界多元政体、议会"民主"和联邦制度等模式或理论在"全球化"、信息化的条件下很容易传入中国，但其影响毕竟不大。当西方理论家不解中国"集体主义"的奥妙而在思想上贬称其为"集体无意识"，在历史上推测其为黄河流域"抗洪救灾"之结果时，这种"集体主义"在当前北京奥运会的辉煌、汶川大地震后的赈灾，以及对世界经济危机的抵御中再显出其巨大威力和突出效率，而西方政府权力的分散、无为也与中国"集中力量办大事"的政绩效果相差甚远。对比之下，西方政体模式在中国和者颇少。这样，与统一的国家制度相吻合，统一的意识形态就显得必要。因此，强调主流意识形态、突出"主旋律"的话语乃耳熟能详。但在现代社会境遇中，这种精神感召力显然已不可能是"宗教"的，中国社会主流意识的"非宗教性"势必会得到较大、较多的肯定、赞成和强调。

不过，在当代世界人们对其社会究竟是"世俗化"还是"去世俗化"看不明、悟不透、解释不清时，中国的宗教发展和"复兴"却让其眼睛突然一亮，他们在中国社会中看到了"去世俗化"、甚至"泛宗教化"的希望。在这种处境中，中国政治在给予宗教重新发展的可能和机会时，自然也会重新审视其对宗教的认识、态度和处理方法。而宗教作为一种社会意识形态也会在现代中国社会及其政治氛围中重新找寻感觉、考虑其在新时代中国发展中可能担当的角色和能够争取的定位。与以往漫长的历史时期不同，当代中国社会思想领域的指导精神已由马克思主义取代了传统的儒家思想。因此，"儒家"无论是作为"宗教"还是"非宗教"都已不可能得到中国古代传统意义上的"复兴"，甚至其"更新"也要比佛教、道教更为困难、艰辛，前途莫测、变数诸多。但与儒家思想不同的是，马克思主义不是出自传统中国思想文化，其成为中国主流意识形态仍是一种"西化"。为了不至于陷入"全盘西化"的怪圈，中国政体开始提倡并积极推动"马克思主义的中国化"，以使"中国的马克思主义"成为一种积极意义上的"西化"。此外，中国当代政治正在努力从以往将马克思主义视为"统一的"、"唯一的"指导思想意识这种"宗教化"嬗变而转向强调"和谐文化"、多元共存中指导精神的"主旋律"角色与作用，防止其僵化为"教条"或"经院哲学"。这种态势一方面以其"积极西化"的"开放性"为吸纳、接收或对话"外来文化"留下了空间，使马克思主义在中国的成功在深层次上说明，中国当代社会思想并不是排外的、更不是反"西方"的，而可为积极借鉴、引入西方优秀的思想文化提供启迪、思路和经验；另一方面也为中国思想文化寻问"自我"、辨认其本有文化"身份"、达到某种文化"自知"与"自觉"提供了可能，如其对中国"和合"思想的重新体悟和积极运用，强调"和谐世界"的"众缘和合"及"和而不同"等。但在这种恢复传统中国文化的努力中，已不可否认，宗教的影子和影响正在悄然浮现。

随着宗教的觉醒和迅猛发展，也带来了当代中国在审视政教关系上新的困惑和困难。一方面，中国政治在"坚定的马克思主义"之"西"与

"民族文化主义"之"中"的选择上开始出现犹豫、徘徊、举棋不定。马克思主义作为政治传统不能动摇，西方因"资本"危机回到关注《资本论》让中国兴奋、激动。但另一方面，中华文化五千年的积淀和传承又使当代中国人在"盛世"更有着弘扬其自身文化的责任和使命。中国传统文化的核心是儒佛道的共构，而在对马克思主义的透彻解读中也会看到犹太教、基督教的思维模式和作用影响。对中西的重新认识都会碰到宗教问题。在此，既有价值层面对宗教意识与政治理念的比较，又有社会层面对宗教团体与政治组织的权衡。在价值意义的探究中，其"马克思主义学"与"国学"之间正上演着意味深长的"双重变奏"，其内涵与外延都需重新厘定。而在社会功能的发掘中，对宗教与"社会主义社会"相适应的引导和发扬宗教教义自身中的"积极因素"也会有其定位和分寸上的再次把握。

于是，在积极引导宗教与"社会主义社会"相适应的新格局中，若以现代西方的眼光则会感到在中国"政教合一"与"政教分离"的因素出现了混杂和共聚。这样，有必要对中国传统政教关系中"政主教从"的模式加以新的诠释。在政治理念、意识形态上，中国当代社会的基本定调和倾向是"政教分离"，宗教信仰不被视为主流意识，且不被认为能与当今中国的核心价值观相吻合或调和；因此，宗教教义、信仰中"积极因素"的发掘和运用在这一领域仅有相对的意义，而很难达到彻底和根本。但在政治管理、社会合作上，中国当代社会以"统一战线"和"参政议政"的方式采取了某些类似"政教合一"的做法。例如，中国政府挑选、任命宗教高层领导人的管理模式会引人走向这种思考，但与之根本不同的是，中国当代政治领导人并没有相应的宗教信仰和归属，这与中国古代皇帝自己大多信教也形成明显区别。如果这一管理模式仍会得以延续，融入到当今中国的政教关系之中，那么则必须在政策上重新考虑、在理论上进而说明新的"政主教从"的意义、根据及其必要性和必然性。在超出世界常见的"政教合一"、"政教分离"和"政教协约"三大政教关系模式之外，说明、论证和肯定"政主教从"的中国特色及其与中国国情的符合。

应该说，中国"政主教从"的政教关系传统迄今仍得以"一以贯之"。不可否认，在国际上"跨国宗教"的普世传播与中国"政主教从"管理意义上所要求的"教随国定"的基本原则之间正在形成某种政治张力，相关宗教在"多重控制"下已经出现分化，加大了当代中国宗教事务管理的难度。随着"全球化"对许多国内设防的冲击和突破，中国在"改革开放"以前宗教生态相对"宁静"的"风景这边独好"已不复存在，宗教的"全球"涌动，呼应和关联使宗教事务不再仅仅是"国内事务"，相关管理必须持"世界眼光"和"国际通识"。由于与国际政治、经济的密切关联和中国对国际事务的积极参与，使中国在政治中需要考虑和参加关涉"宗教自由"、"人权"等问题的各种"对话"、"协商"和"谈判"。虽然中国坚决反对并谴责国外某些势力利用"宗教"对中国的"渗透"、"干涉"和"颜色革命"，却仍不得不正视这种宗教问题"全球化"、"国际化"的现实或发展态势。当代开放社会和信息传播的无障碍之境直接冲击着中国的"政主教从"模式，现代"民主"意识也要求政治对宗教的"开明性"和"开放性"。由此观之，已不可能仅满足于以往在政治层面从政治意识、政治理念来对"政主教从"加以解读、论证和称义，而必须在社会管理层面从法治、法规、行政必要来对其重新说明。中国政治认可、在法律上合法的"五大宗教"即佛教、道教、伊斯兰教、基督教（新教）、天主教，其中只有道教是中国土生土长的本土宗教，其他宗教都有国际背景，被称为"世界宗教"。显然，相关宗教的"自我意识"和"身份认同"势必会"越出国界"、在"普世"、"跨国"中寻找感觉和共识，以往其"依国主"、立"法事"的态度和选择可能会出现微妙变化，从而对"政主教从"的中国模式提出了挑战，即徘徊在"政治"（爱国）与"宗教"（爱教）、服从"政权"与"教权"这两种"忠诚"之间，对其谁先谁后的依从"顺序"亦可能产生动摇。在这种复杂局面中，中国政治在宗教上的"扶本"目标被缩小、其成本却增大，而在"化外"上的难度则已加大，颇有力不从心之感。相关宗教也因各种吸引或争夺而有"地上"、"地下"，"合法"、"非法"，"境内"、"境外"，"合作"、"对抗"的分离及裂变。对于"依法"管理和治理宗教，则也面对"有何立法"、"如何依法"、"怎样管理"诸问题。显然，现代意义的"政主教从"管理方法正在经受着考验。从政府管理角度来看，其实政府真正应该关注或警惕的是"政治渗透"，而对正常的、纯宗教意义上的"宗教传播"则可持更为开放的心态，即在一个开放的社会中更多地引导宗教保持为宗教，而不必人为地使宗教转化为"政治"。事实上，被"扶持"或被"打压"的宗教都有可能转化为"政治"。

在多元宗教的发展中，既有希望脱离政治约束的宗教在走向民间社会，同样也会有宗教指望依靠"国际关注"或"国际干涉"来寻求另一种政治或文化选择。然而，不被政治认可、没有取得合法地位的宗教在"全球化"背景的信息时代已不可能再寻"隐居山林"、"遁世求志"的老路，其"大隐于市"的求静几乎不再可能，故而大多已转为"变俗达道"的跳动。在商品社会的引诱下，一些宗教因要满足群众的"功利性"、"实用性"而在民间社会沦落、在俗文化追求上臁沉；不少信仰脱变为"商品拜物教"，"宗教搭台"为虚、"经济唱戏"乃实。在虚、实之间缺乏一种客观的尺度，人们会为取得认可、"合法"而去奔走、博弈。此外，各种"造神"运动、"教主"结社则正导致基层社会的紊乱、社团结构的重构和民间秘密社会类型的浮现，以及各层民众心境的波动、不安。这些混杂现象模糊了宗教确认的边界，增加了政治管理的难度。随着不同利益集团的形成和其宗教诉求的出现，以及弱势群体自我意识的加强和其维权要求的提出，宗教事务上的"一刀切"管理已很难用"不变"应"万变"。例如，有的宗教组织及其活动主动"淡化"其"宗教性"，而以"民俗"、"传统"、"习惯"或"文化遗产"等形式来躲避"宗教管理"、回避其"合法"或"非法"问题。而对应"大一统的国家制度"及其相关联的"集中"、"集权"，强调"多元化"和打破国界流动的所谓"世界公民"在宗教信仰上会要求"公民社会自治"的"民主"和"自由"，至少在信仰领域反对政治权力的过度扩张，以实现其跨社区、跨地域，甚至跨国度的宗教结社自由和传道自由。在"官方"认可的全国宗教机构之外"产生"的所谓"新型"宗教存在形态会寻求其社会"合法性"，于此他们则担心这些"官方"机构本身"已经成为特殊的利益集团"，故而希望能有宗教社团的"独立选举"，能允许他们直接面向政府合法登记，取得"社团法人资格"，并以此作为他们争取"中国公民社会"发展的"起点"。

当然，政教关系是人类一直处于不断调适之中的重大关系之一。这对于处在"全球化"时代的当代中国社会亦不例外。回顾中国近百年、尤其是过去六十年的历史，对宗教的理解主要是"政治"理解，所关注的也主要是政教关系，即从宗教卷入政治、影响政治来看待宗教与中国社会的关系。所以，中国当代执政者特别强调要处理好政教关系，促进与宗教关系的和谐。这是今天中国政治建设、社会建设和文化建设的重要内容。但中国当代宗教也应该与其以往存在有所不同，这就是说，当今天中国政治已相对稳定、人们的主要精力已转向对社会经济发展的关注时，宗教在中国的存在亦应"与时俱进"，即在政治的支持、帮助下"淡出"政治领域，回归宗教的本来、或最主要的社会定位，此即关注社会、服务社会，尤其为在社会变迁中没有稳定感、安全感、遭遇失败或获得成功却失去自我的人们提供精神需求和安慰。在此，宗教的社会活动应纳入法治管理、社会协调，而不再以政治审视、考量为主。

四　当代中国宗教存在状况

对于当代中国宗教存在状况及其发展，社会主流大致会用两种眼神来审视。一种是以"拨乱反正"、宗教生活归于"正常"的角度来看待，其基本认识是把宗教作为人类精神及社会生活的"常态"，以"平常"、"平静"的心态来考量宗教的发展，从而认为"改革开放"前宗教被禁锢、被打压的现象乃为"异态"而不"正常"，现在则应"恢复"正常，中国宗教生活与世界宗教格局并无两样、或独特之处。显然，在这种审视中，少了"意识形态"和"政治"之维，缺乏相应的"敌"情观念或"危机"意识。另一种审视则是基于"问题意识"，即从"有问题"这一角度来看待宗教在当代中国的发展。以政治"责任"、"敏锐"和"智慧"来审视宗教，当然"无小事"、有重大关系，涉及意识走向、精神态度、政治立场、社会发展、民生关联等问题。必须承认，前一种审视很泛、很弱，看似"平常"、"正常"，却实际上几乎没有真正存在。而后一种审视则是非常实在、明确，起着实质性作用。如果从"找问题"的角度来看宗教，那么则至少会在潜意识上去认为"宗教"或"宗教发展"在根本上究竟是"好"还是"不好"，是不是一种"有问题"的社会存在，是否为主流社会的希望或期待之所在。这样，在上述两种审视之间势必有悖论、有张力、有差异。二者的走向将决定对中国宗教的"价值"、"意义"和"社会"判断,从而影响到宗教在中国当今及未来的定位与发展。

从其客观存在及发展来看,中国当代宗教呈现出复杂交错的发展态势,其存在已构成地位不同、处境有异的三大"板块",即:"护持"型的"核心板块",以获得国家政治支持的宗教为代表,包括今天人们习称的"五大宗教",它们是中国"政主教从"模式中没有"国教"名号的"国家宗教",虽有"五教"之多却体现出统一的"国家"意识,在强调政府权威的"一体多元"中有其"正统性"和"合法性",支撑起中国当代的"红色"宗教市场(杨凤岗所论"红、黑、灰"三色"宗教市场论");"自发"型的"新生板块",指中国改革开放以来在获得政府合法登记的五大宗教之外出现的其他宗教或其教派,涵括所谓"灰色"和"黑色"宗教"市场"的各种宗教;"模糊"型的"边缘板块",为宗教"形态"模糊、不定的大众信仰、民间信仰、神灵崇拜、英雄及领袖崇拜等。应该承认,这三种"板块"的宗教存在格局并不是中国当代宗教发展的"正常"和"理想"之状。其碰撞和异化会影响到中国当代社会的安定团结、和谐融洽。因此,中国宗教在未来的良性发展应是逐渐打破这三大板块的分隔而形成多元、有机、层次清晰、有序衔接的整体共构。通过与当代中国政治体制的积极互动,这些宗教应形成"一体多元"、"主次协调"的整合局面。

"护持"型的"核心板块"指得到国家政治支持的宗教存在方式。从历史上来看,如果的确存有"国教",则属于此类;而不同时期封建帝王对不同宗教的偏好、崇信和支持也大致反映出这种现象的存在。但在当代中国,情况则另有不同。一方面,中国国家政体纠正以往对宗教的限制或将之视为"另类"的态度,在政治上、政策上、社会舆论上、组织管理上,以及经济条件上给宗教的存在与发展营造了良好的氛围,使20世纪50年代初形成、60—70年代一度中断的宗教组织机构得以恢复和发展。但这种"恢复"和"发展"乃体现了中国政体的"国家"意识,使相关宗教及其组织机构成为没有"国教"名号的"国家宗教",有其"正统性"和"合法性"。但与此同时,这种"政体"意识的强烈亦影响到这些宗教的构建、管理和经济支撑，形成了具有"政治形象"的"国家宗教"。在国家的"护持"、"帮助"下，这些宗教体制完备、组织严密、网络齐全，在宗教地缘中占据着"核心板块"位置，有着得天独厚的优势。应该说，国家政体对这一"核心板块"的宗教有着巨大的投入（如寺庙、道观、教堂、清真寺的修建，神学院、经学院、佛学院和道教学院的创建），这种支持已超过世界上大多数"政教分离"形态国家对其宗教的关心、呵护，由此体现出中国宗教信仰自由的积极景观和中国宗教政策、法规的落实。当我们2000年在美国纽约参加"世界宗教与精神领袖千年和平峰会"时，中国宗教领袖代表团团长傅铁山主教谈起中国政府对修建中国天主教神哲学院的大力支持和财政保障，让邀请我们提前赴美访问的美国犹太教领袖施奈尔大拉比羡慕不已，他感慨地说，美国实行"政教分离"，他从美国政府那儿拿不到一分钱为其宗教目的之用。当然，在中国，位于"核心板块"的宗教亦成为其社会中宗教的"典范"和"样板"。而且，与其他国家不同，所谓"国家宗教"在此还是复数的、不是单一的，如我们的"五大宗教"之说。不过，由于宗教性与政治性毕竟有其不同之处，加之二者交织中出现的复杂嬗变，"核心板块"的宗教也并非"一方净土"或"平安的港湾"，其出现的个别问题或异样的发展走向也会引起国家政体的警惕和防范。

另一方面，这些位于"核心板块"的"合法"宗教在当代中国社会政治、经济、文化发展中亦积极"亮相"，有着越来越广泛的社会参与和代表形象，尤其在"政治"表态、文化工程、非物质文化遗产的申请、经济创业、社会工作上给人们留下了深刻的印象。不过，这些宗教因受世俗社会影响较深而更多关注"人间"、"人生"层面，在与主流社会保持一致的同时也有对国家政体的更多依赖，故而可能会有在"经济"自主、自养上的"异化"，从而在"宗教性"、精神信仰、理论修养上显得不足。这样，在这些宗教中，许多社会、文化工程及其发展的"创意"和"实施"多来自国家政体或世俗社会，宗教界的"自我意识"明显不够，且在宗教教理、修行、礼仪、管理上缺乏"高僧大德"，未现"出类拔萃之辈"，"纯"宗教意义上的精英仍如凤毛麟角，从而与当今中国宗教的社会外观和文化复兴不相吻合，在"核心板块"上留下了一些脆弱之处。查尔斯·

泰勒在其《世俗时代》一书中曾谈到宗教在政治、社会和文化这三个层面的"世俗化"。① 若按此分析，则可感觉宗教组织"参政议政"、过度关心政治或许会有"政治上的世俗化"倾向，宗教团体或个人热心于"发财致富"、以"宗教搭台、经济唱戏"或许会有"社会上的世俗化"倾向，而宗教活动偏向"娱乐文化"、迎合"民俗"或"流俗"文化的需求也似乎会有"文化上的世俗化"倾向。由于这种宗教自我意识的不强，在"核心板块"的内部会出现一些破裂或分化，造成其本有资源的流失。而其对外范围亦颇难把握，当宗教发展被视为社会和谐的"积极"象征时，其规模会"扩大"，人数在"增加"；但如果宗教发展被看作是与社会稳定相反的"消极"因素时，其规模则会"缩小"、人数亦会"减少"，从而有其宗教在中国政治评估中的被动伸缩，宗教本身对自己的信仰往往也不能够"理直气壮"地坚持，其结果是宗教与政治的关系没有得到真正的理顺。

　　"自发"型的"新生板块"乃当代中国宗教发展的"异军突起"，其特点是"板块"分散、问题繁多，而其所谓"自发"也只是相应中国政体来说，实质上却有复杂的外界关联、掌控和渗透。在"全球化"的国际范围内，这些"新生板块"往往会成为世界关注的"核心"和"焦点"，被"敌视"中国或"误解"中国的组织及个人作为"问题"意识来放大、过问或干涉，从而在国际"话语"上挤占了"核心板块"的位置，造成了一些人为的"难点"、"热点"。在中国当代开放、多元化的社会中，这些"自发型"的"新生板块"有其分散性、流变性、隐蔽性等特点，其"宗教"有的虽"不合法"却求"合法"，有的舍"大而全"而守"小而散"，在"本土化"与"去中国化"、"宗教化"与"政治化"、"公开化"与"隐秘化"、"民族化"与"国际化"、甚至"友"或"敌"之间扑朔迷离、深浅难测，成为当今中国社会宗教领域的一块"盲区"。当然，这种"新生"也是相对而言，其在改革开放后的中国大陆为"新生"，而在中国内地六十年前的历史上、在台港澳地区，以及在境外却是"旧有"。从其类型上来看，这些"新生板块"有的从"核心板块"分化而成，有的是传统存在"枯木逢春"，有的是外来传教"渗透"使然，有的是古今中外奇特

---

① 　Charles Taylor：*A Secular Age*，Cambridge：Harvard University Press，2007.

结合，有的是民间土壤中的滋生、异化。从其涵括的宗教来说，则既有目前"核心板块"佛、道、伊、基、天的"异类"或"另类"，亦有"五大宗教"之外的其他各种宗教，不仅有方兴未艾的"新兴宗教"，甚至有危害颇大的各种"邪教"。按照目前中国法规和现行政策，这些"新生板块"中的不少宗教在华为"非法"或"不合法"存在，然而其中大部分宗教在世界其他地区则为"合法"、"正常"存在，许多甚至也无"政治"意向和企图，在不少国家和地区"口碑"很好。因此，如何认识、分析、对待、处理这些宗教，这个问题的政治性、政策性，以及宗教性、学理性都非常强，不同举措亦会导致是否正确分清"敌"、"友"，化"敌"为"友"或推"友"为"敌"的不同后果。当今中国社会已经处于对之要三思而后行的"临界"之状。

"模糊"型的"边缘板块"所涉及的"宗教"既有认识上的"模糊"，亦有实践中的"模糊"。例如，当今中国社会中的大众信仰、民间信仰、神灵崇拜、"英雄"崇拜（如福建的"解放军庙"）、"领袖"崇拜（革命老区、"红色之旅"）究竟算不算"宗教"或"宗教意识"，应该怎样去认识和处理，仍然是说不清、道不明，意见众多，分歧颇大。人们在对"宗教"及"宗教性"的认识上难达共识，因而在观察、分析社会各种信仰现象上就存在很大的差距。而其相关活动则构成"似"宗教或"不似"宗教的"边缘板块"，人们在"模糊"中或是无视其存在，或是采取难说有效的举措。在这一方面同样包括对中国宗教"土壤"、宗教"生态"的认识。具体来看，其一，对民间信仰的认识迄今仍属"模糊"型的范畴，民间宗教在海外华人、在港澳台地区均作为"宗教"而存在，且已有其"合法"性。但在中国大陆，人们慎言"民间宗教"，而代之以内涵不清、外延模糊的"民间信仰"这一表述。虽然海外华人在境外持守的传统中国民间宗教为"合法"、"正常"，但一旦他们要以这些宗教回中国来"认祖归宗"、"追根溯源"，则会遇到成为"非法"和"反动"组织的窘境和狼狈，二者之间反差太大，对这些海外华人的认同与向心情感及努力也是很大的挫伤。而且，对同样的"民间信仰"存在，至少在福建、浙江和湖南，社会政体对之就有三种不同的认识模式和归类，由此在处理方式、管理方法上也各自不同。这些认识和处理虽然有其"方便"之处，却毕竟影响到我国法律的严肃性、政策的一致性和理论的科学性。

其二，对"儒教"的认识仍迷失在其是否"宗教"的灰蒙之境，有些人对把"儒教"看作宗教百思不解，还有人则对"儒教"不是宗教之说感到一头雾水。"儒教"是"教"、"非教"之争方兴未艾、酣战依旧。印尼总统瓦希德访华期间告诉中国领导人：印尼已通过法令宣布儒教为宗教，可以让印尼华人与穆斯林一样拥有自己的宗教和宗教节日；而中国领导人却向他耐心解释，坚持儒教不是宗教，令他不知所措、颇为扫兴。儒家思想的信仰层面与社会生活的关联，许多中国人并不愿意从宗教意义上来解读。当中国在海外以兴办几百所孔子学院来弘扬中国语言和儒家文化时，对历史上有无"儒教"却仍然讳言。

其三，许多民众在教堂过圣诞节、举行婚礼，以及在庙宇、道观等烧香拜佛、占卜求签之举，如商店、宾馆和学校的圣诞节活动，传统庙会等，究竟是民俗、时尚，还是宗教意识或情感，亦颇难分辨。对于这种信拜的随意性，人们更愿意有一种"非宗教性解释"，而只把较为正规、系统的信仰崇拜视为宗教。

其四，部分党员、干部的信教现象和在处理乱建庙宇、佛像神像等"违规"事件上的不敢出手、怕遭报应等心理心态，究竟有无"宗教"心境？其对宗教"大师"的仰慕和追崇，对宗教经典的入迷和折服，是否有着信仰上的"心有灵犀"？这些都值得我们思索和分辨。虽然在这些"模糊"的"边缘板块"不应该有"泛宗教"认识的偏激，却也不能忽视或无视其中的宗教因素、不能放弃对中国人的"宗教性"的认识和界说。就其前景来看，这种"模糊"恐怕还会持续相当长的时间，而在对"宗教性"及其与"宗教"关系的认知上暂时也很难达到共识。

五　中国宗教未来发展的可能形态

当前中国宗教上述三种类型的板块格局并非中国宗教发展真正的"正常"和"理想"之状。因为，若处理不妥，这三种板块的碰撞和互损会加剧，而且现在已出现一些有着不好倾向的异化和蜕变。由于意识形态的差异和政治理想上的区别，即使是"核心板块"中的所谓"官办"宗教在政府的"护持"下亦不能理直气壮，而且在不少方面仍心有余悸，故而难以充分展开其"宗教性"发展，其现状也往往给人以被动、不自觉、缺少自我意识或主观能动性之感。第二种"新兴板块"中的"自发"型宗教则是在公民社会或民间社会中"脱颖而出"，有其"公民宗教"的意识或"自由结社"的"放肆"，看似充满"活力"却已与现行社会秩序形成"张力"，其"无拘无束"、"无所羁绊"正与我国法律政规相抵触，造成新的不稳定因素。其在社会中的弥散迅速却无形，不过也早已因其在村镇、校园、外企及与之相关的民工群体、白领群体、知识群体等相应人群中的隐现频仍而引人关注。其中鱼龙混杂、良莠不齐：有人打着"宗教"旗号行其"政治"另类选择之实，躲在信教群众中形成对之隐形"绑架"、以群众为屏障和保护而令政府举措有投鼠忌器之虑；有的想"脱敏"而走"合法"、被政府"招安"之途，却步履维艰、障碍太多，难达其看似简单的目的；有的想借题发挥，利用全球舞台和国际市场来惹事生非，唯恐天下不乱；还有的则指望挑起政府的打击来掀起宗教狂热，形成其畸形发展的"兴奋剂"……凡此种种，使这一板块险象环生，危机四伏，令人棘手、难办。而第三种"边缘板块"则处于其"生成期"，可塑性颇大，前景难测，但也是我们在"积极引导"上大有用武之地。这一领域要解决的主要问题是对中国社会、民众、文化"宗教性"的认识、分析和评价问题，从而为测试、把握中国的宗教状况提供相应的标准和尺度，进而还可了解中国宗教的所谓"土壤"、"氛围"或"生态"问题。

如何实现中国宗教未来发展的理想之途？在当代中国的国情中，要想达到宗教的顺畅、理想发展，在我个人看来，其最重要的条件之一，就是在政治上"脱敏"，并逐渐实现宗教从政治领域的"淡出"。与此同时，宗教则应有意识、积极地在社会上"担当"、"投入"，在文化上"重建"、"更新"，在信仰上"回归"、"升华"。在中国和谐社会的构建中，宗教不应该被视为或被推为"假想敌人"和"潜在威胁"，也不应被看作是主流政治的"竞争对手"和"另类选择"。对宗教的"批评"、"打击"不仅会无济于事，反而可能激化矛盾，造成对立双方的两败俱伤。因此，对宗教发展要"引导"和"疏导"，使之成为共构和谐社会的多元因素中的一员，让其"和而不同"、"和合生辉"。我们应该用"平常心"来看待群众的宗教信仰，对之没有必要"神化"，但也不要"妖魔化"。政府对宗教的管理落实在"法治"（法制）之上，依法治国、依法管理宗教，为此有必要形成全面、实效的管理网络和体制机制。

因此，在依法治国的基础上应突出政府的"一体"，体现出政府在管理宗教社会事务上的法律、政治和行政权威，强调政府的积极引导。在政府"统一"管理的基础上，则应让宗教"多元"发展、生态平衡，彼此监督、优胜劣汰，由此在中国"政主教从"的现实上达至政教之间的"一体多元"和教与教之间"主次协调"的积极格局。政府应该正视现代社会宗教"多元"存在的客观现实，没有必要"人为"地去扶持和打压某一宗教，以体现法律的尊严和执法者的公正。对宗教界的政治态度抓大放小，原则问题上不让步，思想求同存异上"引而不发跃如也"，鼓励宗教投身社会服务、积极参与社会工作，在社会救济、慈善事业上独树一帜、脱颖而出，使之成为宗教社会存在与发展的真正安身立命之处。所以，有必要在社会工作上给宗教留出足够的空间、让其有发展的潜力；而在宗教组织、团体的认定上"门槛"要高，不能过于随意、放宽，必须符合宗教身份、具有宗教资质，但也应为宗教组织形态得以成熟提供合理的时间保障，给予其从"临时""备案"到"正式""登记"的时间过渡。在这一过程中，政府应该对宗教的社会演变加以观察、监督、管理和引导。至于宗教的"经济"活动一旦有"营利"性质则应纳入社会财务管理和审计规范，允许其在社会服务和自存自养上有"减税"、"免税"的优惠，但不能对宗教组织的"经济开发"放任自流、形成"特殊"的经济监督、管理上的"死角"。而对宗教"非营利"的社会慈善、福利工作，则应在用地、能源、审批、税收等相关方面提供方便，有一定的照顾和积极的扶持。这样，宗教在中国未来的可能形态或许会转"官方色彩"为"民间自然"形态，变"政治参与"为"社会参与"，宗教界人士只是以"公民"身份关注、参与政治，宗教组织机构则保持"非政府组织"，"非政治组织"的性质。

当然，在现阶段仍必须承认中国当前社会文化处境中因历史发展而形成的事实上的相关"主要宗教"的"核心"地位，对其积极的社会意义和功能加以充分肯定和必要支持，让其在处理与其他在社会上相对"次要"

的宗教的和谐共存关系时发挥主导作用，从而使所有宗教在与中国社会相适应中有其"楷模"和"榜样"。而在宗教的未来发展中则应逐渐打破这三大板块的格局，实现所有宗教多元、有机、和谐、融洽、彼此激励、相互补充、层次清晰、有序衔接的整体共构。其中原来"核心板块"的宗教仍可以通过自我革新、与时俱进而成为社会中起主导、支配作用的宗教，与所谓"新生板块"的宗教形成融合、联合、结合或平等对话、和平共处、和而不同的关系，而原来"边缘板块"的宗教则应通过其宗教形态的成熟、完备和宗教心态的积极、向上来顺利完成其社会磨合、适应的过程，从而能真正提供宗教在中国社会正常、健康发展的"土壤"、"生态"。

不过，对宗教发展的期待既应注意其精英信仰的"升华"、"超然"之脱颖而出，也要以平常心来看待大众信仰的"质朴"、"直观"，甚至"功利"性走向。在"积极引导"和"主动适应"的双向互动中，现有"三大板块"的宗教状态则会逐渐结束其"混乱"现象，达成在社会上"一体多元"、"主次协调"的整合。从此，宗教发展的主要注意力和方向则可一为社会层面的服务参与、人间贡献，二为文化层面的承上启下、发扬光大，三为信仰层面的返璞归真纯洁无瑕，以真正体现宗教作为"宗教"的社会关怀、文化传承、精神慰藉和灵性超越。

当前国际金融危机和社会变动会引起宗教新的波动与发展，导致在宗教与社会的相互关系上出现新情况、新问题。这对于宗教的社会发展和政府的宗教事务管理都是一个重新审视或调整的机遇。我们在这种时代处境中观察现实宗教状况则既应客观亦需前瞻。

中国当代宗教已进入多元发展时期，其"多元"与中国改革开放以来的宗教"复兴"相呼应，且给人留下如影随形的印象。由于现时期中国的发展在许多方面都已经与国际"接轨"，在中国社会形成"世界眼光"的同时，中国宗教亦得以发展出其"全球视域"。而这种宗教发展不可避免的"全球"关联，也使宗教在当代与中国社会、政治、经济、文化、思想、信仰，乃至精神意向和生活情趣都构成了前所未有的复杂交织。从20世纪下半叶中国宗教的发展来看，人们一般已习惯从"五大宗教"（佛教、道教、伊斯兰教、基督教、天主教）来审视和认识宗教存在状态。然而，受"全球化"时代世界宗教"复兴"和重新出现"热潮"、"热点"的影响，以及各种宗教的国际性流动和"普世性"发展，中国当代宗教的多元走向实际上已呈现出"教外有教，教内有派"的态势。从总体来看，这种多元发展与以往中国建构性宗教布局已经形成了明显的张力，并已出现了突破这一框架的嬗变，其存在虽然按照现行法律和规则乃被看作"违规"或具有"不合法"的性质，然而其灵活性、流变性和本土适应性却使之在转型时期的中国找到了较大的生存空间及活动范围，不少新的现象或走向也正在"合法"与"不合法"之间游移，而且大多乃通过或是要求取得"合法"存在的身份与地位，或是干脆设法躲过目前的"法制"和行政管理方式，而在社会各层面、尤其在地方和底层迅猛发展。其对群众的覆盖面较大、社会影响亦在不断增强，正越来越多地引起人们的注目和谈论，甚至不断产生出新的热点或焦点问题。

这样，在当代中国社会中就形成了在建构内、体制内的"合法"宗教，以及在建制外、超出政府把握视界的、没有"合法"地位的宗教或信仰等实际社会存在方式，二者或许有些边缘交织或重叠，但有一些则与以往已被"公认"的宗教建构相分离、出现另立门户的趋势。而这些在"灰色"领域或社会不定层面上存在的宗教，既没有政治、法律意义上的"合法"性，也没有社会、公共领域上所必需的"透明"度，却仍在忽明忽暗、时隐时现地存活并发展。对于当前中国宗教的这些复杂发展态势究竟应作何种分析、采取什么样的举措、怎样来对之加以法律和社会定位及定性等问题，中国社会各界存在有不同的看法，亦明显有着观点上的分歧。这实际上也将预示着中国宗教的未来走向已很难以"统一性"、"单向性"来界定或解释，而它们与整个中国社会的复杂关联也使之构成与社会的双向互动和交叉影响。一方面，当代中国宗教的存在方式已经冲破了以往的格局，其在社会阶层中的分布也不像以前那样清晰明朗，由此已对与之相关的社会管理方式提出了挑战；另一方面，中国社会对宗教的认知及其相关政策举措和法律规定将影响宗教的现状及其对社会的回应，政策法规的不同定向会对宗教的今后走向产生重大作用，导致宗教的相关适应或演变。因此，除了以往政治意向和意识形态上对宗教的关注之外，还有必要从社会管理和文化建设上分析宗教的参与及其意义，而落实相应的宗教立法、依法管理宗教、正确并妥善解决宗教活动领域出现的法律"盲区"问题，则是在当代中国理顺宗教与中国社会关系的关键和必由之路。

（一）中国宗教在意识形态及政治意向上的发展趋势

中国宗教在当代发展所面临的一个复杂问题，就是在信仰理解和价值层面上与主流意识形态的关系问题。从传统的认识来看，马克思主义与宗教意识、无神论与有神论的关系似乎只是一种对立、甚至对抗的关系，二者在精神信仰层面上的彼此抗拒亦很难化解。"冷战"结束后，中西方在价值观和意识形态方面的对立、僵持之状仍在继续，而宗教在此的价值定位和意义蕴涵则颇为微妙、敏感。因此，主流意识形态非常关注并担心出现"马学"（马克思主义理论体系）、"国学"（包括中国儒佛道三教传统的理论学说）、"神学"（主要为基督教教义神学和伊斯兰教经学等外来宗教理论）的三足鼎立，并设法避免其他思潮来抢夺其主流意识形态及其理论体系的核心位置。中国政界对如何处理这一问题、理顺二者关系大概呈现出两种思路和意向。

一种认为"积极引导"宗教与"社会主义社会"相适应乃立足于"社会"意义上，而不可能有与"社会主义"意识形态、思想价值体系上的真正"适应"。其基点乃是对宗教"本质"相对"负面"的认识和比较"消极"的评价。因此，持这种观点者觉得，与宗教在社会"政治"上可以"团结合作"，但在精神"信仰"上最多也只能"相互尊重"，彼此保持距离，回避实质性问题。这是一种"内涵式"思路，为强调自身的特点及其历史传承而"以我为主"、突出"存异"，保持一定的独立，有着明确的界线。应该说，这种见解和主张在中国当今社会仍颇有共鸣及共识。而对这种意向，中国宗教的回应则相对谨慎，在许多问题和见解上采取了"失语"或"缄默"的态度，但其内在的精神及价值主导则颇为复杂、矛盾，关涉到其"双重真理"即其价值、信仰"真理"与政治、主流社会持守的"真理"能否共存、共容和共同发展的核心问题。在此，其政治的"服从"与其自身信仰的"忠贞"和"神圣"感之间显然会存有张力，而且宗教在"社会"层面单向性的适应究竟能走多远、能否畅通亦颇成问题，其潜在的"存疑"乃不言而喻。这种深层次的张力和矛盾在中国社会体制中比较典型，而在其他社会体制中则或是不存在、或并不很突出。这样，中国宗教在意识形态层面的根本性"生存"问题并没有得到"根本性"解决，而这种宗教在中国价值评断领域之"异"则显得突出，并容易被外界的某些势力所"注目"或"利用"。其态势的维系和未来发展的景观，就在于如何看待和处理当今中国社会所涉及的现实"经济基础"与宗教"意识形态"的关系问题，由此回答宗教在当今社会主义社会"是不是"、"能不能成为"其"上层建筑"，即回答宗教作为意识形态在双方在坚持"和而不同"上的智慧及耐心。

另一种则突出马克思主义理论体系作为当今中国主流价值及主流意识形态的"开放性"和"发展观"，强调其"中国化"、"当代化"和"与时俱进"。其特点是既明确坚持二者在社会层面的"求同"，亦小心探索双方在思想信仰领域可能的"共识"。例如，在社会层面，与前一种看法一致地坚持"积极引导宗教与社会主义社会相适应"、"发挥宗教在促进社会和谐方面的积极作用"，但其侧重已从前一种看法的"斗争"意识转向全新的"和谐"态度。显然，这里有一个从与宗教"斗争"、经让宗教"适应"到使宗教"和谐"的转型与发展。其重点乃在于对宗教的"积极引导"和使其能主动、"充分发挥"积极作用这两个层面；政治主体和政府层面应立足于"积极引导宗教与社会主义社会相和谐、与构建社会主义和谐社会相适应"，"团结信教群众为经济社会发展作贡献"；而宗教层面则是"可以主动发挥作用的一方"。通过这一调整和平衡，中国主流政体对宗教的态度则会发生重大改变："将信教群众作为可以主动发挥作用的一方，更多地从积极方面来看待宗教，肯定宗教在促进社会和谐方面有积极作用，这是一个最新的根本的飞跃。表明我们共产党人虽不信仰宗教，但更加全面地认识宗教的社会作用，具有充分的自信，能带领信教群众积极为构建和谐社会作贡献"[①]；"使信教群众在全面建设小康社会的宏伟目标下最大限度地团结起来"[②]，"发挥宗教界人士和信教群众在促进经济社会

[①]　参见胡锦涛《在全国统战工作会议上的讲话》，2006 年版。
[②]　胡锦涛：《不断巩固和壮大统一战线，共同建设中国特色社会主义》，《人民日报》2006年 7 月 13 日。

发展中的积极作用"。①

在思想信仰层面，则从以往对宗教核心内容的基本"否定"转为谨慎的"肯定"，主张"积极弘扬宗教教义中扬善抑恶、平等宽容、扶贫济困等与社会主义社会道德要求贴近的积极内容"。② 这里，对"宗教教义"中"积极内容"的"积极弘扬"，实际上也就开启了中国主流意识形态与宗教意识及其价值体系的深层次对话，从而比以往各自"独白"基础上的"相互尊重"有了明显的思想突破和理论发展。当然，这一思路目前仍是一种"启迪"、"引领"或"引导"，尚未全面、充分地展开。但它说明其乃一种"外延式"思路，表达了一种精神深层次领域"对话"的"可能性"和"开放性"，为宗教在其核心层面上的"积极弘扬"与"发挥"提供了潜在的可能和空间。从主流政界来看，马克思主义理论体系不再被"神化"，从而得以避免其"封闭"、"僵化"和"排他"，使马克思主义真正作为"科学"而不是"神学"来发挥作用。为了一种真诚"对话"和真正"共在"，有人尝试将信仰划分出不同层面，提出政治信仰与文化信仰、民族信仰和宗教信仰共存共处的可能性。而从宗教界来看，则可打破其"沉默"而在一些核心问题上展开"积极"的探讨。尽管某些探讨因其"宗教化"或宗教式理解而不一定被中国主流社会肯定或接受，却可从这一姿态上体会其"认同"、"求同"的诚意和努力。而社会的宽容和开放，则可促进宗教在当代中国的良性发展，并有积极融入中国社会、发挥其能动作用、作出有益的贡献的潜力与可能。

（二）中国宗教在社会适应及法律服从上的主要动向

从历史传统来看，中国主流宗教多采取了与执政者合作的态度，除非在政权打压下才有可能疏远、隐遁，而各种非主流宗教或教派则往往以"地下"、"民间"的方式求生存与发展，形成与社会政治的某种张力。这种态势在当代中国仍在继续，并有一些体现时代特色的新动向。这样，遂

---

① 胡锦涛：《高举中国特色社会主义伟大旗帜，为夺取全面建设小康社会新胜利而奋斗——在中国共产党第十七次全国代表大会上的报告》，人民出版社 2007 年版，第 31—32 页。
② 《胡锦涛接受第十一世班禅的拜见》，《人民日报·海外版》2005 年 2 月 4 日。

形成中国宗教格局的复杂和对其社会管理的困难。就目前状况而言，中国宗教在社会适应及法律服从上存在有三种态势：一为强调宗教在法律状态上的"合法"地位，但因其政教结合等复杂原因而可能出现宗教社团"政体化"的态势，另外也有着因其"大一统"结构的"权力化"而在宗教范围内替"政府""执法"的所谓"合理""越位"。对此，政界、社会和教界评价不一、褒贬不同，其未来发展亦充满变数。二为同意宗教团体服从法律的管理，但要求这种"管理"直接由政府来执行，认为只有政府才是执法主体，不需要也不能有某一宗教组织来"越俎代庖"；当这种政治"统一"、宗教"民主"未能实现时，一些宗教团体则以"自由"为理由游离于"合法"与"非法"状态之间，形成宗教存在的模糊地带。三为以各种理由而拒不接受对宗教的管理，并形成其"非法"存在的复杂背景，构成对国家政治安全、社会稳定的隐患。这三种态势如何发展，以及政府主管部门会采取什么政策举措，无疑会对宗教的社会存在和社会影响起着重要作用。

从现代社会的"民主"与"法治"进程来看，人们对"宗教信仰自由"与"宗教自由"有不同的理解。对与相关社会持分殊态度的一部分人而言，所谓"宗教自由"要求的乃宗教的"绝对"自由，即其思想精神与社会行为的完全"自由"。但这实际上是对"民主"、"自由"的歪曲，以及对"法治"、"秩序"的无视或无知。其实，在任何时候、任何国度，都没有这种宗教的"绝对自由"。若强求这种"自由"，其实质则是争取一种"无政府"状况。一般来说，对"宗教信仰自由"的理解则包括两个层面，一是承认并保护个人精神信仰的"绝对自由"，正视并尊重这种信仰之思想内容的内在性、隐秘性和私人性，不能加以思想层面的干涉和强迫；二是指明并强调宗教行为及宗教组织在社会层面上的"相对自由"，宗教作为社会公共团体的一种，则应该保持其在社会公共层面的公开性、清楚性、透明性和可监督性，而绝不应该以"黑社会"、"地下社会组织"的方式来存在。在此，宗教有责任和义务维护社会公共利益及其法律秩序。当前宗教发展的一种突出迹象，则是宗教界的法律"维权"人士在增加，其中不少人是"法学"领域的科班出身，熟悉国内外各种法律，并以此来争取、维护自己及其宗教团体的"合法"权益。例如，不少地方出现了现"尚不合法"的"家庭教会"要求"保护"或"取得"其"合法"存在及权益的活动。其结果如何将影响到"家庭教会"的未来存在及如何存在。这也给政府和"三自"爱国教会都提出了新的问题。如何回应、处理这类问题，将是对政府"政治智慧"和"三自"教会"宗教智慧"的考验。

中国宗教在当代社会有序、合理存在的依据是"法律服从"，接受执法部门"依法"对宗教的"管理"。目前中国关涉宗教领域的法治建设已取得一些进展，但仍存在一些问题，如执法机构以自定的行政法则为主来管理宗教，却缺乏由立法机构确立、通过的基本宗教立法等。因此，目前状况尚需进一步"加强宗教立法工作，加强宗教法治建设，建立和健全宗教方面的法规体系和执法监督机制"。①

宗教立法的困难，在于当今中国在其立法"理念"上的分歧和不统一。一种希望宗教立法应为"宗教事务管理法"，为政府有效管理宗教提供法律依据和保障，因此其实质乃为政府管理宗教立法。另一种则坚持宗教立法应是"宗教信仰自由保护法"，即以宗教信仰自由属于公民的基本权利为根据来对之加以保护，其实质就是要以立法来保护公民的宗教信仰自由。从前者来看，一般认为管理宗教是应管理信教之人的结社活动，而不是管理其活动的场所，即应管"人"而不是管"地"。因此，立法的意向应侧重于《宗教社团法》或《宗教法人法》。从后者来看，则认为"宗教信仰自由"不仅有"思想"的自由，而且也应该有相关言论、行动的自由，因为光"想"不"说"或不"为"本来就无所谓自由或不自由的问题，不可能、也没有必要为"思想自由"立法，用立法来保障信仰的思想自由完全是多此一举，显得既不严肃、严谨，又根本靠不上，因此在"政教分离"的原则下大可不必立法来保障或保护宗教信仰自由，正如美国等一些西方国家就没有特别、专门的宗教立法，而是将宗教作为公民社会的一部分来管理，使之适用于社会管理的各相关法律，不再为之另外立法。目前中国在"依法管理宗教"问题上尚存有各种不同看法，对是否有专门的宗教立法亦观点迥异，而现行的相关法规及未来的立法构设仍有行政立

---

① 国务院宗教事务局：《宗教工作政策要点》，1996 年 1 月。

法、部门立法与民主立法、开门立法之别，其发展将展示当代中国"民主与法治"的实际进程。而宗教在其如何对待社会、政府的"依法管理"上，也将构成其社会存在的基本性质，有着重大的方向选择。

（三）中国宗教在现代社团定位及公共作用上的基本选择

中国宗教也是中国社会建构中的一个社会子系统，在古今发展上都有一定的社会地位和影响。在中国社会政治格局中，政教关系一般以"政主教从"为特色。这样，历史上的宗教或是依附政治而得以生存、发展，或是以遁世方式远离政治社会，而活跃于底层社会或政治边缘地带。随着社会的现代化和信息化，宗教团体已不再可能遁隐山林、远离社会，而已成为具有"公民"社会特点的"中间机构"，因此有必要主要以其作为"非政府组织"、"非营利组织"来决定其社团定位。

在当代中国，虽然宗教仍与政治有一定关联，但因"政教分离"的原则而基本离开了当今政治舞台的中心。这样，宗教一方面与政治相分离，另一方面却与社会更为贴近，因而就有一个其在公共作用上的基本选择问题。一般来看，宗教在当代社会以社会关怀和社会服务为其主要的社会功能，并在相关国家和地区的民政事务中发挥着积极的作用（如台湾地区佛教的慈济公德会等机构）。应该说，这也比较适合中国宗教的当代选择。由于政治发展的变化和国际环境的改变，中国宗教在一定程度上应从政治领域"淡出"，而更积极地参与社会服务，在社会慈善、福利事业上有更大的投入、更多的贡献。

中国宗教在社会服务上已有非常积极的参与，尤其在 2008 年初南方冰灾和"5·12"四川汶川大地震后的救灾活动中表现突出，显示出其社会服务、社会援助的能力和在公共事业上的潜力。但从整体来看，中国宗教的这种社会投入和社会服务仍在初始阶段，还有更大的空间可以开拓，亦需要其自身结构的调整，以便其社会服务能达到机构化、系统化，可以将长期机制与突发事件的及时处理有机地结合起来。

大体而言，中国宗教的社会服务和公共事业已有多种方式来展开。一为宗教信仰者个人性的社会捐赠和社会服务，如作为"志愿者"来向社会献爱心、做善事等。但这种服务为偶然性、随意性的，在社会服务的整体系统工程中比较微薄、比较边缘。二为宗教信仰社团的社会服务与关怀，目前中国宗教已有了较多的组织基础和经验积累，但尚未达"质"的突破。从国际视域来看，一般宗教社团的社会服务工作可以分成三个层面：一是宗教核心组织自身的直接参与，这是中国宗教目前参与社会服务的主要形式，它或是由各宗教组织独自出面，或是与政府相关部门积极结合，从而与整个社会的关爱、服务揉在一起、融为一体。二是宗教界组成相关的、专门的宗教社会服务机构来专事社会服务工作，包括在社会服务、公益慈善等领域的系统扶贫、救护、社会援助、生命关爱、心理治疗与安慰的专门组织，以及从事医疗卫生、残疾人工作、特殊教育等专门的类似企业性的机构。在这一领域，中国宗教界则刚刚起步，在个别方面已有一些进展，但在大部分领域仍是初具雏形，尚缺乏其系统性、组织性、体制性、企业性和长期性的投入。三是相关宗教基金会的社会服务功能与作用，这在国际上已较普遍，但在中国社会仍很不够，除了以基督徒为背景的爱德基金会较为活跃之外，其他宗教背景的基金会仍处于沉寂之状，或仍付阙如。目前中国宗教界已有一定的经济实力和经验积累，因而可以在这一领域有所突破，脱颖而出。与之相对应，中国社会在制定《慈善事业法》或相应的"社会工作条例"、社会服务规则时也应网开一面，为宗教在其中发挥其积极作用留下必要空间，提供有利条件。

（四）中国宗教在文化建设和精神生活上的可能走向

在当代中国的社会体制和框架结构内，让宗教在文化建设和精神生活中发挥主要作用已不可能，但在主流意识形态唱好"主旋律"的前提下，中国宗教仍可积极参与社会和谐、多元文化共在的"大合唱"，并可扮演其较为重要或突出的"声部"，"唱"出其"特色"。例如，传统优秀文化的弘扬，精神文明的重建，中国人文化意识、文化自知的开启等，都离不开中国宗教的积极参与。

在文化建设上，中国文化从来就是一个开放体系，有着"海纳百川"的优秀传统。中国传统文化的精神特色离不开儒佛道的在场，而且这"三教"在过去中国文化史上乃发挥着主要作用，曾处于关键性地位。中国当代社会正开始一个"文化寻根"、"文明溯源"的新"高潮"，这种文化意识的重建不可避免地会体现中国宗教传统的厚重、积淀。这也可以促进中国社会的宗教理解，对中国文化的性质重加反思和定位。在中国五千年的文明历史中，宗教的文化象征意义和文化构建作用是不可否认的，对此一直没有非常系统地梳理、总结，以致不少人、甚至一些著名的中国知识分子都认为中国是一个"无宗教"的国度，没有"宗教"传承乃中华民族的"特性"。其实，这是对中国文化性质的一种歪曲或误解，由此亦使中国文化体系似乎游离于世界文明之外，成为世界文明的一个"特例"或处于"边缘化"的境遇。这根本就不符合中国历史的事实，无意中也贬低了中华文化的意义和地位。这在今天的文化重建中，大有"拨乱反正"的必要。因此，中国宗教在今天中国文化的重建、共建中，既可丰富中国文化的内涵、使之重放光彩，亦可由此使中国的宗教文化得以重建，在中国社会获其重新定位。例如当今中国汉传佛教发展的三种模式（河南"少林寺"，辽宁海城"大悲寺"，江苏无锡"灵山寺"），"太湖文化圈"（苏州、无锡、常州、扬州：因该地出生的两个大和尚——鉴真和星云——而使其佛教文化得以突出，这种历史传承和现代延续在鉴真佛学院、鉴真图书馆的建立上引人注目）的形成，陕西法门寺的开发等。在这些方面，中国宗教界的有识之士已经认识到其意义和前景，但似乎关注程度仍显不够，故而仍然可以大有作为。此外，基督教和伊斯兰教等"外来宗教"也可发挥其文化传播、文化交流的功能，从而用世界文明的优秀因素来充实中华文明，使中国文化在世界文化中有着积极的对话与交流。对这两大宗教在中国的传播，应该有冷静的分析和客观评价，不能以"排拒"心态来对待，也要注意慎用"渗透"等表述，而必须积极疏导、引导，使之完成"本色化"，实现融入中国社会文化的积极转变。

在精神生活领域，人的精神世界和精神生活不可能离开宗教，在当代社会同样如此。当代中国社会随着经济增长，科技进步，生活条件的改善，不仅没有减少宗教的存在和影响，反而正在经历和见证着宗教的"复兴"与"热潮"，这就充分说明中国人在物质生活得以改善的条件下，仍然迫切需要精神生活的充实。这里，宗教以其精神追求和超越信仰而对现实社会的物质追求、生态破坏有着批判的审视和重要的警示。此外，宗教所表现的对"空无"的超脱和对"来世"的寄托却也有着心理调适、心灵疏导的功能，使人达到一种超脱、忘我、平静对待人生的境界。在这些方面，中国宗教似有巨大的潜力可以发掘。

综上所述，中国宗教在当代中国社会已随着改革开放的深化而渐露头角，其意义和作用正被人们重新认识、重加评价。不可否认，由于当今开放世界的多元性和复杂性，中国宗教的当代走向也不是单一的，而乃多元的，其社会作用的如何发挥也基于其"处境化"的适应，以及相关社会氛围对其的要求和"引导"。中国当代社会的转型已不可能离开宗教的参与，中国社会看待宗教的眼神、对待宗教的态度，也需要相应的调整。在一个和谐社会的构造中，宗教与该社会的积极适应和良性互动，可以带来二者的"双赢"。

第八讲 关于中国宗教现状及其发展的思考

中国宗教形态及其特征早已引起国内外政界、教界和学界的普遍关注，但对其基本性质以及由此所影响的中国国情之精神层面迄今尚无定论。这里所涉及的问题一是对人的"宗教性"理解，分析对宗教的两种基本认知；二是中国传统社会的宗教性，其乃认识、分析当今中国宗教存在与发展的基础和起点；三是中国宗教在中国社会中的地位、作用与影响，涉及古今中外的社会文化比较与族群性对照；四是对中国宗教目前状况的描述、理解与评估；五是对中国宗教未来发展及其可能走向的前瞻和把握。对这些层面的问题意识引发了一些从学术、学理角度展开的探索和思考，这里所提出的相应观点和看法仅为个人一些不成熟的构想，是一种开放式的讨论，用以抛砖引玉，供大家对之深入研究时加以关注和进行解答。

一 导论：人的"宗教性"理解

对人的"宗教性"理解，中外学者大致会从两个方面来探讨，由此形成两种基本认知，而且都有广泛的影响。其一是把宗教视为人类生存的一种"常态"，即指出宗教是人类社会文化的基本特征之一，具有普遍性和恒常性。其二则是把宗教看作人类社会出现的一种"问题"，认为人类并不必然需要宗教，宗教的出现反映人之个人或群体、内在或外在有了问题，有必要想办法来解决、克服其问题。

（一）宗教作为人的"常态"存在

根据这一看法，宗教与人类社会的密切结合，不可分割，本来是研究人类精神世界方面的一个"常识"性命题，其揭示出的乃人类独有的"灵性"意义。为此，宗教学者伊利亚德称宗教为一种"人类学常数"，强调"宗教性"与"人性"的内在关联，指出其反映出人类社会的普遍性，对于认识人类具有本质性意义。在伊利亚德看来，人实际上就是具有宗教情结的人格存在。这里，宗教学者一般把宗教作为人类精神及社会生活的"常态"来看待。西方思想家柏格森就曾说，从古到今的人类社会，在某一时空范围内，可能找不到科学、艺术、哲学，但决不会找不到宗教。也就是说，在他们看来，人的本质特性与宗教本质特性紧密相连，人性乃是宗教存在的本体性前提，有人就有宗教。宗教在此所反映的是人性，是人的社会性、文明性和超越性，其特点就是对"神圣"的追求和与"神圣者"的交往。所以，奥托说宗教是人对"神圣"或"神圣者"的信仰；缪勒则指出宗教是人"领悟无限的主观才能"。[①] 这种"神圣化"是我们理解宗教和任何其他信仰的关键所在。所谓"神圣化"有其不同对象，如对人生彼岸、超然、非凡的神圣化，以及对政治理想、文化模式、精神追求、社会建构、民族群体的神圣化等，由此形成不同类型的信仰形态，包括宗教信仰、政治信仰、文化信仰、民族信仰、国家信仰、哲学信仰等。这些信仰并不必然会彼此冲突或矛盾，在许多情况下，它们甚至可以并行不悖、和谐共存，因不在同一个层面而避免了相互碰撞。"神圣化"直接涉及的就是人与"神"、人性与"神性"的关系，这种"神人关系"是理解宗教性的关键所在，人在"超越自我"、"走向神圣"的过程中变动不居，恰如舍勒所言，人乃"介于动物与上帝之间动态的 X"，人的本性体现出"趋向于神性的动态"，这种动姿、走向才是人的本质。人即"超越"的意向和姿态。因此，"神圣化"实际上也说明了"神人性"，宗教性追求的实质即一种"神人类学"。对于这些"神圣化"，学者们亦有不同解释，各自的侧重显然不同：费尔巴哈所理解的神圣化即把"神"看作是人的

---

① 缪勒：《宗教的起源与发展》，中译本，上海人民出版社 1989 年版，第 15 页。

"类"之升华，宗教所表述的就是人的"类"的本质的"神化"，也就是一种拔高、升华了的"异化"；杜尔凯姆则认为"神圣"是"社会统一体的象征"，其典型特征即人类古代社会中对氏族、部落、民族、社团的"神圣化"，而这种"神圣化"在近现代人类社会中亦得到某种程度、或某些形式的延续。正因为如此，贝格尔才断言宗教的目的就是"使人类的生活和行为神圣化"。除了客体性之外在形态的神圣化之外，还有主体性的内在观念上的神圣化，例如缪勒认为"神的观念"就是人在心灵上所能达到和掌握的"关于完美境界的最高理想"。① 而希克也干脆指出，所谓"神"就是不同宗教对同一即唯一"终极实在"的文化理解，这种"实在"或"实体"唯一，而其理解则多元，因而出现了多种宗教及其不同的神明或神性表述，如基督教的"上帝"或"神"（天主教的"天主"），伊斯兰教的"真主"（安拉），印度教的"梵"，佛教的"佛"（"佛性"、"法相"、"真如"），儒教的"天"（"理"），道教的"道"，神道教的"神道"等。

很明显，"神圣化"势必触及对"终极"的追问。蒂利希所谈到的宗教是"人的终极关怀"已经成为脍炙人口的名言，在中国学界亦有广远影响。这种终极关怀使宗教关心人的生存活动及其超越意义，其表现的则是追求超然的信仰生活，其人生目的已不再、或不仅是此岸性、世俗性、现实性，而更有着终极性探询、超越性审视。在言述上，宗德迈耶尔认为，宗教就是"人类对于超越经验的共同回答"；② 这种回答形成了人的哲理之探、形而上追求，所以道森说"哲学是宗教之子，是一个不断反身寻父的婴儿"。③ 在行动上，斯特伦则强调宗教是人类实现"终极转变"的手段和过程，这种带根本性的转变正是让人"体验到一种最可信的和最深刻的终极实体"，个人和社会所经历的"终极的和动态的转变过程"乃最终使人超越自我、"达到与真正的和终极的实体合一"；④

---

① 缪勒：《宗教学导论》，中译本，上海人民出版社1989年版，第129页。
② 宗德迈耶尔：《宗教是什么？》（德文版），法兰克福：莱姆贝克出版社2007年版，第30页。
③ 爱德华·塞尔编：《宗教与当代西方文化》，台湾桂冠图书公司1995年版，第87页。
④ 斯特伦：《人与神》（中译本），上海人民出版社1991年版，第2—4页。

此即宗教在行动上所追求、并想达到的效果和结局。从二者的关联上，他认为"'终极'是一种感受，人们由此把某种神圣作为生活的真谛"。① 在这种终极关怀，终极追求和终极转变中，则能体会到恩格斯所讲到的：宗教性包含有"人类本质的永恒本性"。②

在对这种"宗教性"的体认中，人们显然感到了宗教所体现的人类升华、发展、进步和超越，从而使之将宗教与人类文明的进步相关联。在此，西美尔看到了人的进化，体会到"生命超出动物水平向着精神水平进步，以及精神水平向着文化水平进步"。③ 这样，亦可从人类文明、文化的层面来理解宗教，宗教即人类精神、文化的表现形式，是其象征化和符号化。道森在谈到这一意义时曾指出，宗教乃界定文明的一个主要特征，是理解文化的关键所在，他并宣称"伟大的宗教是伟大的文明赖以建立的基础"，甚至看似颇成问题的宗教，亦可被因势利导，转化为积极力量："如果我们因而把一种文化作为一个整体来研究，我们将会看到，在它的宗教信仰与它的社会成就之间有着一种内在的关系。甚至一种很明显地属于彼岸世界、似乎是否定人类社会的所有价值和标准的宗教，仍然会对文化产生刺激作用，并在社会变革运动中提供推动力。"④ 宗教信仰看似远离人的现实世界及其社会成就，却因其对人们走向更高境界的引导而实际上为人类生活注入了精神活力，从而对人类文化发展能够产生积极的、创造性的影响。因此，道森把宗教视为了解人类社会内在形态的钥匙。蒂利希也认为宗教是文化的实质，文化是宗教的表现形式。由此而论，宗教的表层以文化来展现，而文化的深层则是宗教境界和信仰精神。

宗教与人类社会文化的联系促使人们从两个层面来理解宗教，即内在、主体的"宗教性"，以及外在、客体的"宗教"。"宗教性"关涉心灵、精神，因体现思想、意念、情感等生命冲动而有其虚玄性和自由发挥的可能。而"宗教"则是实实在在的客观存在方式，即人的灵性、精神追

---

① 斯特伦：《人与神》（中译本），上海人民出版社1991年版，第11页。
② 恩格斯：《英国状况 评托马斯·卡莱尔的"过去和现在"》，《马克思恩格斯全集》第1版，第1卷，第651页。
③ 西美尔：《现代人与宗教》，中国人民大学出版社2003年版，第23页。
④ 道森：《宗教与西方文化的兴起》，四川人民出版社1989年版，第5页。

求的外化形式或实体物化，是其客体文化形态的身份认同和象征符号，其"实在"即反映了宗教的社会关系构建，是人类社会存在的具体组成和基本因素，体现出最强有力的社会作用、影响及控制。于是，在宗教理解上就出现了"宗教性"内涵小、外延大，"宗教"（建构）内涵大、外延小的鲜明对比。这亦影响到当今中国的宗教理解。从"宗教性"来看宗教，会感觉到宗教在人类的普遍存在，人之"神秘感"、"灵性表现"等都被看作是宗教性的体现。而从"宗教"的组织建构、群体结社来考量，宗教在人类社会中的存在则大大缩水，即只是一种社会团体存在，有其具体的结社组织，以及相对固定的群聚场所。如果从"宗教性"来把宗教视为"多数人"的存在，那么从"宗教"社团来考察，其在有些社会中则只是"少数人"的存在。

（二）宗教作为人的"问题"存在

随着宗教与社会密切关联这一认识的不断深化和扩大，人们则开始从社会问题意识来看待宗教。而这种视角与无神论及宗教批评的结合，则引出了宗教存在乃人的存在或意识"出了问题"之认知，并进而引申出宗教问题在本质上乃反映出社会问题之推论。18世纪以来的法国无神论者伏尔泰等人曾以"傻子遇到了骗子"这样简单的类比方式来解释宗教的产生，认为宗教是人类理性的大敌。其批评虽然颇具"战斗性"却并不深刻，因此这些"战斗的无神论者"并没有真正成为"科学无神论者"或"彻底的无神论者"。此后，欧洲又出现了费尔巴哈人本主义的宗教批评，弗洛伊德心理学意义上的宗教批评，以及马克思主义社会学和政治经济学意义上的宗教批评。

费尔巴哈把宗教的形成视为人的本质异化，在这种异化中人的本质有着人之"类"这一群体整合意义上的扩大和升华。其人本论的宗教认知虽很深刻却仍没有说到点子上，这一重大缺陷被马克思所一言道破："费尔巴哈把宗教的本质归结于人的本质。但是，人的本质并不是单个人所固有的抽象物。在其现实性上，它是一切社会关系的总和。"[1] 这就是说，费尔

---

① 马克思：《关于费尔巴哈的提纲》，《马克思恩格斯选集》第1版，第1卷，第16—19页。

巴哈只是看到人之"类"的"纯粹自然"性,因而仅为抽象的、孤立的、空洞的人性集合,并没有意识到"宗教"本身乃"社会的产物"、离不开"历史的进程"。

弗洛伊德则从"心理"问题这一负面来分析宗教的产生,认为宗教乃人类远古族群生活的回顾、甚至是梦魇。在他看来,宗教感情反映出人与其"父母情结"相关联的"负罪感",虽是人类童年之梦,却仍然是不堪回首,让人羞愧。尽管此前已有施莱尔马赫等人论及宗教是人类"绝对依赖的感情",人们由此表达出既"敬畏",又"向往"这种复杂的感情交织,弗洛伊德仍是更多地从负面、消极意义上论及宗教曲折地表现出人的有限性、相对性和依赖感,以及由此所招致的人之精神压力和负担。其实,这种"依赖感"说明处于有限、弱势之中的世人想寻求补偿,获得安慰,正如斯塔克所言,宗教就是人之本性寻求补偿的体现。当然,这种"补偿"并不纯为心理的,而也反映出人之社会缺失与需求。

马克思的宗教理解,最为深刻地反映出其社会批判精神。他看到了宗教的问题,表达了对陷于这种问题的宗教信仰者的同情和理解,进而则对产生这种宗教问题的社会加以揭露批判。马克思的这种表述,非常精辟地体现在其《〈黑格尔法哲学批判〉导言》之中,其关键内容在于说明宗教即"颠倒了的世界观",是"人民的鸦片";但宗教虽然消极,却仍有反抗,它复杂地体现在宗教既是"现实的苦难的表现",也是"对这种现实的苦难的抗议";由此,宗教表达了被压迫者、社会底层劳苦大众的心声:宗教是"被压迫生灵的叹息"、"无情世界的感情"、"没有精神的制度的精神"。

如果顺着这一思路从"找问题"的角度来看宗教,则至少会在潜意识上认为"宗教"或"宗教发展"在根本上还是"不好"的,是一种"有问题"的社会存在,即社会的不足或缺陷,而并非主流社会的希望或期待之所在。不过,这种视角的内在逻辑性最终势必会引导人们去找"社会"的问题,其根本批评指向或意向是"社会"而并非由该社会所产生出的宗教。若把宗教视为社会之"病",则对该社会的评价也肯定会有问题。所以,我们不可能光"指责"宗教而强行停止其与相关社会之关系的"联想"。在今天中国的和谐社会构建中,我们必须有意识地对之加以反省、反思，而不可盲目地照搬、教条主义地套用；如果对宗教的评价轻率、简单，实际上会带来对我们当今社会评价的不负责任、潜在批评。

毋庸讳言，把宗教视为人类社会生活的"常态"还是"问题"，这两种观点在对宗教的"价值"、"意义"，及对其社会的"判断"、"定位"上显然会有不同。不过，二者应该都有意义，即可促使人们去全面、客观地看待宗教，力争做到不失偏颇。其实，"常态"认知多认可宗教的"超越性"追求，而"问题"认知则旨在以对现实的幻想、用社会的倒影来达到"安慰性"满足。二者不可替代，却能互补。在认知层面对宗教作为人类精神"常态"的理解有助于我们对宗教信仰的相互尊重，而在社会层面看到宗教的"问题"则能提醒我们加强社会管理、推动社会发展。在其相应的社会控制或作用上，宗教或是表现为崇高、升华、神圣，或是让人感到其偏执、狂热、反常。其双重性使贝格尔认识到"宗教在历史上既表现为维系世界的力量，又表现为动摇世界的力量"。[1] 与世界历史发展一样，中国以往曾以平常心来看待宗教，宗教的存在被视为正常、自然、客观事实。然而，随着中国近现代发展中对外开放并吸纳其世俗批判精神，以及改良和革命的不断涌现，人们对宗教的看法出了问题，从而对宗教在中国社会文化传统中的意义、作用和发展等认知也就出现了复杂的嬗变。

二　中国传统社会的"宗教性"问题

在中国古代本无中国传统有无"宗教"之论，儒、佛、道"三教"并称已成习惯、无人质疑。其实，对于中国文化传统、中华民族社群有无"宗教性"的怀疑及论说乃始于西人，即明末来华的意大利耶稣会传教士利玛窦，这一见解被其坚持"文化求同"的同仁和后继者所发挥，曾在"中国礼仪之争"中起过重要作用。本来，为了"求同""合儒"，利玛窦最初主张将天主教教义与中国儒家理论作"同宗同祖"这样的比附和贴近，认为孔孟之道及其敬天祭祖的传统思想可以同天主教教义相融合。但这一尝试遭到耶稣会内外一些传教士的反对，认为将"孔子的教义"与

---

① 　贝格尔：《神圣的帷幕》，上海人民出版社 1991 年版，第 120 页。

"天主的教义"画等号这种妥协之举实际上损害了"天主教的纯洁性"。为了吸引中国儒家传统的知识分子入教，又避免一人同信两教会遭到信仰不"纯洁"、不"忠贞"的指责，利玛窦遂提出了"儒教不是宗教"之说，强调其向中国士大夫的传教"是以儒教与自然法则的一致性而不是以中国人对宗教的倾慕为基础"①，宣称中国人祭拜祖先只有纪念的意义而不含宗教的蕴涵，因此可以对之宽容、允许。此后卫匡国在与多明我会的争辩中专程赴罗马申诉，解释祀孔祭祖并无宗教意义而只是中国文化习俗；甚至教皇亚历山大七世也一度同意耶稣会在华的这种传教方法，宣布祭祖敬孔是社会的礼俗，并无宗教色彩，可以实行。但"利玛窦策略"在这一争论中最终以失败而结束。利玛窦虽以天主教为"宗教"标准而认为儒教尚不够，故而不是"宗教"，企图在信仰、文化层面将二者分开，而不必纠缠在宗教这一个层面来非此即彼，其反对者却并不领情，仍坚持利玛窦是向中国宗教妥协，宣称其举措会丢失天主教的本真。因此，天主教会迄今对利玛窦历史作用的评价都争议很大，尚无公开的、根本性肯定。不过，当时中国知识界对儒教是教、非教之辩并无特别的关注或强调。其实早在利玛窦之前，对这两种看法都已有史书记载，如汉朝司马迁已记载有"鲁人皆以儒教"②之说，但元朝《道书援神契》也提出了反证，指出"儒不可谓之教，天下常道也"。③ 但这些论述在历史上并没有引起特别的讨论，只是为今天的"儒教是否为宗教"、"中国有无宗教"的讨论埋下了伏笔，提供了史料资源。

影响到今天中国人对其"宗教性"的自我认知的，是19世纪末20世纪初关于中国有无"宗教"、儒教是否为宗教的那场讨论。其否定者成为新文化运动的主流及旗手，相关思想主张自然会对当代中国发展和宗教认知产生重大影响。在此之前，中国"有宗教"、儒佛道都为"宗教"乃不言而喻，似为不争的事实。当时的历史学家夏曾佑在其《中国古代史》之中已将中国古代各种有神论观念、原始信仰、民间崇拜和宗教存在统称为

---

① 利玛窦、金尼阁：《利玛窦中国札记》，中华书局1983年版，第683页。
② 《史记》卷一百二十四，《游侠列传》第六十四。
③ 参见张继禹主编《中华道藏》第28册，华夏出版社2004年版，第664页。

"中国古代的宗教"，从而认为中国自远古以来就存有宗教乃不容置疑。尽管其所说的这一切现象都用"宗教"（如从社会建构、建制性方面来理解）来定义有失偏颇，其对中国人的"宗教性"之把握却是没有疑问的。而梁启超、蔡元培等人则是在戊戌变法、辛亥革命、新文化运动这一系列的政治、文化运动过程中才改变自己的观点的，即从认为中国"有教"、儒教"是教"而改变为强调中国"无教"、儒教"非教"的。认为中国"有教"反映出他们认识宗教时感到的一种常态，而在其强调中国"无教"时则表露了他们在社会变革、转型之历史转折时期非常独特的问题意识。这一观点的改变对此后中国"宗教性"的认知带来了颠覆性的后果。

当梁启超于1896年写《西学书目表》时，还认为孔子是教主，孔教之前有旧教。其观点与其老师康有为并无区别。戊戌变法失败后，康有为从改良走向保守，他从西方国家尊基督教为国教这一传统中受到启迪，希望以此方法同样为中国立一国教，但这一国教不可能为外来宗教，自然以孔教最为合适。于是，康有为提出尊孔读经、立孔教为国教的主张。这样一来，继续沿着改革之道前行的梁启超就决定与康有为分道扬镳，其在对宗教的看法上也因反对宗教依附政治或为封建政治提供"神圣的"灵光圈而一改自己过去曾有的传统认识，提出孔子不是宗教家、孔教不为宗教之说。其激进改变还在于，他从认为孔教不是宗教、儒家学说高于宗教而发展到干脆否定对孔教的利用，甚至进而促成了对孔教的直接批判。与之相关联，梁启超还对整个中国文化的"宗教性"重新加以评价。由于他把宗教定位为"专指迷信信仰而言"[1]，认为宗教"贵信"、基于"起信"，"其权力范围乃在躯壳界之外，以魂灵为根据，以礼拜为仪式，以脱离尘世为目的，以涅槃天国为究竟，以来世祸福为法门。诸教虽有精粗大小之不同，而其概则一也"[2]，故而断言宗教乃低于"贵疑"的哲学。他进而又强调中国文化具有重哲学、轻宗教的传统，由此断言"吾国有特异于他国者一事，曰无宗教是也"。[3] 梁启超的这一观点可谓"一石激起千层浪"，影

---

[1]　梁启超：《保教非所以尊孔论》，转引自夏晓虹编《梁启超学术文化随笔》，中国青年出版社1996年版，第65页。

[2]　同上。

[3]　梁启超：《〈论中国学术思想变迁之大势〉总论》，转引自同上书，第78页。

响了整整一代中国学人。在他之后，蔡元培亦改变了原来认为中国有"教"的看法，宣称中国在历史上"与宗教没有甚么深切的关系，也未尝感到非有宗教不可的必要"，从而主张"以美育代宗教"。陈独秀也认为"孔教绝无宗教之实质"，强调孔教"是教化之教，非宗教之教"，中国乃"非宗教国"。在当时方兴未艾的新文化运动、五四运动中，胡适等人也关注、描述了中国社会、尤其是知识界"打倒孔家店"的激烈情绪，指出"正因为二千年吃人的礼教法制都挂着孔丘的招牌，故这块孔丘的招牌——无论是老店，是冒牌——不能不拿下来，捶碎，烧去"!① 从历史回溯来看，这种对"宗教"观点，以及对"儒教"看法的转变，并非严格意义上的学术推究、论证，而乃当时政治发展、革新思潮使然；其时代特色虽然应该加以肯定，但其断言的科学性、客观性却仍值得推敲。

如果儒教不是宗教，中国人及其传统社会的"宗教性"的确很成问题。中国改革开放以来，任继愈在20世纪70年代末80年代初提出了"儒教是教说"，重新在当代中国学界掀起了波澜。不过，任继愈虽然一反20世纪初梁启超等人所主张的"儒教非教说"，其对儒教的批判精神却是与新文化运动、五四传统一脉相承的。任继愈在肯定儒教在"为巩固大一统的封建王朝起过积极作用"的同时，更多的是批评儒教与中国封建皇权的结合、"政教合一"；因此，"一旦皇权制度被废除，儒教也随着皇权制度一同凋谢"。② 这就是辛亥革命后儒教不复存在的根本原因。当然，任继愈承认儒教的影响在今天中国人的思想中仍还存在，"敬天法祖"、"举头三尺有神明"乃曲折地反映了这一灵性传统的复杂延续。

由于任继愈"儒教是教说"所蕴涵的对儒教的批评思想或意向，使许多当代学者、尤其是钟情于儒家传统、肯定儒家思想积极意义的知识分子不同意这一论断，力主将儒教与宗教相区分，以免对宗教的批评或否定会波及儒教。这在当今中国学术界形成了奇特景观。虽然十多年来承认宗教积极意义、以社会"常态"来看待宗教的人已越来越多，从而使其中一部

---

① 胡适：《〈吴虞文录〉序》，转引自欧阳哲生编《胡适学术文化随笔》，中国青年出版社1996年版，第140页。

② 李申：《中国儒教史》（上卷），上海人民出版社1999年版，任继愈"序"，第6页。

分人也认可了"儒教是教"的说法，并对其宗教加以积极的解读，然而整个格局尚未发生根本改变。一方面，当代中国学者想在儒家传统中找回中国文化自知、自觉及其身份认同和象征符号，从"国学"、伦理、人生哲学来重论儒学，在海外开办众多"孔子学院"，正面肯定儒家思想。一些学者甚至否定五四运动有"打倒孔家店"之说——在2009年春节国际儒联组织的联欢会上就有学者用重金悬赏，坚信不可能找到这一说法。另一方面，多数学者仍在回避儒教的"宗教性"，不提儒教是教之说。其结果导致这一论说出现了多元嬗变：一有与儒教实质类似的"宗法性传统宗教"之说，二有与官方"国教"地位不同、"礼失求诸野"的民间儒教之说，三有试图恢复其传统影响、拥有类似"国教"正统地位的新儒教之说。然而，这一切讨论都仍处于中国当今文化关注的边缘而非核心，新文化运动以来对宗教的基本看法仍然占着上风。这样，对中国宗教存在的意义、对中国"宗教性"之有无的回答，也仍处于模糊之中，人们仍在设法避免对之加以正面回答。

三　中国宗教在中国社会中的地位

由于没能明确回答中国有无"宗教"传统的问题，以及对中国人有无具有普遍意义的"宗教性"仍以沉默应对为多，对中国宗教在中国社会中的地位则不易把握和评说。一般而论，有宗教才有政教关系，才有宗教在社会中的地位、作用和影响。从以上分析出发，应该说对之会有一种"常态"的解答，但也可以设立一种"非常态"、在人类社会文化中颇为"另类"的解答。

从"常态"理解来看，中国宗教历史悠久、源远流长，有着极为实在的政教关系。如果确认儒教是宗教，那么中国历史上曾有过"高度的政教合一，政教不分，政教一体。皇帝兼任教皇，或称教皇兼皇帝。神权、政权融为一体。儒教的教义得以政府政令的方式下达。朝廷的'圣谕广训'是圣旨，等同于教皇的敕书"。① 如果古代中国封建皇室与儒教的教阶体制一致，则自然为高度的政教合一，但儒教自身毕竟也有独立于皇室、皇族

---

① 李申：《中国儒教史》（上卷），上海人民出版社1999年版，任继愈"序"，第3—5页。

的教阶体系和相关人员，因而其政教关系更为典型和确切的描述应为"政主教从"，以政统教，中国政权、特别是封建皇权始终是为"主"的，宗教乃处于其附属、依从地位，不被允许以教扰政或用教控政。这应该是中国政教关系最为突出的特色。

早在儒教之前，这种独特的中国政教关系实际上就已经确立。其典型事件即远古时代由帝王颛顼发动的"绝地天通"之政治及宗教改革。在理解"宗教"为"常态"的语境中，对"绝地天通"有两种解释。一种解释认为"绝地天通"为中国"政教合一"的开始和标志。在此之前，中国的宗教是"民神杂糅、民神同位"，神人无界、"家为巫史"，宗教发展呈现为多元、混乱、无序。而"绝地天通"则杜绝了这种宗教混乱状况，只有统治者才可被"神化"，或作为神的代表来统领世界、发号施令，此即"奉天承运"之由来，皇权受到神权的"保护"，亦因神权而正名。另一种解释则认为"绝地天通"乃象征着中国古代从多元宗教并存发展而转型到"国家宗教"阶段，并最终由"儒教"来代表"国教"，但其"独尊"也是为了服从、服务于以皇权来体现的国家政权。从这种意义上来说，颛顼的"绝地天通"，以及后来董仲舒的"独尊儒术"都是宗教改革。宗教以儒教为代表而在中国政治中有着重要地位，发挥着巨大作用，产生了深远影响。

但如果从宗教与中国"没有关系"这种"非常态"视角来看，那么则只能对颛顼的"绝地天通"加以"世俗化"的解读，即认为自颛顼以来中国就中止了宗教崇拜活动，成为一个人类历史上最早的"世俗国家"。此后董仲舒等人的改革都只能被理解为"政治改革"，旨在维系中国古代社会的"王道政治"。这样，中国的一部历史只能是"政治史"、"世俗社会史"，从政治斗争到阶级斗争都与宗教无关。不过，亦有学者提出某种妥协的看法，即认为儒教不是宗教，但中国存在有其他宗教，如佛、道就是宗教。以儒教作为"世俗社会"之"核心价值观"的中国则"以政教分离为特色"，而"所谓'古代中国宗教'指的就是以释道两教为主体的宗教存在"，其结果"古代中国的政治也因此而对宗教有一种天然的拒斥"。① 如果"儒教非教"

---

① 顾伟康：《宗教协调论——中国宗教的过去、现在和未来》，学林出版社 1992 年版，第 91 页。

前提确定，这一描述则在一定程度上反映了中国古今社会之政教关系的真实性，而且也有其现实性。不过，断言中国政治对宗教"有一种天然的拒斥"仍过于武断。虽然古代中国核心价值体系儒家思想和现代中国核心价值观马克思主义在表面上都看似"拒斥"宗教，不过一种思想文化深层次的曲径通幽或许也能揭示出这两种核心价值观与宗教仍有着内在的、不可能完全撇清的关联，如儒与释道结合而产生了至少说宗教味甚浓的宋明理学，在马克思主义理论体系的信仰层面亦可发觉其与犹太教、基督教相传承或受启迪的蛛丝马迹，尽管马克思主义在社会领域对这两大宗教都加以了批判，却也不能因此而说它对二者没有取舍、扬弃。

佛教在中国经历了外来宗教适应本土文化的嬗变和转型，而且在中国政教关系上也出现了"遁世以求其志，变俗以达其道"的两种不同路向和发展分化。其"依国主"、"敬王者"、"变俗"、"媚俗"取得了很大成就，并在今天"人间佛教"上达到了升华和弘扬。而其"云游者"、"隐居者"在释经、修行上亦成绩卓著，涌现出一批高僧大德。从表面上看，佛教在中国古今历史上都广有影响，甚至在没有"儒教"的今天或许已成为中国的第一大宗教；而随着佛教在其印度、尼泊尔本土的衰落，中国似乎已有了"佛教大国"的资质，特别是两次世界佛教论坛的举办，"和谐世界，从心开始"，"和谐世界，众缘和合"的表述给世界带来了震撼，而无锡"梵宫"的富丽堂皇、巧夺天工也给与会者留下了深刻印象。人们一时颇有中国会成为当代佛教的中心、中国宗教"扶本"会是扶持佛教的感觉。如果中国没有五千年的文化底蕴、没有悠久的本土宗教传统，这种佛教"中心"或许会成为现实。然而，中国文化自知和自觉却很难朝这一方向迈步，因为这也涉及到中国文化身份及尊严的问题。佛教在中国的成功，只是代表着中国文化海纳百川、有容乃大的胸襟，它用"中国化"来"融化"、"结合"了佛教，却不会让佛教来取代、代表中国本真文化。"佛"、"梵"这类精神表述和象征符号毕竟是来自印度文化，在中国文化体系中不可能颠倒其主次地位。对此，研究文化圈理论和"文明冲突"的亨廷顿倒是看得比较清楚。他对佛教曾有如下评价：作为本土宗教，佛教因为"没有在其诞生地幸存下来"而没能构成印度文明的基本因素；作为输出性宗教，"从公元1世纪开始，大乘佛教被输出到中国，随后输出到朝鲜、越南和日本。在这些社会里，人们以不同的方式使佛教适应于和被吸收进本土文化（例如在中国适应于儒教和道教），并压制它，因此，虽然佛教仍然是这些社会的文化的重要组成部分，但这些社会并没有构成、也不会认为自己是佛教文明的一部分。……佛教实际上在印度绝种以及它之适应于和被结合进中国和日本的现存文化，意味着它虽然是一个主要宗教，但却一直不是一个主要文明的基础"。① 这样看来，佛教可以为中国文化增光添彩、锦上添花，却不可能、亦无力单独或为主地代表中国文化、成为中华文化最为本质、最为真实的精神象征或身份符号。所以，当我们如果把佛教作为最主要的"本土"宗教来"扶本"时，其在核心价值和文化本真之意义层面就会出现问题，产生疑虑。

至于道教，鲁迅曾以"中国根柢全在道教"来说明道教对中国文化的重要性及其相关问题。道教在中国现存主要宗教中是唯一在中国土生土长的宗教，但又是其中最弱小的宗教，因而形成奇特的反差，更是给中国的"宗教性"带来了疑问。在道教的发展传播中，显然因其"道法自然"而导致了"大道之隐"。与儒教相对，道教作为中国文化的"支流"而有着被边缘化的经历，但它作为老百姓的"大众信仰"在宗教层面形成了与儒教"雅文化"颇为不同的"俗文化"，其特点即包容、吸纳各种多元、混杂的民间信仰，构成基层民众的精神世界和精神支柱，从而体现出中国老百姓之宗教信仰的现实性和真实性。与佛教、基督教从树根、树干到枝叶繁茂的扩散性、分化性发展不同，道教的形成与发展却是采取了聚合性、汇集性方式，恰如多条小溪汇为博大的江河，多根细丝拧成坚固的粗绳。对照佛教、基督教积数型的"散"，道教这种凝聚型的"合"或许也能反映其"上善若水"的真谛，预示着其未来发展壮大的方向。显然，道教发展的希望并不在于某一教派的"独大"或统摄，而是在于多派的汇合、归总、共构。

在历史上，儒佛道共构了中国宗教的基本体系和框架形态。但对儒教宗教性的否定和新文化运动、"打倒孔家店"及"文化大革命"、"破四旧"、"批林批孔"的重击，已使儒家元气大伤，在今天中国社会革新、宗

---

① 亨廷顿：《文明的冲突与世界秩序的重建》，新华出版社 1998 年版，第 32—33 页。

教复兴的机遇中亦难以跟进，从而让缺失儒家及其宗教性的中国文化本体有许多难言之苦，人们对"何为国学、国学为何"语焉不详，对究竟谁为"国学大师"亦找不到感觉、找不准对象。季羡林先生生前曾提倡一种"大国学"的观念，使中华文化的内涵多有充实，但此后当有人称季先生为"国学大师"时却惹来了麻烦或非议，一种反对意见认为，季先生擅长研究的主要是印度学、梵学，如果称他是"国学大师"则作为"印度"的国学大师更为合适；另一种反对意见则宣称，除非"大国学"已经说明"海纳百川"的中国文化已经涵括了"印度文化"，其国学大师之称才理所当然、问心无愧。当今天中国社会飞速发展，向世界先进水平全力迈进之际，中国文化的复兴和重建却仍显得步履蹒跚、羞羞答答。个中原因可能也包括对中国宗教在中国社会中的地位、意义看不清、拿不准。由于传统中国文化乃以儒释道思想文化为主，其中又有较大的宗教比重，一些学者故而不愿意以此作为国学的核心构成和主要内容。出于相关考虑，据说任继愈先生生前也不同意人们称他为"国学大师"。在探讨"国学"及其如何弘扬时，当代中国人就遇到了中国文化的自我、本真究竟是什么的问题。对此，我们必须轻装上阵，解放思想。在这一前进的过程中，中华文化五千年的遗产不应是沉重的包袱，而确为丰富的财富。

四 对中国宗教现状的思考

我们当前的宗教政策和宗教工作主要是针对法律允许、政策认可的"五大宗教"。实际上，佛教、道教、伊斯兰教、基督教、天主教的合法性是中国改革开放以来形成的基本格局。在 20 世纪 50 年代中国宗教自立、革新运动中，东正教也曾获得其合法地位。而今天东正教的合法性依然存在，只是因为其宗教已变得弱小而不再被归属为"五大宗教"。不过，宗教的发展在古今中外历史上都不是可以人为规定、机械预设的。当今中国宗教的状况早已超出"五大宗教"之涵括，故而我们才用"教外有教、教内有派"的描述。

纵观今日中国宗教之发展，基于对"宗教性"的恰当理解则可从三大"板块"来粗略概括。具有合法地位的"五大宗教"乃为"核心"板块，它在接受国家管理的同时也获得了国家的扶持。这些代表中国宗教形象的"国家宗教"在一定程度上也被境外观察者视为"国家办教",但他们在看到并指责中国政府对这些宗教的所谓"管束"时,却忽视了这些宗教同时也获得了远远超出"政教分离"国度中"自养"宗教所能想象的国家支持和帮助。当然,这些宗教也正面临着"世俗化"、"政治化"、"商业化"等"异化"可能的严峻考验。例如今日中国佛教就至少已经形成如下三种各自不同的发展模式。

一为以"宗教"促"文化"的"少林寺"模式。其特点是突出其宗教传统中的文化蕴涵和文化功能,尤其是"少林武功"普及、扩展的成功,使"少林"走向世界,"登台献艺"、办馆收徒,颇为兴旺和热闹。这一成功不仅"拉动"了地方经济的发展,也形成了对佛教寺院的"现代管理"模式,使人们似乎看到"文化产业"、企业"连锁店"的发展模式,寺院住持或与经济领域的 CEO 相似。尽管释永信法师坚决否认这种 CEO 的类比,人们对这种佛寺等宗教"产业"的全新管理模式并未简单否定,而仍在观察、研究。不过,人们对"少林文化"发展中突出"文化",回避"宗教"的态度也颇有批评,而且认为在弘扬"少林"遗产中弘"武"有余、扬"文"不足,对其宗教传承的"禅宗"意境、文化之义的"少林学"之探究仍颇有缺失,故而希望在当代"少林文化"发展中对其宗教遗产不能"去有变无",在其海外弘法时也应"动"、"静"结合,既有少林功夫,又有佛教禅定。

二为以"文化"办"宗教"的"灵山寺"模式。第二次世界佛教论坛在无锡灵山的成功举行,使"灵山"一举闻名,尤其是其"梵宫"的金碧辉煌,其建筑、工艺的璀璨夺目,让世人感到"震撼"!它作为佛教建筑艺术的杰作已成为当代宗教建筑史上的一大奇迹,在今后的发展中肯定会产生广远的影响。置身其中,我曾感到了可以与梵蒂冈圣彼德大教堂媲美的那种壮观。中国改革开放以来,许多企业家关注宗教,甚至出现了不少"老板宗教徒",这在企业家信奉佛教、成为其"居士"甚至"出家"之现象上尤为突出。信奉、关注佛教的企业家们的一大创举,就是打造佛教"文化产业",因而实质上已经出现了"宗教搭台"、"经济唱戏"、"文化发展"的内在关联或密切关系。不可否认,这种宗教"文化产业"的发展模式在一定程度上得到政界直接或间接的支持及参与，否则很难形成如此巨大的规模。其发展特点是以其地方历史上曾有的佛教寺院或遗址为基础，以投入大量资金来使之"从小到大"、甚至"从无到有"，达其"再宗教化"。企业界一般会恢复或重新修建整个寺庙（寺院），将之赠送给佛教界来使用，并以此为基础发展系统、系列的经济、文化产业，而且以"营造宗教"、"经营宗教"为特色，扩大其社会影响、带动当地经济发展。经过历史上、尤其是"文革"中的"破"之后，许多地方的宗教景观乃荡然无存；而在过去三十年来，这些地方的宗教场景又经历了"无中生有"或"从无到有"的奇特复兴和更新，证实了"不破不立"的历史辩证法。可以说，这种小规模的、以佛教为特色或为主的佛教文化圈正在形成。例如，以太湖为范围，无锡、扬州、常州、苏州等以点带面，佛教特色突出、气氛浓厚；除了无锡灵山大佛、梵宫之外，常州的佛塔、扬州的鉴真图书馆、佛学院等都颇为著名。当然人们亦以其地缘文化而感到自豪，致力于其发展，精心打造其品牌。扬州的老百姓就津津乐道当地出了宗教名人即古今两个大和尚：鉴真和星云。因此，从文化战略来看，"太湖文化圈"的未来发展及其作用与影响，都需要我们有前瞻的眼光，尤其是应看到其鲜明的佛教文化色彩。这种视域还应扩大到对陕西法门寺、西藏拉萨和阿里冈比斯山等地区的关注。

不过，上述两大模式均有其发展的局限和问题。最近媒体关于是否有"少林寺上市"的问题讨论得很热闹，其中一个核心问题就是，在当前经济开发中，不少著名佛教寺庙、道教道观等被"圈"在一些旅游景观之中，进入这些宗教场所必须首先购买昂贵的门票，使不少囊中羞涩的善男信女望而却步，难以入内。其做法至少引发两大问题：一是宗教场所应为信仰者自由开放，这关涉到公民宗教信仰自由的权利问题；在国外和中国港澳台地区许多这样的宗教场所是自由开放的，根本就不需要买门票进入。二是这些宗教自身发展问题，如果为了宗教自养和社会慈善事业的需求，收取合适价格的门票也是可以理解的，这在前述地区也有少量类似情况；但如果把门票收费商业化则使问题的性质出现改变，一则失去了不少宗教的纯洁、超脱，二则会脱离群众、自我孤立。在今天中国宗教文化发展突出"一体多元"，主张"扶本化外"的形势下，传统中国宗教如佛教、道教得到特别的关照和关注，但若落入被旅游景观圈起来的局面则会自束手脚，这种"圈养"的宗教会成为"温室"中的宗教、"富人"的宗教、缺乏竞争力的宗教，与自由开放、主动吸引人们进入的"教堂"等宗教场所相比，人流的走向自当不言而喻。在"金钱"的诱惑下、在"门票"的隔离下，这样的宗教则可能"扶不起"，失去群众、丢掉根基。

三为争取回归修行律己传统的"大悲寺"模式。对此，互联网上曾有一组照片和文字说明，将河南嵩山少林寺与辽宁海城大悲寺加以对比、对照，其广泛流传使人颇有议论和感想。必须看到，在当前经济大潮和商品社会的发展中，这种"大悲寺"模式在中国当代佛教存在状态中并不占主流，而且有其发展的困难和艰辛，人们对其能否持久亦颇有疑虑。其实，大悲寺在这种模式中并不一定是最为典型的，只是因为网络媒体的报道才将之凸显出来，"悲情"感人。在历史上，这种强调"清规戒律"的佛教寺院也有其独特发展，如20世纪上半叶著名文人李叔同出家成为弘一法师，就选择了修行最为清苦的律宗，以专习戒律而形成其人生经历的强大反差、鲜明对照。目前这种修行模式在中国南方的一些寺院也仍在坚持，尽管不为主流，被世人关注不多，却仍为一种他样的选择。不过，这种模式也提醒我们，在当代佛教的走向上也是多元的，不可忽视其他选择的存在及影响，这种强调"戒律"的佛教寺院在一些局部地区仍然有其影响，并吸引了不少人参与或注意。我们应该对其原因、现状和未来态势作必要的深层次分析。应该说，对"人间佛教"所涉及的"人生"、"人本"层面及其核心价值，中国佛教界呈现出多种看法和见解。

受中国台湾"人间佛教"深入社会、扩大其社会实力和影响之实践的启发，内地佛教的"人间化"、"社会化"如火如荼、前所未有。但不可否认，在今天中国佛教空前繁荣发展之中，显然可以看到政界和企业界的身影，并非教界一家所能独立而为。在这种具有"暗示"特点的倡导或支持下，佛教在建大佛、修大庙、敬"舍利"等方面也几乎接近"失控"之状。

藏传佛教的情况则更为复杂。2008年"3·14"事件的发生，一下子形成我们对藏传佛教的"问题意识"。在这一事件中少数喇嘛的参与，给以"和"为"尚"的僧侣形象蒙上了一定阴影，而流亡海外、有着"诺贝尔和平奖"光环的十四世达赖喇嘛在这一事件前后的负面表现和印象，已使人们慎谈佛教"不会出事"、没有"外来渗透"的断言。在此，我们不得不再次思考达赖、班禅在藏传佛教及其传播范围的宗教、政治、社会、文化"定位"，也必须高度重视和密切关注藏传佛教在境外、特别是西方的发展及其影响。

西方世界对藏传佛教和西藏的关注可以追溯到 12 世纪，在当时欧洲曾流传有信奉基督教（景教）的东方约翰王（称"长老约翰王"或"祭司王约翰"）率军西征波斯和米底等地，战胜了穆斯林军队，其在准备收复圣地耶路撒冷时因底格里斯河涨水而受阻后撤。这种传说使"十字军东征"屡遭挫败的西欧颇受鼓舞，西欧天主教为此亦派出传教士来东方传教，企图能与这位约翰王接触并使之皈依天主教"正宗"信仰。此间亦传说约翰王曾阻止成吉思汗蒙古军西征，由此引起双方激战。在马可·波罗的"游记"记载中，"长老约翰王"为早于成吉思汗的温克汗，即克烈部长老王罕，成吉思汗欲娶其女为妻，遭约翰王辱骂，遂集军进攻约翰王，结果约翰王大败，殁于阵中。[①] 此外，在这一时期西欧天主教东行传教士的记载中，亦有相似的描述。柏朗嘉宾论及蒙古军队在进攻"大印度约翰长老王国的战争"之后的回师途中曾来到、并武力征服了"波黎吐蕃"[②]，此后有人将"波黎吐蕃"解释为"西藏"，视此为西方人论及西藏和藏民之始；但不少学者认为这种解释不对。[③] 晚于柏朗嘉宾东行的传教士鲁布鲁克的威廉亦论及约翰王、西藏和藏文等。[④] 这一时期的东行传教士中尤以鄂多立克对西藏（吐蕃）的描述最为详细，他在其东游录中曾有专节论述其地理位置及风俗习惯。[⑤] 16 世纪以来，耶稣会传教士自印度到日本、中国的传教之行，开始再次关注西藏，并有关于"博坦"（西藏的边地）、

---

①　马可·波罗在其"游记"第一卷中有四五章专论这一经过，但非严格史实。参见《马可波罗行纪》，冯承钧译，上海书店出版社 1999 年版，第 133—145 页。

②　《柏朗嘉宾蒙古行纪、鲁布鲁克东行纪》，耿昇、何高济译，中华书局 1985 年版，第 49—50 页。

③　参见伍昆明《早期传教士进藏活动史》，中国藏学出版社 1992 年版，第 30 页。

④　《柏朗嘉宾蒙古行纪、鲁布鲁克东行纪》，第 235—236、253 页。

⑤　《海屯行纪、鄂多立克东游录、沙哈鲁遣使中国记》，何高济译，中华书局 1981 年版，第 82—83 页。

"震旦"的种种调查，甚至传开博坦民族的宗教与基督教相似的说法。17
世纪耶稣会士安夺德最早到达西藏西部，在古格地区建立传教会。从此，
西方社会形成约翰王的后裔属于藏族，以及藏传佛教与基督教存有关联的
说法。这种说法在一定程度上影响了西方民众对西藏的好奇，以及对藏传
佛教的特殊关注，甚至一些欧洲学者也著书立说，对此加以肯定和坚持。
支持者包括杜齐、霍夫曼、康兹、克利姆凯特、乌瑞等著名学者。乌瑞在
其"八—十世纪西藏与聂斯托里派和摩尼教的联系"一文中就曾断言：
"鉴于宗教教义、概念和仪式上的某些相似之处，人们认定：摩尼教、基
督教、尤其是基督教的聂斯托里派与大乘佛教或西藏的某些宗教在历史上
有联系。"①

　　在西方当代精神发展中，不少人在对其传统基督教感到失望时则把其
目光转向东方，尤其对印度教、藏传佛教情有独钟。20 世纪 60 年代，西
方兴起"神智学"（灵智学），其中所推崇的一点就是在喜马拉雅山的修行
体验和经历。20 世纪 70 年代，西方流行"新世纪运动"，再次出现东方神
秘主义热潮，强化了西方社会对东方宗教尤其是佛教的神秘感。步入 20 世
纪以来，西方社会生活的都市化、世俗化、科技化、现代化，使一部分人
感到失望、厌倦，开始向往一种返璞归真、回到原初、世外桃源的生活，
并形成较大的社会舆论和群众基础。在这种背景下，英国作家希尔顿利用
一些在亚洲地区、尤其是在印度、尼泊尔和中国西藏传教的传教士报道、
日记和拍摄的照片，于 1933 年发表了其作品《消失的地平线》，此书一下
子就成为畅销小说，并于 1937 年由好莱坞拍成电影，风靡一时。书中突出
了"香格里拉"（藏语"心中的日月"）这一神奇之地，以四个西方人在
东方高原雪山之间神秘峡谷"蓝月谷"的奇特经历而触及到一个神秘国
度、梦幻之地、纯洁之巅，而且还以这一神奇的自然之景为背景来进一步
在人文层面展示在此出现的东西方文明的神奇交汇、藏传佛教与基督教的
和谐共存，从而回应并引入了欧洲中世纪和近代的相关传说。这样，西方
社会及其民众对西藏和藏传佛教有一种独特的好感和关注，西方政要和媒
体人士看到并重视这一舆论，他们"投其所好"的表态和报道进而也起了

① 　以上论述及引文参见伍昆明《早期传教士进藏活动史》，第 65—66 页。

推波助澜的作用。因此，"3·14"事件后西方社会"一边倒"的现象并不一定就是西方政界和民众非要跟中国"过不去"不可，而是折射出上述宗教、文化及历史情结。例如，英国现有藏传佛教徒 6 万多人，法国也有上万藏传佛教信徒，有 13 座藏传佛教寺庙，约 40 个坐禅中心，美国也有约 2 万藏传佛教信徒，约 50 座藏传佛教寺庙，西方现在至少也出现有 4 个洋活佛，而且民众练习坐禅、瑜伽的热情亦很高，加上达赖喇嘛四处活动及其负面影响，形成了关于西藏、藏族和藏传佛教不利于我们的海外报道及舆论。"3·14"事件之后，中国政府和学者、尤其是研究藏学和藏传佛教的学者出访、办展、座谈，做了大量工作，使海外形势有所好转，但尚未出现根本改观。因此，藏传佛教在当今中国社会文化中如何定位、存在和发展，则已成为一个必须高度重视、认真研究的现实问题。

道教的发展亦出现转机，其"问道"、"论道"乃"以道相通"，寻找发展机遇和更大出路。道教自我意识的觉醒会促使其走整合之路，并通过以"道"来打造中国宗教文化品牌和象征符号，得到其生存、发展的意外惊喜与收获。不过，道教在中国宗教及文化发展中究竟会、以及应该会扮演一个什么样的角色，仍不是很清楚。此外，道教与中国传统民间信仰或民间宗教之间的关系，也需要在新形势下进一步厘清和拓展。

伊斯兰教在民族和谐、社会和睦中体现其"和平"之教的本真，中国穆斯林在世界正出现对伊斯兰教义"误解"或"滥用"之复杂处境中承担着独特的使命。"7·5"事件发生后，宗教与民族、宗教与社会的关系问题重新引起人们的思考。虽然我们强调这一事件主要是"社会治安"问题，而深层次的分析又使我们不得不关注宗教的可能发展，考虑如何避免其复杂卷入。随着 19 世纪末 20 世纪初"泛伊斯兰主义"、"泛突厥主义思潮"传入新疆，该地区出现了"东突"分裂思想和暴力恐怖活动，"东伊运"和"世维会"蓄意破坏新疆的稳定，并图谋使新疆问题国际化。而美国所谓"新疆工程"出版发表《新疆：中国穆斯林聚居的边疆》，亦为这股分裂势力起了舆论支撑和推波助澜的作用。极端宗教政治组织"伊扎布特"（伊斯兰解放党，突出所谓"解放"）活动猖獗，而在"7·5"期间又形成所谓"伊基拉特"（迁徙圣战）运动，恐怖分子自称"国际战士"而在多处制造恐怖事件，他们利用、歪曲伊斯兰教"吉哈德"思想，即滥用"圣战"观来走极端伊斯兰之路。因此,如何正确解释《古兰经》,引导广大穆斯林群众维护民族团结、社会稳定,对于伊斯兰教在我国的正常、健康发展也有着重要意义。

基督教在与国内外交往中已步入转型时期,这一转型尚未完成,仍存有众多风险和机遇。新教传统的多元教派分化在教内开始出现,"两会"的整合能力遇到新的挑战。天主教则在"国家忠诚"与"宗教忠诚"之间面临新的考验,大公教会的"跨文化""认同感和效忠感"与中国身份和公民意识应是一种什么样的关系,这一利玛窦时代留下的难题又在困扰着人们,泛起心灵的涟漪。梵蒂冈在中梵关系处于僵持、停顿状况下加强了对中国天主教会的"直接"联系和掌控,使局势变得更为复杂。

总之,具有"红色"宗教市场之称的这一"核心"板块正受到各种颜色的浸染,中国当代政治发展的惯性使它们仍必须坚持其代表的宗教层面之"国家形象",因而与各方面的关系更加错综复杂、张力明显加大。

第二大板块是悄然兴起、发展迅猛的"自发型""新兴板块",即上述"五大宗教"之外的各种宗教或其教派。其"自发"或"新兴"都只能相对而言,因其复杂的内外关联和社会背景使其"自发"中有"操纵"、"新兴"中有"复旧"。这些宗教及其教派不顾法律的不承认和政策的不允许而仍顽强发展、不断扩大地盘、并努力争取使自己"合法化"、"公开化"和"事实化",其中不少所谓宗教"维权人士"熟悉法律、经验丰富,或者有着复杂的国际背景和社会支撑。例如,基督教背景的所谓"家庭教会"、"独立教会"正从"私下活动"走向"公开维权",以一种前所未有的方式在社会"亮相"。最近成都"秋雨之福"教会、北京"守望"教会等在露天礼拜的活动,就表明了其发展的新动向。此外,一些外来宗教也因中国改革开放、国际往来而实际上进入中国存在,产生出各种影响。这一板块的现实处境使现有法律和政策受到挑战,各种势力正在博弈,其时明时暗的发展处于无序之状,由此造成了目前中国宗教领域中的一块盲区。

第三大板块则为"模糊"型的"边缘板块",它在考验着当代中国人对"宗教性"的体认和理解,试问人们在宗教与信仰之间能否划界、怎样划界。例如,民间信仰与民间宗教如何区分,新兴宗教与神秘膜拜现象怎样处理，大众信仰与民俗传统应否干预，以及对各种各样、形形色色的神灵崇拜、"英雄"崇拜、"领袖"崇拜，特定时空崇拜等究竟如何认识等，都可能触及"宗教性"、"宗教意识"、"宗教情感"的辨别、理解问题。有没有"个人性"或"非建构性"的宗教这一询问亦涉及对宗教乃"个人的私事"之理解。此外，相信命运、害怕报应，以及觉得"举头三尺有神明"的心态，是否应看作宗教发展的社会因素之外的心理因素等，这些都为当今宗教生成的"边缘板块"增添了模糊色彩，让人体悟到其神秘莫测。如果不看到这些现象，不研究这类问题，对当今中国宗教的发展及其特征的把握自然也是不全面、不准确的。

应该说，这三大板块的"宗教"现象是我们探讨当今中国宗教问题的基本视域。如果只看到"五大宗教"的存在形态，对其他"宗教"现象采取"无视"或"不承认"的态度，则根本不可能把握、分析今天复杂的宗教现象，也很难做好正确的判断、采取合适的策略。

五　对中国宗教未来发展的前瞻

历史发展虽然有其必然性，有时偶然性因素也会起着关键作用，对未来发展产生根本性影响。因此，未来是很难预测的。此外，历史发展也不能等同于自然过程，不一定是"顺应自然"。相反，有时人为的干涉，即人的作为也会改变其历史轨迹，迎来完全不同的未来。所以，相应的宗教政策和对宗教的积极引导可以充分发挥其作用，从而也有可能使我们对中国宗教的未来发展加以相对意义上的前瞻或预测。当然，以下所论仅为理想意义上的前瞻，历史发展受各种因素的影响，并不一定会达到人所预想的最佳结局。

中国宗教在过去六十年的发展中形成了与中国政治的独特结合。宗教与政治有着密切关联，故不可能完全脱离政治。不过，当前的国际形势和社会环境已与以往有了巨大不同，因此中国的政教关系也应出现相应的变化，毕竟宗教并不完全等同于政治。过去宗教与政治这根弦绷得太紧，宗教几乎被全然作为政治来对待，故而有着特殊的敏感性。未来中国宗教的正常发展，在一定程度上应"淡出"政治领域，即所谓政治上"脱敏"。

中国宗教应从"政治参与"性社会组织向"社会服务"性、灵性关怀性社会组织转型，因为宗教社团组织在当代社会的基本定位应是"非政府组织"、"非营利组织"，其主要体现的是公民社会的现代民主和精神自由，所以应作为"完全自由的、与政权无关的志同道合的公民联合体"来存在。宗教的"非政治化"乃是宗教存在与发展的"正常化"，从而可以从其"非常态"处境进入其"常态"局面。

当前中国社会对待宗教的基本态度是"一体多元"、"扶本化外"。"一体"是指中国社会、文化本体的"大一统"格局，"多元"则为中国对外开放、海纳百川的开明姿态。而"扶本"则体现了中国文化的身份认同及其精神发展的追本溯源。"化外"更是表明了对外来宗教的吸纳和符合国情的融入。当然，对于中国宗教究竟谁为"本"（儒、佛、道的"本土宗教"地位和伊斯兰教、基督教已"化入"中国文化的"自我意识"需有相应的关注）、怎样"扶"及其能否"扶得起"，以及究竟谁为"外"、为何对外只能"化"而不能"堵"，进而应该怎样来"化"，等等，都是必须面对的现实问题，都要我们做出科学的选择。

与政治上的"大一统"不同，宗教在中国不应该采取"大一统"的模式。多元宗教并存虽不可太"散"，却应构成相关宗教较为松散的社会联合体或宗教联盟。宗教的多元化已是很难阻挡的发展趋势，因此各大宗教的全国总会不再应该是"政治统领"性的机构，而有必要转变为社会联谊性的平等、民主、自由之"宗教联盟"。在各大宗教的具体发展中，佛教需有从"人间宗教"到"人本宗教"的升华，应从其寺庙规模的扩大转向佛教人才的培养，呼唤出"还看今朝"的高僧大德，僧侣佛教与居士佛教的发展应相得益彰，相互完善。伊斯兰教健康、和谐的发展基于民族和睦、民族团结之氛围的培育和维护。天主教的发展从外部需改善中梵关系，尽早促成其外交关系、教会关系的正常化，从内部则必须解决好其"爱国爱教"中"国家忠诚"与"宗教忠诚"的关系，将政治与宗教因素妥善区分开来。而基督教（新教）的发展则一方面基于"三自"教会的革新、前进，另一方面还需正确处理好"未登记教会"（家庭教会）问题，在此应突出政府权威和实现教会民主，政府在依照法律、政策按宗教标准"收编"大部分"家庭教会"、使之合法备案和登记的同时，孤立、揭露以宗教为名、以政治活动为实、"绑架群众"来破坏安定团结大好局面的极少数人；而教会则应以松散联盟、圆桌会议的形式，通过自由、自愿的民主之途来达到教会的联合或联谊，使之分中有合，组成具有开放意义、平等待遇的中国基督教联合会，积极促成基督教在中国文化中的"本土转化"，让其早日"归我中华"。

在中国本土宗教意识和核心精神上，道教及其"道"这一基本观念应得以突出和高扬。"道"在整合中国宗教价值、提供中华文化的宗教象征符号及精神标志上有着不可取代的作用。在"五大宗教"中，最能体现和代表中国本土宗教精神的应该是道教，而道教作为中国基本宗教精神的象征则应该走向一种"大道教"的发展。在传统儒、佛、道三教中，对之"一以贯之"并加以整合的正是"道"。由于儒教"宗教"性质的模糊，其核心观念"礼"被理解为"社会秩序"，而"仁"也常被从"人际伦理"、公共价值的层面来界说。中国宗教在远古传统中就已被理解为"对神道的信仰"，《易经》早就论及"观天之神道"、"圣人以神道设教"，在此基础上故有《中庸》"天命之谓性，率性之谓道，修道之谓教"的解释。而"儒"一旦"不可谓之教"，则亦被视为"天下常道"。佛教在中国，由于其"佛法"并不被普遍视为"至高法"而只得以走"变俗以达其道"的方便之门来实现其中国化。而道教之"道"则基于老子在《道德经》中所论及的"通贯天人"之含义，宗教的奥秘和本真即"观天之道，执天之行"，天人相通即"道成肉身"。中国思想传统中的"天、地、人"观念实质上也是靠"道"来贯通，故此才有"立天之道，曰阴曰阳；立地之道，曰柔曰刚；立人之道，曰仁曰义"之说。所以说，儒、佛、道本身就可在"道"中"三教合一"，故而可以形成一种广义上的"大道教"观念，构成中国本土宗教的基本特色和象征符号。从"道教"本身的"小传统"来看，"道教"发端于"黄老思想"，而黄帝乃华夏民族的人文始祖，老子为中国精神的思想先驱，由此反映出中华文明的源远流长和炎黄子孙的一脉相承。此外，中国许多传统信仰、民间宗教也习惯用"道"来命名、言志，并有过与道教的共构、整合。如前所说，道教发展的独特道路就是汇聚涓涓细流而得以成为江河，其与众不同的路向就是从多元走向统一、从分散达到聚合。由于道教本来就与民间宗教信仰有着密切关系，因而在未来发展中也可以起到整合民间宗教信仰的作用，从而形成具有"大道教"特色的中国宗教发展，使之获得本土宗教的共识、共鸣，以便能"执古之道"，行"大道生活"，有助于当代社会生活的道德教化。所以，"大道教"可以彰显中国本土宗教与众不同的个性及特色，从而启发人们在这种聚合性的"大道教"中看到中国宗教的本土意蕴及真正奥秘，获得其原创性的体现和表证。可以说，这种"大道教"的构设及发展，将可客观反映、恰当展示大多数中国基层民众的信仰归宿，并逐渐显露出中国宗教本有的、普遍的自我意识。

鉴于中国社会"一体多元"的特色，中国宗教至少目前不可能随意、漫无边际地发展，其相对放开也只能循序渐进，在现有框架中适当调整，加入新的因素，同时形成相对民主但必须要有的信仰联盟，稳步发展，造福于社会。

在今天中国宗教的多元发展和佛、基、天、伊各有其位，以及中国本土"大道教"的构设中，虽然政府的宗教事务管理应该积极有为，但仍应该"宗教的归宗教"，对其正常发展有必要保持一种"道法自然"的平常心。而且，在现代"开放"社会和"全球化"的氛围中，中国的宗教发展也需要"海纳百川"，用世界文化的精华来充实今天中国文化的重建。

附一

卓新平学术简历

卓新平：男，土家族，1955 年 3 月 31 日生于湖南慈利，现任中国社会科学院世界宗教研究所所长，研究员，中国宗教学会会长。1972 年 5 月至 1974 年 7 月就读于湖南常德师专英语专科，1974 年 8 月至 1978 年 9 月任湖南常德师专英语科教师，其间曾于 1977 年 11 月至 1978 年 1 月在湖南大学英语培训班、湖南师范学院英语系进修；1978 年 10 月至 1981 年 9 月在中国社会科学院研究生院世界宗教研究系读基督教专业硕士研究生，1981 年获哲学硕士学位；1981 年 8 月至 1983 年 5 月任中国社会科学院世界宗教研究所助理研究员；1983 年 5 月至 1988 年 11 月留学德国慕尼黑大学，1987 年获哲学博士学位，1988 年 9 月当选为德国（欧洲）宗教史协会终身会员；1988 年 11 月至 1992 年 8 月任中国社会科学院世界宗教研究所副研究员，1989 年至 1993 年任中国社会科学院世界宗教研究所基督教研究室副主任，1991 年被人事部和国家教委评为"有突出贡献的留学回国人员"，1992 年 8 月被评为中国社会科学院研究员和享受国务院政府特殊津贴专家，1993 年 9 月至 1998 年 9 月任中国社会科学院世界宗教研究所副所长，基督教研究室主任，自 1994 年任中国社会科学院研究生院教授、硕士生导师，同年当选为中国国际文化交流中心理事和中国统一战线理论研究会理事，1995 年至 2001 年任中国宗教学会副会长，1996 年至 2003 年任中国社会科学院研究生院世界宗教研究系主任，1996 年任中国社会科学院研究生院学术委员会委员、博士生导师，任中国社会科学院基督教研究中心主任，被评为国家级有突出贡献的中青年专家和"新世纪百千万人才工程"国家级人选，当选为欧洲科学艺术研究院院士，自 1998 年 9 月任中国社会科学院世界宗教研究所所长，1999 年当选为中国统一战线理论研究会副秘书长、常务理事，2000 年至 2004 年任联合国教科文组织下属国际哲学与人文科学研究理事会副主席，2001 年当选为中国宗教学会会长，2002 年任清华大学伟伦特聘访问教授，美国伯克利联合神学研究院苏吉特·辛格学术讲座主讲，2003 年 8 月至 2004 年 7 月任英国伯明翰大学佩顿研究员（访问学者），自 2003 年任国家社科基金宗教学评审组组长，被评为优秀留学回国人员，任香港中文大学庞万伦基督教与中国文化讲座主讲，2003 年至 2009 年任美国亚洲基督教高等教育联合董事会董事，2004年入选中宣部首批"四个一批"人才，连任中国统一战线理论研究会常务理事，2005 年任中国社会科学院学位委员会委员，2006 年 8 月当选为中国社会科学院学部委员，连任中国宗教学会会长；2007 年 12 月参加中共中央第十七届政治局第 2 次集体学习，与牟钟鉴教授共同就"当代世界宗教和加强我国宗教工作"问题进行了讲解；2008 年 3 月当选为第十一届全国人大常委、民族委员会委员、资格审查委员会委员，同年任国务院学位办哲学组成员。

附二

卓新平主要著述目录

一 个人专著（独著）

《全球化的宗教与当代中国》，社会科学文献出版社，2008 年 2 月。

《基督教与中国文化的相遇、求同与存异》，香港中文大学，2007 年 3 月。

《当代亚非拉美神学》，上海三联书店，2007 年 1 月。

《当代基督宗教教会发展》，上海三联书店，2007 年 1 月。

《神圣与世俗之间》（文集），黑龙江人民出版社，2004 年 1 月。

《基督宗教论》（文集），社会科学文献出版社，2000 年 9 月。

《基督教知识读本》，宗教文化出版社，2000 年 8 月。

《宗教理解》，社会科学文献出版社，1999 年 9 月。

《当代西方新教神学》，上海三联书店，1998 年 5 月（2006 年 2 月再版）。

《当代西方天主教神学》，上海三联书店，1998 年 5 月（2006 年 2 月再版）。

《基督教犹太教志》，上海人民出版社，1998 年 10 月。

《基督教文化百问》，今日中国出版社，1995 年 4 月。

《世界宗教与宗教学》，社会科学文献出版社，1992 年 6 月。

《尼布尔》，台湾东大图书公司，1992 年 9 月。

《圣经鉴赏》，中国社会科学出版社，1992 年 2 月，（宗教文化出版社 2000 年 11 月新版）。

《西方宗教学研究导引》，中国社会科学出版社，1990 年 7 月。

《宗教起源纵横谈》，湖南人民出版社，1988 年 12 月。

《宗教与文化》，人民出版社，1988 年 10 月。

《中西当代宗教理论比较研究》（德文），彼得·朗出版社 1988 年版。

(*Theorie über Religion im heutigen China und ihre Bezugnahme zu Religionstheorie des Westens*, Peter Lang Verlag, 1988)。

二　主编著作

《基督宗教研究》（第十二辑），共同主编，宗教文化出版社，2009 年 11 月。

《论马克思主义宗教观》，共同主编，社会科学文献出版社，2009 年 10 月。

《20 世纪中国社会科学·宗教学卷》，广东教育出版社，2009 年 7 月。

《基督宗教社会学说及社会责任》，共同主编，宗教文化出版社，2009 年 5 月。

《基督宗教研究》（第十一辑），共同主编，宗教文化出版社，2008 年 12 月。

《中国宗教学 30 年》，中国社会科学出版社，2008 年 10 月。

《基督教小辞典》（修订版），上海辞书出版社，2008 年 7 月。

《当代中国宗教研究精选丛书·基督教卷》，民族出版社，2008 年 1 月。

《基督宗教研究》（第十辑），共同主编，宗教文化出版社，2007 年 11 月。

《马克思主义研究论丛·宗教观研究》，共同执行主编，中央编译出版社，2007 年 9 月。

《基督宗教研究》（第九辑），共同主编，宗教文化出版社，2006 年 11 月。

《基督教文化 160 问》，东方出版社，2006 年 6 月。

《基督宗教研究》（第八辑），共同主编，宗教文化出版社，2005 年 11 月。

《宗教比较与对话》（第六辑），宗教文化出版社，2005 年 10 月。

《中国基督教基础知识》，宗教文化出版社（1999 年 1 月 1 版），2005 年 7 月。

《信仰之间的重要相遇》，共同主编，宗教文化出版社，2005 年 6 月。

《基督宗教研究》（第七辑），共同主编，宗教文化出版社，2004 年 12 月。

《宗教比较与对话》（第五辑），宗教文化出版社，2004 年 11 月。

《基督宗教研究》（第六辑），共同主编，宗教文化出版社，2003 年 12 月。

《相遇与对话》，宗教文化出版社，2003 年 9 月。

《基督宗教与当代社会》，共同主编，宗教文化出版社，2003 年 8 月。

《宗教比较与对话》（第四辑），宗教文化出版社，2003 年 8 月。

《基督宗教研究》（第五辑），共同主编，宗教文化出版社，2002 年 11 月。

《20 世纪中国学术大典·宗教学》，执行主编，福建教育出版社，2002 年
　　9 月。

《基督教小辞典》，上海辞书出版社，2001 年 12 月。

《宗教比较与对话》（第三辑），宗教文化出版社，2001 年 10 月。

《基督宗教研究》（第四辑），共同主编，宗教文化出版社，2001 年 10 月。

《基督宗教研究》（第三辑），共同主编，宗教文化出版社，2001 年 10 月。

《基督宗教研究》（第二辑），共同主编，社会科学文献出版社，2000 年
　　10 月。

《宗教比较与对话》（第二辑），社会科学文献出版社，2000 年 10 月。

《宗教比较与对话》（第一辑），社会科学文献出版社，2000 年 1 月。

《宗教：关切世界和平》，共同主编，宗教文化出版社，2000 年 8 月。

《基督宗教研究》（第一辑），共同主编，社会科学文献出版社，1999 年
　　12 月。

《本色之探：20 世纪中国基督教文化学术论集》，共同主编，中国广播电视
　　出版社，1999 年 4 月。

《基督教文化面面观》，齐鲁书社，1991 年 10 月。

三　参与合著

《当代基督新教》，于可主编，东方出版社，1993 年 7 月，第 24—90 页。

《基督教词典》，文庸等主编，商务印书馆，2005 年 2 月。

《当代世界民族宗教》，李德洙、叶小文主编，中共中央党校出版社，2003
　　年 12 月，第 117—126 页。

《现阶段我国民族与宗教问题研究》，中央党校课题组编，宗教文化出版
　　社，2002 年 9 月，第 34—65 页。

《当代新兴宗教》，戴康生主编，东方出版社，1999 年 12 月，第 279—
　　292 页。

《宗教大辞典》（分科主编），任继愈主编，上海辞书出版社，1998 年
　　8 月。

《简明华夏百科全书》（"宗教学"分科主编），华夏出版社，1998 年。

《简明中国大百科全书》，中国大百科全书出版社，1997 年。

四 论文

"全球化"的宗教与政教关系，高师宁，杨凤岗主编《从书斋到田野：宗
　　教社会科学高峰论坛论文集》（上卷·书斋篇），中国社会科学出版
　　社，2010 年，第 115—126 页。

从中国社会和谐发展看基督宗教与儒家精神，《世界宗教文化》2010 年第
　　1 期，第 1—6 页。

"全球化"与当代中国宗教，《当代中国史研究》2009 年 6 期，第 94—
　　100 页。

"汉语神学"之我见，何光沪、杨熙楠编：《汉语神学读本》（上册），香
　　港道风书社，2009 年，第 339—346 页。

庞迪我在中国的文化"适应"及"融入"之探，《明清时期的中国与西班
　　牙国际学术研讨会论文集》，澳门理工学院出版，2009 年 10 月，第
　　9—15 页。

关于中国宗教现状及其发展的一些思考，《民族宗教研究动态》2009 年第
　　19 期，第 11—27 页。

中国基督教研究 30 年，《30 年回顾与评析》，社会科学文献出版社，2009
　　年 9 月，第 195—228 页。

Il pensiero filosofico occidentale e cinese nel Novecento（20 世纪中西方哲学思
　　想），*Chiesa a Cina nel Novecento*，2009 eum edizioni universita di macer-
　　ate，S. 49 – 60。

马克思主义宗教观的方法论探究，《论马克思主义宗教观》，社会科学文献
　　出版社，2009 年 10 月，第 3—9 页。

"本土化"：基督教在中国的发展之途，《中国民族报》2009 年 9 月 1 日，
　　第 6 版。

基督教与当代中国社会的关联，《基督宗教社会学说及社会责任》，宗教文
　　化社，2009 年 5 月，第 3—12 页。

"全球化"的宗教与当代中国，《中国宗教》2009 年第 4 期，第 22—26 页。

论"政教关系"——"全球化"的宗教与当代中国,《宗风》己丑,春之
　　卷,宗教文化出版社,2009 年 3 月,第 32—55 页。

宗教与哲学断想,《华侨大学学报》2009 年第 1 期,第 1—5 页。

金融危机与宗教发展,《中国宗教报告(2009)》,社会科学文献出版社,
　　2009 年 6 月,第 23—34 页。

金融危机下的信仰重建,《绿叶》2009 年第 2 期,第 38—42 页。

Religionen und interreligiöser Dialog in China(中国宗教与宗教之间的对话),
　　Wolfram Weiβe(Hg.):*Theologie im Plural*,*eine akademische Herausfor-
　　derung*,WAXMANN,Münster 2009,S. 21 – 32。

海外华人的文化认同与政治认同,《中国民族报》2008 年 12 月 30 日,第 7
　　版。

公共生活中的神圣之维——当代中国的宗教理解,《宗教价值与公共领域:
　　公共宗教的中西文化对话》,中国社会科学出版社,2008 年 12 月,第
　　304—316 页。

中国基督教"爱的神学"及其社会关怀,《中国民族报》2008 年 12 月 5
　　日,第 14 版。

中国宗教的当代走向,《学术月刊》2008 年第 10 期,第 5—9 页。

"全球化"时代的中国政教关系,《民族宗教研究动态》第 14、15 期,
　　2008 年 9 月,第 27—36 页。

和谐之音,始于对话,陈声柏主编:《宗教对话与和谐社会》,中国社会科
　　学出版社,2008 年 8 月,第 1—11 页。

《基督教与中国文化》导读,吴雷川:《基督教与中国文化》,上海古籍出
　　版社,2008 年 7 月,第 1—38 页。

学术神学:中国当代基督教研究的一种新思路,金泽、邱永辉主编:《中
　　国宗教报告(2008)》,社会科学文献出版社,2008 年 7 月,第 130—
　　156 页。

当代中国宗教研究:问题与思路,金泽、邱永辉主编:《中国宗教报告
　　(2008)》,社会科学文献出版社,2008 年 7 月,第 1—15 页。

基督教思想文化及其对中国的影响,《名家谈哲学》,人民出版社,2008 年
　　6 月,第 206—242 页。

教堂建筑艺术漫谈，《中国宗教》2008 年第 3 期，第 45—47 页。

当代中国基督宗教神学发展趋势，卓新平主编：《当代中国宗教研究精选丛书·基督教卷》，民族出版社，2008 年 1 月，第 3—24 页。

宗教学的"人学"走向，王建新、刘昭瑞编：《地域社会与信仰习俗——立足田野的人类学研究》，中山大学出版社，2007 年 12 月，第 2—9 页。

Die Rolle der religiösen Ethik im spirituellen Leben der Chinesen（宗教伦理在中国人精神生活中的作用），*Ökumenische Rundschau*，Oktober 2007，56. Jahrgang. Heft 4，Verlag Otto Lembeck，Frankfurt am Main，S. 458 – 469。

Religious Studies and Cultural Exchanges in the Context of Globalization（全球化处境中的宗教研究与文化交流），余国良编著：《拆毁了中间隔断的墙：中美基督教交流十五年回顾与思考》，宗教文化出版社，2007 年 11 月，第 371—380 页。

全球化处境中的宗教研究与文化交流，余国良编著：《拆毁了中间隔断的墙：中美基督教交流十五年回顾与思考》，宗教文化出版社，2007 年 11 月，第 364—370 页。

当代中国社会变迁与宗教重构，《民族宗教研究动态》2007 年第 4 期，中国统战理论研究会民族宗教理论甘肃研究基地秘书处，2007 年 9 月，第 14—15 页。

沙勿略：天主教远东传教和与东方文化对话的奠基者，《文化与宗教的碰撞——纪念圣方济各·沙勿略诞辰 500 周年国际学术研讨会论文集》，澳门理工学院出版，2007 年 10 月，第 15—26 页。

马克思主义关于宗教社会作用的论述及其当代意义，《马克思主义研究论丛，宗教观研究》，中央编译出版社，2007 年 9 月，第 35—47 页。

马克思主义理论体系的"宗教"理解，《中国社会科学院马克思主义研究论丛》下册，社会科学文献出版社，2007 年 5 月，第 624—631 页。

基督教音乐在中国的传播，《中国宗教》，2007 年第 8 期，第 32—34 页。

宗教在当代中国的定位与发展，《当代中国民族宗教问题研究》第 2 集，甘肃民族出版社，2007 年 8 月，第 15—23 页。

基督教与中美关系，《宗教与美国社会》第四辑（下），时事出版社，2007
年 6 月，第 455—471 页。

《道德经》对宗教和谐的贡献——《道德经》与《圣经》比较初探，《和
谐世界 以道相通》（上），宗教文化出版社，2007 年 4 月，第 129—
134 页。

基督教信仰与中西文化，《天风》2007 年 2 期，第 34—37 页。

The Role of Christianity in the Construction of a Harmonious Society Today（基
督教在当今构建和谐社会中的作用）Michael Nai-Chiu Poon ed.：*Pil-
grims and Citizens*：*Christian Social Engagement in East Asia Today*，ATF
Press，Adelaide 2006，pp. 197 - 199。

The Christian Contribution to China in History（基督教在历史上对中国的贡
献）Michael Nai-Chiu Poon（ed.），*Pilgrims and Citizens*：*Christian So-
cial Engagement in East Asia Today*，ATF Press，Adelaide，Australia，
2006，pp. 157 - 167。

民族主义、爱国主义与宗教信仰在中国，《当代中国民族宗教问题研究》
（第一集），甘肃人民出版社，2006 年 9 月，第 1—10 页。

The Significance of Christianity for the Modernization of Chinese Society（基督
教对中国社会现代化的意义）Yang Huilin and Daniel H. N. Yeung
（ed.），*Sino-Christian Studies in China*，Cambridge Scholars Press，New-
castle，UK，2006，pp. 252 - 264。

Chinese Academic Community：On the Relationship Between Science and Reli-
gion（中国学术界论科学与宗教的关系），Chan，Tak-Kwong，Tsai，Yi-
Jia and Frank Budenholzer（ed.），*Religion and Science in the Context of
Chinese Culture*，ATF Press，Adelaide，Australia，2006，pp. 143 - 160。

Life Theology and Spiritual Theology in East-Asian Encounters（东亚相遇中的
生命神学与灵修神学）*Quest*，Vol. 4，No. 2，November 2005，
pp. 75 - 91。

基督宗教与中国现代化，《宗教比较与对话》（第六辑），社会科学文献出
版社，2005 年，第 49—55 页。

当代基督宗教各派对话，《宗教比较与对话》（第六辑），社会科学文献出

版社，2005 年，第 83—123 页。

"生"之精神：中国宗教中的生命意义及生存智慧，《宗教比较与对话》
（第六辑），社会科学文献出版社，2005 年，第 171—178 页。

当代中国人对宗教与文化的理解，《信仰之间的重要相遇》，宗教文化出版
社，2005 年，第 23—34 页。

Religion and Culture in the Understanding of Contemporary Chinese，《信仰之间
的重要相遇》，宗教文化出版社，2005 年，第 353—366 页。

复杂的历史，当前的警醒——读《台湾基督教史》，《世界宗教文化》2005
年 1 期，第 59—60 页。

现代社会中宗教对话的困境与希望，《世界宗教研究》2004 年增刊，第
54—62 页；《中国宗教》2005 年第 1 期，第 13—15 页。

当代宗教研究中对"人"的关注，《宗教比较与对话》（第五辑），社会科
学文献出版社，2004 年，第 235—243 页。

宗教学术研究对宗教理解的贡献，《宗教比较与对话》（第五辑），社会科
学文献出版社，2004 年，第 1—38 页。

融贯神学：一种结合基督教与中国文化的尝试，《中国宗教学》（II）2004
年，第 283—290 页。

世界宗教中的人文精神，《中国宗教学》（II）2004 年，第 4—29 页。

宗教研究是一门"谋心"和"谋事"之学，《中国民族报》2004 年 9 月 3
日，第 3 版。

基督教哲学与西方宗教精神，《基督教思想评论》第一辑，上海人民出版
社，2004 年，第 3—23 页。

道德意识与宗教精神，《基督教学术》第二辑，上海古籍出版社，2004 年，
第 16—22 页。

宗教对社会的作用，《部级领导干部历史文化讲座》，国家图书馆编，北京
图书馆出版社，2004 年 9 月，第 45—89 页。

Research on Religions in the People's Republic of China，*Social Compass*
Vol. 50，No. 4，Dec. 2003，Oxford，（中华人民共和国的宗教研究）
pp. 441 – 448。

中国教会与中国社会，《基督宗教与当代社会》，宗教文化出版社，2003 年

8 月，第 247—253 页。

讲透"社会主义的宗教论"需要新思想，《宗教工作的理论与实践》，宗教文化出版社，2003 年 6 月，第 412—415 页。

宗教与人类社会，《宗教比较与对话》（第四辑），社会科学文献出版社，2003 年，第 1—34 页。

基督宗教与欧洲浪漫主义（上），《国外社会科学》2003 年第 5 期，第 2—6 页。

基督宗教与欧洲浪漫主义（下），《国外社会科学》2003 年第 6 期，第 6—11 页。

廿世纪中国学者的基督宗教研究及其对未来的影响，《基督教与中国社会文化》，香港中文大学出版社，2003 年，第 3—15 页。

Die Welt des Geistes und ein Leben im Geist（精神世界与精神生活），*Christentum，Chinesisch in Theorie und Praxis*，Nr. 9，EMW，Hamburg，2003，S. 85 – 93。

问题似路，《博览群书》2003 年第 2 期，第 5—7 页。

全球化与宗教问题，《大学演讲录》第 2 辑，新世纪出版社，2003 年，第 33—46 页。

开创 21 世纪中国宗教学的新局面，《中国宗教学》（I）2003 年，第 1—9 页。

全球化与当代宗教，《世界宗教研究》2002 年第 3 期，第 1—15 页。

中国宗教学研究的现状与未来——宗教学研究四人谈（合著），《中国人民大学学报》2002 年第 4 期，第 9—21 页。

社会处境与神学建设，《中国宗教》2002 年第 4 期，第 42 页。

当代西方基督宗教思想研究，《国外社会科学》2002 年第 1 期，第 21—28 页。

西方宗教学与中国当代学术发展，《江苏社会科学》2002 年第 3 期，第 85—87 页。

中国知识界对宗教与科学关系之论，泰德·彼得斯、江丕盛、格蒙·本纳德编：《桥：科学与宗教》，中国社会科学出版社，2002 年 5 月，第 230—245 页。

精神世界与精神文明建设，《中国先进文化的理论探索与实践》，学习出版社，2002 年，第 216—223 页。

全球化进程与世界宗教，《学习时报》2002 年 3 月 11 日，第 5 版。

走向 21 世纪的基督教——机遇与挑战，《基督宗教研究》（第三辑），宗教文化出版社，2001 年，第 1—5 页。

精神世界与精神生活，《宗教比较与对话》（第三辑），社会科学文献出版社，2001 年，第 1—12 页。

马礼逊汉学研习对基督新教在华发展的影响，萧卓芬编：《中澳情牵 400 年》，澳门 2001 年，第 105—129 页。

基督教思想的普世性与处境化，罗秉祥、江丕盛主编：《基督教思想与 21 世纪》，中国社会科学出版社，2001 年，第 26—42 页。

云南旅游业与民族宗教工作，《世界宗教研究》2001 年第 4 期，第 151—155 页。

基督宗教四次来华的历史命运，《中国宗教》2001 年第 4 期，第 46—47 页。

宗教在当代中国应有的自我意识和形象，《中国宗教》2001 年第 2 期，第 37—38 页。

"中国当代基督宗教研究"学术研讨会综述，《中国宗教研究年鉴 1999—2000》，宗教文化出版社，2001 年，第 413—417 页。

Discussion on "Cultural Christians" in China（中国关于"文化基督徒"的讨论），*China and Christianity*, Stephen Uhalley Jr. and Xiaoxin Wu ed. M. E. Sharp Armonk，New York 2001，pp. 283 – 300。

基督教伦理与中国伦理的重建，许志伟、赵敦华主编：《冲突与互补：基督教哲学在中国》，社会科学文献出版社，2000 年，第 152—172 页。

Kontext der Christlichen Entwicklung in China（中国基督教发展的处境），*Die Welt des Mysteriums*，Klaus Krämer und Ansgar Paus hg. Herder，Freiburg 2000，S. 465 – 470。

Das Religionsverständnis im heutigen China（今日中国宗教理解），*Christsein in China*，Monika Gänssbauer hg. Hamburg 2000，S. 82 – 97。

基督教神学与哲学研究百年之路，《中国宗教研究年鉴（1997—1998）》，宗教文化出版社，2000 年，第 432—444 页。

中国基督宗教的现代意义，《世界宗教文化》2000 年第 1 期，第 49—
51 页。

宗教对话的时代——世界宗教百年回眸，《中国宗教》2000 年第 4 期，第
32—33 页。

化解冲突——宗教领袖对人类和平的新贡献，《中国宗教》2000 年第 6 期，
第 24—25 页。

中国基督宗教研究的现代处境，《基督宗教研究》（第二辑），社会科学文
献出版社，2000 年，第 260—268 页。

对话以求理解，《宗教比较与对话》（第二辑），社会科学文献出版社，
2000 年，第 1—6 页。

民族主义、爱国主义与宗教信仰在中国，《宗教比较与对话》（第二辑），
社会科学文献出版社，2000 年（甘肃人民出版社，2006 年），第 90—
99 页。

基督宗教在中国的文化处境，《宗教比较与对话》（第二辑），社会科学出
版社，2000 年，第 100—116 页。

对话作为共在之智慧，《宗教比较与对话》（第一辑），社会科学文献出版
社，2000 年，第 1—10 页。

中国基督宗教与中国现代社会，《宗教比较与对话》（第一辑），社会科学
文献出版社，2000 年，第 84—95 页。

中国传统伦理与世界伦理的关系，《宗教比较与对话》（第一辑），社会科
学文献出版社，2000 年，第 169—179 页。

中西天人关系与人之关切，《基督教文化学刊》1999 年第 1 辑，东方出版
社，1999 年 4 月，第 35—53 页。

20 世纪中国宗教研究的历史回顾，《欧美同学会会刊》1999 年第 1 期，第
45—47 页。

揭露愚昧迷信，保护宗教信仰，《世界宗教研究》1999 年第 3 期，第 1—
4 页。

中国神学建设的沉思——读《丁光训文集》，《中国宗教》1999 年第 1 期，
第 60 页。

中国宗教研究百年历程,《中国宗教》1999 年第 2 期,第 50—51 页。

中国基督教与中国现代社会,《世界宗教文化》1999 年第 3 期,第 28—31 页。

当代中国基督宗教研究,《基督宗教研究》(第一辑),社会科学文献出版社,1999 年,第 1—14 页。

论基督宗教的谦卑精神,《基督宗教研究》(第一辑),社会科学文献出版社,1999 年,第 145—160 页。

赵紫宸:《基督宗教研究》(第一辑),社会科学文献出版社,1999 年,第 196—230 页。

Religion and Morality in Contemporary China(当代中国宗教与道德),*China Study Journal* Vol. 14, No. 3, December 1999, London, pp. 5 – 9。

索隐派与中西文化认同,《道风汉语神学学刊》第八期,香港,1998 年春,第 145—171 页。

赵紫宸与中西神学之结合,《世界宗教研究》1998 年第 1 期,第 128—132 页。

当代中国知识分子对基督教的理解,《维真学刊》1998 年第 1 期,第 26—38 页。

基督教研究概说,《中国宗教研究年鉴(1996)》,中国社会科学出版社,1998 年,第 279—283 页。

Dialog als Weisheit der Koexistenz(对话作为共在的智慧),*An-Denken Festgabe für Eugen Biser*, Erwin Möde, Felix Unger, Karl Matthäus Woschitz hg., Verlag Styria, 1998, S. 231 – 237。

Die Bedeutung des Christentums für Chinas Modernisierung(基督教对中国现代化的意义),*Christentum im Reich der Mitte*, Monika Gänssbauer hg., EMW, Hamburg, 1998, S. 78 – 86。

The Significance of Christianity for the Modernization of Chinese Society(基督教对于中国社会现代化的意义),*CRUX*, March 1997, Vol. XXXIII, No. I, pp. 31 – 39。

当代宗教问题之思,《当代宗教研究》1997 年第 2 期,第 10—17 页。

后现代思潮与神学回应,《中国社会科学院研究生院学报》1997 年第 3 期,第 38—45 页。

中国知识分子与基督教,《建道学刊》1997 年第 7 期,香港,第 179—
189 页。

基督教与中国文化的双向契合,《世界宗教文化》1997 年夏季号（总第 10
期）,第 8—12 页。

欧洲基督教新动向,《世界宗教文化》1997 年冬季号（总第 12 期）,第
36—37 页。

新福音派神学刍议,《世界宗教研究》1997 年第 4 期,第 19—27 页。

基督教文化概览,《中国宗教》1996 年秋（第三期）,第 29—32 页。

回应"社会变迁与香港、澳门天主教会的社会服务事业",张家兴主编:
《社会变迁与教会回应交流会论文集》,香港公教教研中心有限公司,
1996 年 10 月,第 230—231 页。

教会的社会服务事业: 机会与局限,《社会变迁与教会回应交流会论文
集》,1996 年 10 月,第 271—278 页。

Die Entwicklung des Religionsverständnisses in China seit Beginn der achtziger
Jahre（八十年代以来中国宗教理解的发展）, *China Heute*, XV 1996,
No. 4, S. 115 – 120。

Das Christentum und die Chinesische Kultur（基督教与中国文化）, *Wege der
Theologie an der Schwelle zum dritten Jahrtausend*, *Festschrift für Hans Wal-
denfels zur Vollzendung des 65. Lebensjahres*, Günter Risse, Heino Sonne-
mans, Burkhard Thess hg. , Bonifatius, Paderborn, 1996, S. 751 – 759。

The Concept of Original Sin in the Cultural Encounter Between East and West
（东西方文化相遇中的原罪观念）, *Christianity and Modernization*, Phil-
ip L. Wickeri, Lois Cole, ed. , DAGA Press, Hong Kong, 1995, pp.
91 – 100。

The renewal of religion in the modernization of Chinese society（中国社会现代
化中的宗教复兴）, *Religion and Modernization in China*, *Proceedings of
the Regional Conference of the International Association for the History of Re-
ligions held in Beijing*, *China*, April 1992, Dai Kangsheng, Zhang Xiny-
ing, Michael Pye ed. , Published for the International Association for the

History of Religions, Roots and Brabches, Cambridge, England, 1995, pp. 45 – 51。

宗教与文化关系刍议,《世界宗教文化》1995 年春(总第 1 期),第 10—12 页。

中西文化交流中的基督教原罪观,《世界宗教研究》1995 年第 2 期,第 74—78 页。

当代西方宗教,《中国宗教》1995 年秋(第 2 期),第 49—50 页。

十字架的象征意义,《中国宗教》1995 年冬(第 3 期),第 49 页。

基督教与中国社会现代化的意义,《维真学刊》1995 年第 3 期,第 32—40 页。

Religion und Kultur aus chinesischer Sicht(从中国的视野看宗教与文化), *Dialog der Religionen*, 1994, Nr. 2, Michael von Brück hg., Kaiser Verlag, 1994, S. 193 – 202。

Original Sin in the East-West Dialogue—A Chinese View(东西方对话中的原罪观——一种中国观点), *China Study Journal*, Vol. 9, No. 3, December 1994, pp. 11—15。

中国宗教更新与社会现代化,《维真学刊》1994 年第 1 期,第 2—7 页。

改革开放与精神文明建设,《北京青年论坛》1994 年第 1 期,第 7—9 页。

展开多层次的宗教探究,《世界宗教资料》1994 年第 2 期,第 47—49 页。

宗教文化与精神文明建设,《中国社会科学》1994 年第 3 期,第 21—23 页。

三教圣地——耶路撒冷,《世界宗教资料》1994 年第 4 期,第 37—43 页。

Der kulturelle Wert der Religion im Verständnis der Chinesen in der Gegenwart(当代中国人对宗教文化价值的理解), *Grundwerte menschlichen Verhaltens in den Religionen*, Horst Bürkle hg., Peter Lang Verlag, Frankfurt am Main, 1993, S. 179 – 186。

Reflections on the Question of Religion Today(今日中国宗教问题之思), *China Study Journal*, Vol. 8, No. 2, August 1993, London, pp. 4 – 15。

überlegungen zur Frage der Religion heute(关于今日宗教问题的思考), *China Heute*, Jahrgang XII, 1993, Nr. 6(70), S. 172 – 180。

欧洲宗教哲学纵览（一），《世界宗教资料》1993 年第 2 期，第 30—37 页。

欧洲宗教哲学纵览（二），《世界宗教资料》1993 年第 3 期，第 40—47 页。

西方的"新时代"运动与宗教复兴，《世界宗教资料》1992 年第 1 期，第 1—7 页。

社会科学与现代化，《群言》1992 年第 10 期，第 13—15 页。

基督教：欧洲发展的一面镜子，《世界知识》1992 年第 24 期（总 1117 期），第 10—11 页。

西方宗教社会学研究概况，《世界宗教资料》1991 年第 1 期，第 1—7、36 页。

范·得·列欧传略，《世界宗教资料》1991 年第 2 期，第 46—47、54 页。

莱因霍尔德·尼布尔，《永恒与现实之间》，傅伟勋主编，台湾正中书局，1991 年 3 月，第 216—239 页。

西方宗教学的历史与现状，《世界宗教研究》1990 年第 3 期，第 139—145 页。

西方传教士与中国古代文化，《世界宗教资料》1990 年第 3 期，第 1—7 页。

论利特的生命哲学和教育哲学，《德国哲学》1990 年第 8 期，北京大学出版社，第 140—150、283—284 页。

Religion im heutigen China——Ein Interview mit Dr. Xinping Zhuo（与卓新平博士谈今日中国宗教），*Der geteilte Mantel*，Nr. 1，1989，S. 16 – 18。

笛卡儿与近现代西方哲学的反思——兼论西方宗教观的发展，《中国社会科学院研究生院学报》1989 年第 3 期，第 37—44 页。

Theorien über Religion im heutigen China（关于今日中国宗教的理论），*China Heute*，Nr. 5，1988，S. 72 – 80。

论朋谔斐尔的"非宗教性解释"，《世界宗教研究》1988 年第 1 期，第 60—69 页。

论西方宗教学研究的主体、方法与目的，《中国社会科学院研究生院学报》1988 年第 4 期，第 50—55 页。

宗教现象学的历史发展，《世界宗教资料》1988 年第 3 期，第 11—18 页。

略论西方思想界对宗教的理解，《世界宗教研究》1988 年第 4 期，第 51—

57 页。

西方宗教学的起源与形成，《世界宗教资料》1987 年第 4 期，第 1—6 页。

"世俗神学"思想家——迪特里希·朋谔斐尔，《世界宗教资料》1984 年
   第 1 期，第 58—61 页。

基督复临派，《世界宗教资料》1983 年第 1 期，第 52—54 页。

近现代欧洲基督教思想的发展，《世界宗教资料》1983 年第 2 期，第 53—
   58 页。

《圣经》是怎样一部书，《环球》1982 年第 10 期，第 24—26 页。

"危机神学"的著名代表——卡尔·巴特，《世界宗教资料》1982 年第 2
   期，第 48—51 页。

现代美国新教神学的派别，《世界宗教资料》1982 年第 2 期，第 6—12 页。

五　其他文章

开创乌托邦传奇，《竞争力》2010 年第 1 期，第 91 页。

马基雅维里：奠立政治哲学，《竞争力》2009 年第 12 期，第 75 页。

伊拉斯谟：人文主义兴起，《竞争力》2009 年第 11 期，第 75 页。

网民：徜徉在孤寂与公共空间，香港《时代论坛》第 1140 期，第 13 版，
   2009 年 7 月 5 日。

这个社会不要都是"快"，香港《时代论坛》第 1133 期，第 13 版，2009
   年 5 月 17 日。

宗教回归社会关爱，香港《时代论坛》第 1125 期，第 12 版，2009 年 3 月
   22 日。

哥白尼：颠覆"地球中心论"，《竞争力》2009 年第 10 期，第 75 页。

库萨的尼古拉：有学识的无知，《竞争力》2009 年第 9 期，第 75 页。

奥卡姆：经院哲学的"剃刀"，《竞争力》2009 年第 8 期，第 75 页。

邓斯·司各脱：形而上学的沉思，《竞争力》2009 年第 7 期，第 75 页。

但丁：对神学的"诗化"，《竞争力》2009 年第 6 期，第 75 页。

爱克哈特：找寻神秘之光，《竞争力》2009 年第 5 期，第 75 页。

托马斯·阿奎那：攀援经院哲学的顶峰，《竞争力》2009 年第 4 期，第
   75 页。

波拿文都拉：心向神圣之旅，《竞争力》2009 年第 3 期，第 75 页。

亨利·根特：集成与求新，《竞争力》2009 年第 2 期，第 75 页。

哈勒斯的亚历山大：修行与治学，《竞争力》2009 年第 1 期，第 75 页。

纪念中国宗教学体系的开创者任继愈先生，《中国宗教》2009 年第 8 期，
第 26—27 页。

以马克思主义的基本立场看待当代中国的宗教问题，《中国社会科学报》
2009 年 8 月 11 日，第 5 版。

改革开放三十年来的宗教学研究，《中国宗教》2008 年第 10 期，第 39—
40 页。

抓住机遇，推动宗教研究的创新发展，《中国宗教》2008 年第 1 期，第
32 页。

全面贯彻党的宗教工作基本方针，《中国社会科学院院报》2008 年 1 月 17
日，第 1 版。

大阿尔伯特：德国哲学之始，《竞争力》2008 年第 12 期，第 75 页。

罗吉尔·培根：奇异博士，《竞争力》2008 年第 11 期，第 75 页。

格罗斯特：光之形而上学，《竞争力》2008 年第 10 期，第 71 页。

雨格：科学分类的尝试，《竞争力》2008 年第 9 期，第 69 页。

索尔兹伯里的约翰，《竞争力》2008 年第 8 期，第 75 页。

明谷的伯尔纳：爱与治疗，《竞争力》2008 年第 7 期，第 69 页。

阿伯拉尔：精神与情感，《竞争力》2008 年第 6 期，第 67 页。

安瑟伦：信仰与理性，《竞争力》2008 年第 5 期，第 69 页。

埃里金纳：机敏与神秘，《竞争力》2008 年第 4 期，第 66 页。

鲍埃蒂：苦难与慰藉，《竞争力》2008 年第 3 期，第 69 页。

奥古斯丁：悔过与创新，《竞争力》2008 年第 2 期，第 71 页。

奥利金：会通两希文明，《竞争力》2008 年第 1 期，第 67 页。

德尔图良：荒谬与信仰，《竞争力》2007 年第 12 期，第 67 页。

普罗提诺：充盈与流溢，《竞争力》2007 年第 11 期，第 67 页。

塞涅卡：回返心中的"天国"，《竞争力》2007 年第 10 期，第 67 页。

西塞罗：关注神圣，《竞争力》2007 年第 9 期，第 67 页。

亚里士多德：超然之探与形而上学，《竞争力》2007 年第 8 期，第 69 页。

柏拉图：对话与学园，《竞争力》2007 年第 7 期，第 69 页。

数与哲学，《竞争力》2007 年第 6 期，第 67 页。

爱智精神，《竞争力》2007 年第 5 期，第 71 页。

"契约"精神及其律法构建，《竞争力》2007 年第 3—4 期，第 153 页。

"神秘"精神及其超凡体验，《竞争力》2007 年第 3—4 期，第 152 页。

"禁欲"精神，《竞争力》2007 年第 2 期，第 78 页。

"拯救"精神，《竞争力》2007 年第 1 期，第 73 页。

"先知"精神及其未来洞见，《竞争力》2006 年第 12 期，第 73 页。

"超越"精神及终极关怀，《竞争力》2006 年第 11 期，第 74 页。

"普世"精神及全球观念，《竞争力》2006 年第 10 期，第 72 页。

"谦卑"精神，《竞争力》2006 年第 9 期，第 67 页。

精神与社会："爱"之蕴涵，《竞争力》2006 年第 8 期，第 71—72 页。

精神上的温暖，《神州学人》2002 年第 5 期，第 11 页。

哲学家之路，《神州学人》1998 年第 10 期。

重访慕尼黑，《神州学人》1998 年第 6 期。

人文精神的弘扬，《神州学人》1997 年第 8 期。

香港印象，《神州学人》1997 年第 7 期。

中国智慧之断想，《神州学人》1997 年第 4 期。

呼唤社会沟通，《神州学人》1996 年第 10 期。

选择与定位，《神州学人》1996 年第 8 期。

处境与心境，《神州学人》1996 年第 6 期。

德国慕尼黑大学汉学院，《中国之友》1995 年第 5 期，第 55 页。

归国创业过三关，《神州学人》1994 年第 2 期，第 24—25 页。

精神之探的忧思与期盼，《群言》1994 年第 3 期，第 26—27 页。

成功不必得意，失败不必丧气，《追求奏鸣曲》，中国友谊出版公司，1992
        年，第 57—60 页。

中青年学者谈改革开放，《群言》1992 年第 9 期，第 10 页。

现实人生觅真情，《神州学人》1992 年第 2 期，第 33—34 页。

在学海中遨游，《群言》1991 年第 3 期，第 35 页。

认识历史、认识国情、认识现实，《神州学人》1990 年第 3 期，第 9 页。

图书馆里的乐趣，《人民日报》（海外版），1988 年 6 月 7 日，第 4 版。

六　主编丛书

"剑桥圣经注疏集"（译丛）：华东师范大学出版社

（1）《出埃及记》释义，米耶斯著，田海华译，2009 年 1 月。

"世界宗教研究丛书"：社会科学文献出版社

（1）宗教之和　和之宗教——中国宗教之和谐刍议，韩秉芳等著，2009 年 11 月。

（2）徐梵澄传，孙波著，2009 年 10 月。

"世界宗教研究译丛"：中国社会科学出版社

（1）多元主义中的教会，卫弥夏著，瞿旭彤译，2010 年 1 月。

（2）宗教的科学研究，上下册，英格著，金泽等译，2009 年 6 月。

（3）奥古斯丁《上帝之城》中的社会生活神学，罗明嘉著，张晓梅译，2008 年 11 月。

（4）道德自我性的基础：阿奎那论神圣的善及诸美德之间的联系，德洛里奥著，刘玮译，2008 年 11 月。

"基督宗教与公共价值丛书"（共同）：中国社会科学出版社

（1）科学与宗教对话在中国，江丕盛等编，2008 年 12 月。

（2）宗教价值与公共领域：公共宗教的中西文化对话，江丕盛等编，2008 年 12 月。

"当代基督宗教研究丛书"：上海三联书店

（1）当代基督宗教教会发展，卓新平著，2007 年 1 月。

（2）当代亚非拉美神学，卓新平著，2007 年 1 月。

（3）当代西方新教神学，卓新平著，2006 年 12 月。

（4）当代西方天主教神学，卓新平著，2006 年 12 月。

（5）当代东正教神学思想，张百春著，2006 年 12 月。

（6）当代基督宗教社会关怀，王美秀著，2006 年 12 月。

"当代基督宗教译丛"：上海三联书店

（1）基督教导论，拉辛格著，静也译，雷立柏校，2002 年 6 月。

（2）日本神学史，古屋安雄等著，陆水若、刘国鹏译，卓新平校，2002

年 6 月。

(3) 基督宗教伦理学（第一、二卷），白舍客著，静也、常宏等著，雷立柏校，2002 年 6 月。

"宗教研究辞典丛书"：宗教文化出版社

(1) 拉－英－德－汉　法律格言辞典，雷立柏编，2008 年 8 月。

(2) 古希腊罗马及教父时期名著名言辞典，雷立柏编，2007 年 10 月。

(3) 基督教圣经与神学词典，卢龙光主编，2007 年 5 月。

(4) 汉语神学术语辞典，雷立柏编，2007 年 2 月。

(5) 拉丁成语辞典，雷立柏编，2006 年 4 月。

(6) 基督宗教知识辞典，雷立柏编，2003 年 11 月。

"宗教与思想丛书"：社会科学文献出版社

(1) "全球化"的宗教与当代中国，卓新平著，2008 年 12 月。

(2) 诗人的神学，李枫著，2008 年 12 月。

(3) 早期基督教的演变及多元传统，章雪富、石敏敏著，2003 年 10 月。

(4) 古希腊罗马与基督宗教，雷立柏著，2002 年 7 月。

(5) 超越东西方，吴经熊著，周伟驰译，2002 年 7 月。

(6) 记忆与光照——奥古斯丁神哲学研究，周伟驰著，2001 年 4 月。

(7) 论基督之大与小，雷立柏著，2000 年 11 月。

(8) 张衡，科学与宗教，雷立柏著，2000 年 11 月。

(9) 基督教在中古欧洲的贡献，杨昌栋著，2000 年 10 月。

(10) 基督宗教论，卓新平著，2000 年 9 月。

"基督教文化丛书"：宗教文化出版社

(1) 汉语学术神学，黄保罗著，2008 年 8 月。

(2) 公共神学与全球化：斯塔克豪思的基督教伦理研究，谢志斌著，2008 年 4 月。

(3) 谢扶雅的宗教思想，唐晓峰著，2007 年 10 月。

(4) 从《神圣》到《努秘》，朱东华著，2007 年 9 月。

(5) 赵紫宸神学思想研究，唐晓峰著，2006 年 11 月。

(6) 耶儒对话与融合，·姚兴富著，2005 年 5 月。

(7) 耶稣会简史，哈特曼著，谷裕译，2003 年 3 月。

（8）基督教文学，梁工主编，2001 年 1 月。

（9）基督教音乐，杨周怀著，2001 年 1 月。

（10）基督教的礼仪节日，康志杰著，2000 年 12 月。

（11）圣经与欧美作家作品，梁工主编，2000 年 11 月。

（12）圣经鉴赏，卓新平著，2000 年 11 月。

（13）圣经的语言和思想，雷立柏著，2000 年 10 月。